EXAMEN

SUR LE

CODE DE COMMERCE.

EXAMEN

SUR LE

CODE DE COMMERCE,

PRÉSENTÉ PAR DEMANDES ET RÉPONSES, AVEC DES DÉFINITIONS, NOTES ET EXPLICATIONS TIRÉES DES MEILLEURS AUTEURS ET COMMENTATEURS ;

PAR L'AUTEUR DES EXAMENS SUR LE CODE CIVIL ET SUR LE DROIT ROMAIN.

PARIS,

CHEZ WARÉE FILS, LIBRAIRE,

AU PALAIS DE JUSTICE.

1825.

IMPRIMERIE DE MIGNERET, RUE DU DRAGON, N.º 20.

EXAMEN

SUR LE

CODE DE COMMERCE.

LIVRE PREMIER.

DU COMMERCE EN GÉNÉRAL.

TITRE PREMIER.

Des Commerçans.

Demande. Qu'est-ce que le commerce ?

Réponse. Le commerce, tel que la jurisprudence peut le considérer, consiste dans les diverses négociations qui ont pour objet d'opérer ou de faciliter les échanges des produits de la nature ou de l'industrie, dans la vue d'en tirer quelque profit (1) (M. *Pardessus* (2)).

---

(1) Le commerce est, en général, tout trafic ou négoce d'argent ou de marchandises, en gros ou en détail; et l'on entend par commerçans, ceux qui exercent des actes de commerce et qui en font leur profession habituelle (M. *Delvincourt*, Institutes de Droit Commercial Français, 2.me édition, Paris 1823).

(2) Cours de Droit Commercial, 2.me édition, Paris 1821.

D. De quoi se compose le Droit Commercial ?

R. Le Droit Commercial se compose de toutes les règles relatives à ces transactions et à la manière de juger les contestations qui peuvent en résulter (M. *Pardessus*).

D. Qu'entend-on par commerçans ?

R. On entend par commerçans ceux qui exercent des actes de commerce et qui en font leur profession habituelle (1) (*Code de Commerce, Art.* 1.ᵉʳ)

D. Quels sont les actes de commerce dont la profession habituelle constitue le commerçant ?

R. Ce sont, 1.º les achats de denrées et marchandises pour les revendre, soit en nature, soit après les avoir travaillées et mises en œuvre, soit même pour en louer simplement l'usage ;

2.º Les entreprises de manufacture, commission, transports par terre ou par eau, construction de bâtimens pour la navigation intérieure ou extérieure, compagnies d'assurance, etc.

3.º Les entreprises de fournitures, agences, bureaux d'affaires, établissemens de ventes à l'encan, et spectacles publics ;

4.º Les opérations de change, banque et courtage (*Art.* 632 *et* 633).

D. Est-il permis à tout le monde de faire le commerce ?

---

(1) *Qui en font leur profession habituelle.* On peut bien faire des actes de commerce sans être commerçant, et on devient, pour ces actes, justiciable de la juridiction commerciale ; mais on n'est commerçant que quand on fait du commerce sa profession habituelle : ce n'est qu'alors qu'on est soumis aux obligations et aux lois particulières à cette profession, telles que celles qui concernent la tenue des livres, les faillites, etc. (M. *Locré,* Esprit du Code de Commerce).

R. Oui, toute personne peut exercer la profession de commerçant. Les mineurs même et les femmes mariées peuvent faire le commerce pour leur compte et jouir des privilèges attachés à la profession de commerçant, pourvu qu'ils remplissent certaines conditions.

D. Quelles sont les conditions à remplir par le mineur (1) ?

R. Il faut, 1.º qu'il soit âgé de dix-huit ans accomplis ; 2.º qu'il soit émancipé (2) ; 3.º qu'il soit autorisé par son père ; à défaut du père (3), par sa mère ; et à défaut de père et mère, par une délibération du conseil de famille, homologuée par le tribunal civil (4) ;

---

(1) Il faut observer que tout ce qu'on dit du mineur commerçant, s'applique aussi aux filles et aux femmes mineures qui font le commerce (M. *Locré*).

(2) Soit expressément, par déclaration de ses père ou mère, ou du conseil de famille, soit tacitement par le mariage (*Voyez* Code civil, articles 476, 477, 478).

(3) *A défaut du père.* Cela ne veut pas dire, si le père ne veut pas l'autoriser, car alors personne n'a le droit d'accorder l'autorisation ; mais cela veut dire si le père est mort, ou dans l'impossibilité de manifester sa volonté, par exemple, s'il est absent ou interdit.

(4) Ainsi, quoiqu'âgé de dix-huit ans et émancipé, le mineur doit encore être autorisé spécialement à faire le commerce. En effet, la capacité du mineur commerçant est bien plus étendue que celle du mineur simplement émancipé. Celui-ci ne peut disposer que de ses revenus : il ne peut toucher même ses capitaux mobiliers, qu'avec l'assistance d'un curateur qui doit veiller au remploi ; il ne peut emprunter sans l'autorisation du conseil de famille, etc. : l'autre peut seul, même hypothéquer ses immeubles. Les engagemens de l'émancipé, causés pour achats, peuvent être réduits ; ceux du commerçant ne peuvent l'être que comme le seraient ceux d'un majeur. Le mineur commerçant peut se sou-

4.º enfin, que l'acte d'autorisation soit enregistré et affiché au tribunal de commerce du lieu où le mineur veut établir son domicile (1) (*Art.* 2).

D. Lorsque le mineur a rempli toutes les conditions, quel est, à son égard, l'effet de l'accomplissement de ces formalités ?

R. Lorsque toutes ces formalités sont remplies, le mineur commerçant est réputé majeur pour tous les faits de son commerce (2) (*Art.* 2). Il est, en conséquence, justiciable des tribunaux de commerce, et soumis à la contrainte par corps.

D. Ces dispositions ne s'appliquent-elles qu'aux mineurs commerçans ?

---

mettre à la contrainte par corps, et il y est effectivement soumis pour tous les faits de son commerce : l'émancipé ne peut y être soumis, quand il ferait des actes de commerce et même des lettres de change (*Art.* 114). Il suit delà, que les père, mère, ou le conseil de famille, ont pu consentir à l'émancipation du mineur, sans qu'on doive en conclure qu'ils ont voulu pour cela l'autoriser à faire le commerce (M. *Delvincourt*).

(1) Tous les actes, même commerciaux, que le mineur ferait avant l'enregistrement et l'affiche, seraient regardés comme faits par un mineur non commerçant, et réglés par les dispositions du Code civil.

(2) Avant le Code de commerce, c'est-à-dire sous l'empire de l'ordonnance de 1673 (Titre 1.ᵉʳ, article 6.), l'on pensait avec raison que cette disposition s'appliquait également à l'artisan ; l'on concluait aussi de ces mots *faits de son commerce*, que, quoique l'engagement fût pour fait de commerce, s'il s'agissait d'un commerce étranger à celui du mineur, il pouvait en cas de lésion, se faire restituer ; comme si, par exemple, il avait cautionné un marchand, même pour marchandises, et que le fait pour lequel le cautionnement avait eu lieu, n'eût aucun rapport au commerce du mineur. MM. Pardessus, Delvincourt et Locré pensent que cette distinction doit encore être admise.

R. Ces dispositions s'appliquent, non seulement aux mineurs qui font leur profession habituelle du commerce, mais aussi aux mineurs même non commerçans, à l'égard de tous les faits déclarés faits de commerce (1) (*Art.* 3).

D. Les mineurs marchands, légalement autorisés, n'ont-ils pas plus de capacité que les mineurs émancipés non marchands ?

R. Oui; les mineurs marchands, légalement autorisés, peuvent engager et hypothéquer leurs immeubles. Ils peuvent même les aliéner, mais en suivant les formalités prescrites par les articles 457 et suivans du Code civil (*Art.* 6).

D. Une femme mariée peut-elle être marchande publique sans autorisation ?

R. Non, la femme mariée ne peut être marchande publique sans le consentement de son mari (2) (*Art.* 4).

D. Quand est-ce qu'une femme est réputée marchande publique ?

R. Une femme mariée n'est réputée marchande publique qu'autant qu'elle fait un commerce séparé de celui de son mari. Elle n'est pas réputée marchande publique, si elle ne fait que détailler les marchandises du commerce de son mari (*Art.* 5).

---

(1) C'est-à-dire que, quoique le mineur ne fasse pas sa profession habituelle du commerce, cependant, si toutes les formalités requises ont été remplies, et qu'il vienne à faire un seul acte de commerce, il sera réputé majeur pour cet acte, et soumis, en conséquence, à la juridiction commerciale et à la contrainte par corps, pour tout ce qui y est relatif (M. *Delvincourt*).

(2) Mais, selon M. Pardessus et M. Delvincourt, ce consentement n'a pas besoin d'être par écrit, ni même **exprès**; il suffit d'un consentement tacite.

D. Quelle est la capacité qu'acquièrent les femmes marchandes publiques ?

R. Les femmes marchandes publiques peuvent, sans l'autorisation de leurs maris (1), s'obliger pour tout ce qui concerne leur négoce, et dans ce cas, elles obligent aussi leurs maris s'il y a communauté entre eux (*Art.* 5). Elles peuvent également engager, hypothéquer et aliéner leurs immeubles. Toutefois, leurs biens stipulés dotaux, quand elles sont mariées sous le régime dotal, ne peuvent être hypothéqués ni aliénés que dans les cas déterminés et avec les formes réglées par le Code civil (2) (*Art.* 7).

---

(1) *Sans autorisation*, spéciale. Le mari, en consentant à ce qu'elle fasse le commerce, est présumé l'avoir autorisée généralement à faire tout ce qui est nécessaire pour le succès du commerce (M. *Delvincourt*).

(2) S'il en était autrement, ce serait changer les conventions matrimoniales, ce qui ne peut avoir lieu après le mariage (*Code Civ.* art. 1395). Les deux familles, en choisissant le régime dotal, ont voulu que l'immeuble constitué en dot ne pût être aliéné, même avec l'autorisation spéciale du mari (*Code Civ.* art. 1554). Il ne faut pas qu'avec une simple autorisation générale, et qui pourrait même être simulée, de faire le commerce, l'aliénation puisse avoir lieu.

Remarquez que, quelle que soit la latitude du pouvoir accordé à la femme marchande publique, elle ne va pas jusqu'à lui permettre d'ester en jugement, sans être autorisée par son mari ou par justice. L'article 215 du Code civil, contient à cet égard une prohibition formelle, à laquelle le Code de Commerce n'a pas dérogé (M. *Delvincourt*).

TITRE II.

Des Livres de Commerce.

D. Quels sont les livres que les commerçans sont tenus d'avoir ?

R. Tout commerçant (1) est tenu d'avoir trois livres: un livre-journal , un livre des inventaires , et un livre des copies de lettres (2) (*Art.* 8 *et* 9).

D. A quoi sert le livre-journal ?

R. Le commerçant doit porter jour par jour sur le livre-journal , ses dettes actives et passives (3) , les opérations de son commerce , ses négociations ; accep-

---

(1) C'est-à-dire quiconque fait du commerce sa profession habituelle.

(2) Ces livres sont indispensables : mais il est en outre plusieurs autres livres que toute maison de commerce bien ordonnée doit nécessairement tenir , tels que le livre de raison ou grand-livre , le livre de caisse , etc. ; mais ces livres ne peuvent jamais suppléer ceux qui sont exigés par la loi.

Le livre de raison ou grand-livre , est celui qui contient les comptes courans ouverts à chaque personne avec laquelle le commerçant fait des affaires. On porte d'un côté , à gauche , les fournitures faites à la personne , ce côté s'appelle le débit ; et de l'autre côté , à droite , les paiemens faits par elle ; ce côté s'appelle le crédit : et l'on a soin de rappeler , à chaque article de fourniture ou de paiement , le numéro du journal où l'article est rapporté.

Le livre de caisse est celui où l'on porte , d'un côté , tout ce que l'on reçoit , et de l'autre , tout ce que l'on paie. Il y a encore plusieurs autres livres , comme le carnet qui contient toutes les dettes passives , par ordre d'échéance ; le livre des factures , etc.

(3) On entend par *dettes actives* d'un commerçant , ce qui lui est dû ; et par *dettes passives* ou simplement *passif* , ce qui est dû par lui.

tations ou endossemens d'effets (1), et généralement tout ce qu'il reçoit et paie, à quelque titre que ce soit (2); il doit en outre y énoncer, mois par mois, les sommes employées à la dépense de sa maison (3).

D. Qu'est-ce que le livre des inventaires?

R. Chaque commerçant est tenu de faire, tous les ans, un inventaire signé par lui, de ses effets mobiliers et immobiliers, et de ses dettes actives et passives (4), et de le copier, année par année, sur un registre spécial à ce destiné. Ce registre se nomme *livre des Inventaires* (5).

D. Quelles sont les lettres que les commerçans doivent copier sur leur livre de copies de lettres?

R. Ce sont les lettres qu'ils envoient; quant aux

---

(1) Nous expliquerons chacun de ces mots par la suite.

(2) *A quelque titre que ce soit*, même étranger à son commerce. Si donc il vend une maison et qu'il en reçoive le prix, il doit le porter en recette dans son journal. S'il en achète une autre, il doit y porter en dépense le prix d'achat. Il doit y porter également la dot de sa femme, s'il vient à se marier, etc. (M. *Delvincourt*).

(3) Il n'a pas besoin d'entrer dans des détails minutieux. Il suffit de mettre, par exemple : *pris en janvier pour la dépense de ma maison, tant; en février, tant.*

(4) Afin qu'il puisse se rendre compte de l'état de ses affaires, et, en conséquence, proportionner son commerce à ses facultés; afin aussi qu'en cas de faillite, il puisse rendre compte de sa conduite à ses créanciers.

(5) La précaution de faire porter les inventaires sur un registre particulier, est très-utile; ce registre étant côté, paraphé, et devant être tenu sans aucun blanc; il est presque impossible de l'altérer pour échapper aux dispositions des articles 586 et 594. L'ordonnance de 1673 exigeait bien les inventaires, mais non pas le registre : d'où il arrivait que le commerçant de mauvaise foi pouvait, dans la prévoyance d'une faillite prochaine, refaire les

lettres missives qu'ils reçoivent, ils sont simplement tenus de les mettre en liasse (1) (*Art.* 8).

D. Les livres dont nous venons de parler ne sont-ils pas soumis à quelque formalité ?

R. Tous ces livres doivent être cotés et paraphés dans la forme ordinaire, et sans frais, soit par un juge du Tribunal de Commerce, soit par le maire de la commune ou un de ses adjoints. Le livre-journal et celui des inventaires doivent être en outre visés et paraphés par les mêmes une fois tous les ans (2) (*Art.* 10 *et* 11).

D. Dans quelle forme les livres de commerce doivent-ils être tenus ?

R. Tous les livres de commerce doivent être tenus par ordre de date, sans blancs, lacunes ni transports en marge (3) (*Art.* 10).

---

inventaires de plusieurs années précédentes, et dérober par là à ses créanciers la connaissance des véritables causes de sa faillite.

(1) Outre que le livre de copies de lettres est fort utile au commerçant lui-même, qui peut avoir besoin à chaque instant de savoir ce qu'il a écrit à tel ou tel individu, il peut être encore nécessaire pour la décision de plusieurs affaires devant les tribunaux. Supposons, en effet, que Pierre demande contre Paul l'exécution d'un marché, sur l'existence duquel il y a des présomptions assez fortes : Paul soutient que le marché prétendu n'a pas eu lieu, et que cela est prouvé par les lettres qu'il a écrites à Pierre, et qu'il somme Pierre de représenter. Si Pierre ne représente pas la liasse de lettres qu'il doit avoir, et que Paul ait une copie de lettres en règle qui justifie son assertion, il pourra être renvoyé de la demande (M. *Delvincourt*). Cet exemple montre également l'avantage de mettre et de conserver les lettres en liasse.

(2) C'est afin que le négociant prêt à faillir ne fabrique pas dans un instant de nouveaux registres pour les années précédentes. Il aurait des registres côtés et paraphés en blanc, qu'il remplirait quand et ainsi qu'il le voudrait.

(3) Afin d'éviter les fraudes que des marchands de mauvaise foi

D. Pendant combien de temps les commerçans sont-ils tenus de conserver leurs livres ?

R. Les commerçans sont tenus de conserver leurs livres pendant dix ans (1) (*Art.* 11).

D. Les livres de commerce peuvent-ils faire preuve de ce qu'ils contiennent ?

R. Oui, les livres de commerce (2), régulièrement tenus, peuvent être admis (3) par le juge, pour faire preuve entre commerçans pour faits de commerce (4) (*Art.* 12).

D. Les livres pour lesquels les formalités prescrites par la loi n'ont pas été remplies, peuvent-ils faire preuve de même ?

R. Non, les livres pour lesquels les formalités pres-

---

pourraient pratiquer, en ajustant après coup, sur les blancs laissés à cet effet, des ventes de marchandises qu'ils n'auraient ni vendues ni livrées, ou des paiemens qu'ils n'auraient pas faits (*Jousse*, Nouveau Commentaire sur l'Ordonnance du Commerce du mois de mars 1673, in-12, Paris, chez *Debure*, 1761).

(1) C'est toujours dans la vue d'éviter les fraudes qui pourraient avoir lieu en supprimant les livres lors de la faillite.

(2) Non seulement les livres que la loi oblige le commerçant de tenir, mais même ceux qu'il ne tient que parce qu'il le veut, comme le grand livre (MM. *Pardessus*, *Locré*, *Delvincourt*).

(3) La disposition n'est que facultative ; les Tribunaux de Commerce sont essentiellement des tribunaux d'équité, et dès-lors, il ne fallait pas les lier par des règles trop précises. Cependant la disposition n'est facultative que lorsque la contestation s'élève entre commerçans. Si le procès existait entre un commerçant et un particulier non commerçant, il faudrait suivre l'article 1330 du Code civil, qui décide que les livres des commerçans font alors preuve contre eux.

(4) Ainsi, il ne suffit pas que la contestation soit entre deux commerçans ; il faut encore qu'il s'agisse d'un fait de commerce.

crites n'ont pas été observées , ne peuvent être représentés ni faire foi en justice, au profit de ceux qui les ont tenus (1) (*Art.* 13).

D. La communication des livres de commerce et inventaires peut-elle être ordonnée en justice ?

R. La communication (2) des livres et inventaires ne peut être ordonnée en justice que dans les affaires de succession, communauté, partage de société (3), et en cas de faillite (4) (*Art.* 14). Dans le cours d'une contestation particulière, qui ne serait point relative à ces objets, la représentation de ces livres peut bien être également ordonnée, soit sur la réquisition de l'une des parties, soit même d'office, par le juge, mais seulement à l'effet d'en extraire ce qui concerne le différend, et sans que l'on puisse prendre communication du surplus (5) (*Art.* 15 et M. *Delvincourt*).

---

(1) Mais ils peuvent faire foi contre eux ; et en outre , ceux qui les ont tenus, peuvent en cas de faillite, être déclarés banqueroutiers simples et même frauduleux , si les irrégularités sont de nature à faire soupçonner la fraude (*Voyez* art. 587 , 593 et 594).

(2) On entend par ce mot la remise des livres entre les mains d'un tiers qui peut alors en prendre une entière connaissance.

(3) Le cohéritier, la femme commune en biens , et l'associé, ayant droit et intérêt de connaître à fonds les affaires de la succession, de la communauté, ou de la société, ont une juste raison de demander communication pleine et entière des livres. Mais on ne veut pas que chacun puisse pénétrer dans le secret des affaires d'un négociant.

(4) C'est surtout pour ce cas que la communication des livres doit avoir lieu, afin que le failli puisse prouver à ses créanciers qu'il n'y a fraude, ni négligence de sa part ; ou que, s'il y en a , les créanciers puissent le découvrir (M. *Delvincourt*).

(5) Lorsqu'il y a simplement lieu à la représentation des livres ,

D. Si la partie aux livres de laquelle on offre d'ajouter foi, refuse de les représenter, que peut faire le juge ?

R. Dans ce cas, le juge peut déférer le serment à l'autre partie (*Art.* 17).

D. Comment fait-on lorsque les livres dont la représentation est offerte, requise ou ordonnée, sont dans des lieux éloignés du tribunal saisi de l'affaire ?

R. Les juges peuvent alors adresser une commission rogatoire au Tribunal de Commerce du lieu, ou déléguer un juge de paix pour prendre connaissance des livres, dresser un procès-verbal du contenu, et l'envoyer au tribunal saisi de l'affaire (*Art* 16).

TITRE III.

Des Sociétés de Commerce.

D. Comment se règlent les sociétés de commerce ?

R. Les sociétés de commerce se règlent par les lois civiles dans tous les points auxquels il n'est pas dérogé par les lois et usages du commerce (*Art.* 18 *et Code Civil, art.* 1738).

CHAPITRE PREMIER.

Dispositions générales du Code Civil qui s'appliquent aux Sociétés de commerce.

D. Quelles sont les principales dispositions des lois civiles qui s'appliquent aux sociétés de commerce ?

R. Ce sont les règles relatives, 1.º au contrat de

---

le négociant auquel ils appartiennent, ne s'en dessaisit pas ; il ne fait que les représenter.

société en général ; 2.º aux engagemens des associés entre eux ; 3.º aux différentes manières dont finit la société.

SECTION PREMIÈRE.

Du Contrat de Société en général.

D. Qu'est-ce que la société ?

R. La société est un contrat par lequel deux ou plusieurs personnes conviennent de mettre quelque chose en commun, dans la vue de partager le bénéfice qui pourra en résulter (*Code Civil*, *art.* 1832).

D. Quelles sont les choses essentielles à la société ?

R. C'est d'avoir un objet licite ; d'être contractée pour l'intérêt commun des parties ; enfin, que chaque associé y apporte ou de l'argent, ou d'autres biens, ou son industrie (1) (*Code Civil*, *art.* 1833).

D. D'après quelles règles doivent se prouver l'existence et les conditions des sociétés ?

R. D'après les règles ordinaires. Ainsi, toutes sociétés doivent être rédigées par écrit, lorsque leur objet est d'une valeur de plus de cent cinquante francs. La preuve testimoniale n'est point admise contre et outre le contenu de l'acte de société, ni sur tout ce qui serait avoir été dit avant, lors ou depuis cet acte, encore qu'il s'agisse d'une somme ou valeur moindre de cent cinquante francs (*Code Civil*, *art.* 1834, et *Code de Commerce*, *art.* 41).

---

(1) On entend par là une industrie dont les produits ou résultats soient appréciables. Si donc une personne n'apportait à la société que son crédit, sa protection, l'apport serait nul, et il n'y aurait point de société(*Voyez* Pothier, *Traité du Contrat de Société*, n.º 10.)

SECTION II.

Des Engagemens des Associés entre eux.

§. I.er

Du Commencement, de la Durée et des Effets généraux des Sociétés.

D. Quand commence la société ?

R. Les parties peuvent convenir que la société commencera après un certain temps, ou après l'événement d'une certaine condition. S'il n'y a rien de stipulé à cet égard, la société commence à l'instant même du contrat (*C. Civ.*, art. 1843).

D. Pour combien de temps la société est-elle censée contractée, si la durée n'en a pas été fixée ?

R. S'il n'y a pas de convention sur la durée de la société, elle est censée contractée pour toute la vie des associés, sous la modification portée en l'article 1869 (1); ou, s'il s'agit d'une affaire dont la durée soit limitée, pour tout le temps que doit durer cette affaire (*C. Civ.*, art. 1844).

D. Quel est l'effet de la promesse faite par un associé, d'apporter une somme ou une chose dans la société ?

R. L'effet de cette promesse est de rendre l'associé, débiteur envers la société de tout ce qu'il a promis d'y apporter. Lorsque cet apport consiste en un corps

---

(1) C'est-à-dire qu'elle peut être dissoute par la volonté de l'une des parties; cette dissolution s'opère par une renonciation notifiée à tous les associés, et faite de bonne foi et non à contre-temps (*Voyez* ci-après, page 26).

certain , et que la société en est évincée, l'associé en est garant envers la société, de la même manière qu'un vendeur l'est envers son acheteur (*C. Civ.*, *art.* 1845).

D. Si l'associé qui avait promis d'apporter une somme dans la société, ne le fait point, en doit-il les intérêts ?

R. Oui ; il devient débiteur de plein droit et sans demande (1), des intérêts de cette somme, à compter du jour où elle devait être payée (2). Il en est de même à l'égard des sommes qu'il a prises dans la caisse sociale, à compter du jour où il les a tirées pour son profit particulier ; le tout sans préjudice de plus amples dommages-intérêts, s'il y a lieu (3) (*C. Civ.*, *art.* 1846).

D. Les associés qui se sont soumis à apporter leur

---

(1) Il faut, autant que possible, éviter toute procédure entre des associés ; c'est pour cela qu'on ne veut pas que pour faire courir les intérêts, ils soient obligés de former une demande en justice.

(2) Cet article ne parle que des intérêts ; mais il est clair qu'il en doit être de même, à plus forte raison, des fruits des immeubles. D'ailleurs, l'associé est censé vendeur à l'égard de la société (*Art.* 1845) ; or, dans la vente, les fruits appartiennent à l'acheteur du moment du contrat (*Art.* 1652). Enfin, dès que la société est propriétaire, de ce moment elle a droit aux fruits (*Voyez* M. *Maleville*, *Analyse du Code civil*, 3.ᵉ édit. ; M. *Delvincourt*, *Cours de Code civil*, 2.ᵉ édit.).

(3) C'est une exception à l'article 1153. Si, par exemple, tous les fonds mis dans la société devaient être employés à l'acquisition d'une partie de marchandises sur laquelle la société eût fait un bénéfice quelconque, et que le défaut de versement de la part de l'un des associés ait fait manquer l'opération, il est clair que l'associé en retard doit indemniser ses coassociés : mais alors il ne doit pas les intérêts, qui se trouvent compris dans l'indemnité (M. *Delvincourt*).

industrie à la société, peuvent-ils employer cette industrie pour leur compte particulier?

R. Non ; ils doivent compte à la société de tous les gains qu'ils ont faits par l'espèce d'industrie qui est l'objet de cette société (*C. Civ.*, *art.* 1847).

D. Si un associé cause, par sa faute, quelque dommage à la société, ne peut-il pas les compenser avec les profits qu'il lui a procurés?

R. Non ; chaque associé est tenu envers la société, des dommages qu'il lui a causés par sa faute, sans pouvoir compenser avec ces dommages les profits que son industrie lui aurait procurés dans d'autres affaires (1) (*C. Civ.*, *art.* 1850).

D. L'associé a-t-il également action contre la société à raison des dommages qu'il a éprouvés pour elle?

R. Oui, l'associé a également action contre la société, non seulement à raison des sommes qu'il a déboursées (2) pour elle (3), mais encore à raison des

-----

(1) La raison en est que cette industrie était une dette de sa part, et qu'il devait procurer ces profits, quand il n'aurait pas causé ces dommages (M. *Pigeau*, *Notions élémentaires du nouveau Droit civil*, in-8.°).

(2) Et il peut répéter les intérêts du jour de l'avance (*Domat*, M. *Delvincourt*).

(3) *Quid*, dans cette espèce? Une société, composée de deux associés seulement, fait faillite ; elle doit cent vingt mille francs. Les deux associés font cession volontaire ; l'un abandonne pour 50,000 fr. de biens, et l'autre pour 20,000 fr. Au moyen de cet abandon, les créanciers déclarent les tenir quittes de toutes répétitions. L'associé qui a abandonné 50,000 fr. a-t-il action contre son coassocié pour se faire restituer 15,000 fr.? La Cour de Rennes a décidé la négative ; M. *Delvincourt* est d'opinion contraire (*Voyez* M. *Delvincourt*, *Cours de Code civil*, tom. 3, p. 122, note 11).

obligations qu'il a contractées de bonne foi pour les affaires de la société, et des risques inséparables (1) de sa gestion (*C. Civ., art.* 1852).

D. Lorsque l'un des associés est, pour son compte particulier, créancier d'une somme exigible envers une personne qui se trouve aussi devoir à la société une somme également exigible, comment doit se faire l'imputation de ce qu'il reçoit de ce débiteur?

R. L'imputation de ce qu'il reçoit de ce débiteur doit se faire sur la créance de la société et sur la sienne, dans la proportion des deux créances (2), encore que l'associé ait, par sa quittance, dirigé l'imputation intégrale sur sa créance particulière (3) : mais s'il a exprimé, dans sa quittance, que l'imputation serait faite en entier

---

(1) Par exemple, si, voyageant pour la société, il a été blessé et volé, sans faute ou négligence de sa part, on devra l'indemniser des frais de guérison et du vol, mais seulement quant aux objets qui lui étaient nécessaires pour le voyage (M. *Pigeau*).

(2) Pourvu, cependant, qu'il n'en résulte pas de préjudice pour le débiteur; car, aux termes de l'article 1253, lorsqu'un débiteur a plusieurs dettes, et qu'il fait un paiement insuffisant pour les acquitter toutes, il a le droit de déclarer quelle est la dette qu'il entend acquitter. Mais si, toutes choses égales, le débiteur a imputé le paiement sur la créance particulière de l'associé, on présumera facilement la connivence, et l'imputation aura lieu proportionnellement sur les deux créances (*Voyez* M. *Delvincourt, Cours de Code civil,* tom. 3, pag. 123, note 6).

(3) De même, si l'un des associés a vendu avantageusement sa part dans les marchandises de la société, il est censé avoir vendu pour le compte de la société entière (M. *Delvincourt*). Ces décisions sont fondées sur ce que la bonne foi ne permet pas que l'associé s'occupe moins des affaires de la société que des siennes (*Exposé des Motifs*).

sur la créance de la société, cette stipulation sera exécutée (1) (*C. Civ.*, *art.* 1848).

D. Lorsqu'un des associés a reçu sa part de la créance commune, et que le débiteur est depuis devenu insolvable, cet associé ne doit-il pas rapporter à la masse commune ce qu'il a reçu?

R. S'il a reçu sa part entière de la créance, il doit toujours rapporter à la masse commune ce qu'il a reçu, encore qu'il eût spécialement donné quittance *pour sa part* (2) (*C. Civ.*, *art.* 1849).

D. Aux risques de qui sont les choses dont la jouissance seulement a été mise dans la société?

R. Il faut distinguer:

Si les choses dont la jouissance seulement a été mise dans la société, sont des corps certains et déterminés, qui ne se consomment point par l'usage, elles sont aux risques de l'associé propriétaire (3).

---

(1) Il ne peut revenir contre son propre fait.

(2) Mais je ne crois pas qu'il doive en être de même lorsqu'il a donné quittance pour sa part, sans l'avoir reçue toute entière. En effet, l'associé a sacrifié une partie de sa part pour en recevoir de suite le paiement; il avait le droit de le faire pour la sienne, mais non pour celles des autres. Le débiteur pouvait devenir ou ne pas devenir insolvable; c'était donc aussi un contrat aléatoire, auquel les coassociés ne doivent pas pouvoir gagner sans pouvoir perdre.

(3) *Secùs*, lorsque c'est la propriété qui a été mise dans la société; dans ce dernier cas, la chose périt pour la société, ce qui rend la position des associés bien différente. Supposons, en effet, deux paysans qui, ayant chacun une vache, conviennent de les mettre en commun. S'ils ont mis les vaches elles-mêmes en société, du moment de la convention chaque associé est devenu propriétaire, pour moitié, de chacune des deux vaches; et si l'une d'elles vient à périr, la société continue pour l'autre vache,

Si ces choses se consomment, si elles se détériorent en les gardant (1), si elles ont été destinées à être vendues, ou si elles ont été mises dans la société sur une estimation, portée par un inventaire (2), elles sont aux risques de la société.

Si la chose a été estimée, l'associé ne peut répéter que le montant de son estimation (3) (*C. Civ., art.* 1851).

§ II.

De la Fixation des parts des Associés.

D. Comment se règlent en général les parts des associés dans le gain et dans la perte?

R. Elles se règlent en général par l'acte de société.

D. Si l'acte de société ne règle pas la part de chaque

---

qui continue elle-même d'appartenir aux deux associés. Mais s'ils n'ont mis en société que les produits de leurs vaches, alors chacune d'elles continue d'appartenir à son propriétaire ; et si l'une périt, non seulement celui à qui elle appartient n'a rien à prétendre dans la propriété de l'autre, mais encore la société est dissoute de plein droit, d'après l'article 1867, puisque le propriétaire de la vache qui a péri ne peut plus y rien mettre (M. *Delvincourt*).

(1) Dès que ces choses se détériorent en les gardant, on ne peut présumer que les associés aient eu l'intention de les garder, mais bien plutôt celle de donner à la société le droit d'en disposer à titre de propriétaire, sauf, lors de la dissolution, à prélever leur valeur, ou pareille quantité de choses d'égale nature et qualité.

(2) Dans ces deux cas, l'associé est censé avoir mis dans la société, non la chose elle-même, mais le montant de l'estimation ou le prix qui proviendrait de la chose, et pour la jouissance seulement (M. *Delvincourt*).

(3) Dès que les risques ont été pour la société, elle ne doit pas tenir compte des bénéfices (M. *Delvincourt*).

associé dans les bénéfices ou pertes, comment est-elle fixée?

R. La part de chacun est fixée en proportion de sa mise dans le fonds de la société. A l'égard de celui qui n'a apporté que son industrie, sa part dans les bénéfices ou pertes est réglée comme si sa mise eût été égale à celle de l'associé qui a le moins apporté (*C. Civ.*, *art.* 1853).

D. Si les associés sont convenus de s'en rapporter à l'un d'eux ou à un tiers pour le réglement des parts, peuvent-ils attaquer ce réglement?

R. Ce réglement ne peut être attaqué s'il n'est évidemment contraire à l'équité (1). De plus, nulle réclamation n'est admise à ce sujet, s'il s'est écoulé plus de trois mois depuis que la partie qui se prétend lésée a eu connaissance du réglement, ou si ce réglement a reçu de sa part un commencement d'exécution (*C. Civ.*, *art.* 1854).

D. Peut-on convenir que la totalité des bénéfices appartiendra à l'un des associés?

R. Non (2); toute convention semblable est nulle (3).

---

(1) Les juges ne doivent que dans le cas d'une grande injustice, se déterminer à s'écarter du réglement une fois fait. J'opinerais pour la lésion d'outre-moitié (M. *Maleville*).

(2) Mais on peut stipuler une part inégale dans les bénéfices et dans les pertes; par exemple, que, toute compensation faite; s'il y a bénéfice, l'un des associés en aura les deux tiers, et que, s'il y a perte, il n'en supportera qu'un tiers (MM. *Delvincourt, Maleville*).

(3) Remarquez que c'est seulement la convention qui est nulle, la société est toujours valable; et comme alors, au moyen de cette nullité, l'acte de société est censé ne contenir aucune stipulation relativement au partage des bénéfices et des pertes, la part de chaque associé doit être déterminée en proportion de sa mise de fonds (M. *Delvincourt*).

Il en est de même de la stipulation qui affranchirait de toute contribution aux pertes, les sommes ou effets (1) mis dans le fonds de la société par un ou plusieurs des associés (*C. Civ., art.* 1855).

§ III.

De l'Administration de la Société.

D. Lorsque l'un des associés a été chargé de l'administration par une clause spéciale du contrat de société, quels sont ses pouvoirs relativement à cette administration ?

R. Il peut faire, nonobstant l'opposition des autres associés, tous les actes qui dépendent de son administration, pourvu que ce soit sans fraude (*C. Civ., art.* 1856).

D. Peut-on révoquer ce pouvoir ?

R. Si ce pouvoir a été donné par le contrat de société, il ne peut être révoqué sans cause légitime, tant que la société dure ; mais s'il n'a été donné que par un acte postérieur au contrat de société, il est révocable comme un simple mandat (2) (*C. Civ., art* 1856).

D. Lorsque plusieurs associés sont chargés d'admi-

---

(1) On peut conclure de ces mots, que l'associé qui n'a mis que son industrie, peut être affranchi de toute contribution aux pertes ; ou plutôt il y contribue réellement, nonobstant la clause d'affranchissement, puisqu'il perd le fruit de son industrie pendant tout le temps qu'a duré la société (M. *Delvincourt*).

(2) La raison de la différence, entre ces deux cas, est que, dans le premier, la société a été formée sous la condition que l'associé désigné administrerait (M. *Maleville*). Le pouvoir donné par l'acte de société est censé faire partie des conditions de la société.

nistrer sans que leurs fonctions soient déterminées, ou sans qu'il ait été exprimé que l'un ne pourrait agir sans l'autre, peuvent-ils agir séparément ?

R. Oui, ils peuvent faire chacun séparément tous les actes de cette administration (*C. Civ.*, *art.* 1857). Mais s'il a été stipulé que l'un des administrateurs ne pourra rien faire sans l'autre, un seul ne peut, sans une nouvelle convention, agir en l'absence de l'autre, lors même que celui-ci serait dans l'impossibilité actuelle de concourir aux actes d'administration (1) (*C. Civ.*, *art.* 1858).

D. Si le contrat de société ne renferme pas de stipulations spéciales sur le mode d'administration, quelles sont les règles que l'on suit ?

R. On suit alors les règles générales suivantes :

1.º Les associés sont censés s'être donné réciproquement le pouvoir d'administrer l'un pour l'autre. Ce que chacun fait est valable même pour la part de ses associés, sans qu'il ait pris leur consentement ; sauf le droit qu'ont ces derniers, ou l'un d'eux, de s'opposer à l'opération avant qu'elle soit conclue (2) ;

2.º Chaque associé peut se servir des choses appartenant à la société, pourvu qu'il les emploie à leur

---

(1) Cette décision ne doit pas être prise trop rigoureusement ; il peut y avoir tel cas où il est absolument nécessaire d'agir, pour éviter un dommage grave et imminent ; alors, sans doute, le coadministrateur a droit de le faire et doit le faire, puisque tout associé, même non administrateur, le devrait. Ainsi cet article doit s'entendre des cas ordinaires, des nouvelles entreprises (M. *Maleville*).

(2) Donc, s'ils s'y sont opposés, l'opération n'est pas valable, d'après cet axiôme : *in pari causâ melior est conditio prohibentis.*

destination fixée par l'usage, et qu'il ne s'en serve pas contre l'intérêt de la société, ou de manière à empêcher ses associés d'en user selon leur droit ;

3.º Chaque associé a le droit d'obliger ses associés à faire avec lui les dépenses qui sont nécessaires pour la conservation des choses de la société ;

4.º L'un des associés ne peut faire d'innovations sur les immeubles dépendans de la société, même quand il les soutiendrait avantageuses à cette société (1), si les autres associés n'y consentent (2) (*C. Civ.*, *art.* 1859).

D. Un des associés peut-il aliéner ou engager les choses mobilières qui dépendent de la société ?

R. L'associé qui n'est point administrateur, ne peut aliéner ni engager les choses, même mobilières, qui dépendent de la société (*C. Civ.*, *art.* 1860). Mais l'associé administrateur a droit de le faire.

D. Un associé a-t-il le droit d'associer une tierce personne à la société ?

R. Non, l'associé, même administrateur, n'a pas le droit d'associer une tierce personne à la société, sans le consentement de ses associés ; mais chaque associé peut, sans ce consentement, s'associer une ou plusieurs personnes relativement à la part qu'il a dans la société (3) (*C. Civ.*, *art.* 1861).

---

(1) La chose appartient à ses associés comme à lui, et nul ne peut disposer de la chose d'autrui.

(2) Mais le consentement tacite suffit : *qui prohibere potest, et non prohibet, consentire videtur.*

(3) Je puis céder la moitié ou une autre portion de mon intérêt à Paul, et partager par là avec lui ma portion de bénéfice. Mais je ne puis sans le consentement des autres l'associer à la société, quand même j'en aurais l'administration ; parce qu'il leur importe qu'on n'associe pas à leurs opérations et à leurs délibéra-

SECTION III.

Des différentes manières dont finit la Société.

D. Comment finit la société ?

R. La société finit :

1.º Par l'expiration du temps pour lequel elle a été contractée ;

2.º Par l'extinction de la chose, ou la consommation de la négociation ;

3.º Par la mort naturelle (1) de quelqu'un des associés ;

4.º Par la mort civile, l'interdiction ou la déconfiture de l'un d'eux ;

5.º Par la volonté qu'un seul ou plusieurs expriment de n'être plus en société (2) (*C. Civ.*, *art.* 1865).

D. Si une société à temps limité, reçoit une prorogation, comment cette prorogation peut-elle être prouvée ?

R. Elle ne peut être prouvée que par un écrit revêtu des mêmes formes que le contrat de société (3) (*C. Civ.*, *art.* 1866).

---

tions un homme qui ne peut leur convenir ni sympathiser avec eux (M. *Pigeau*).

(1) La mort de l'un des associés dissout la société à l'égard de tous, parce qu'il est possible que la société ait été contractée précisément en vue de l'associé décédé.

(2) C'est une exception à la règle générale, d'après laquelle les contrats n'étant formés que par le concours des volontés des parties contractantes, ne peuvent être détruits que par le concours des mêmes volontés. Cette exception est fondée sur ce qu'une société qui serait continuée malgré les associés, deviendrait une source intarissable de procès (M. *Delvincourt*).

(3) Je ne crois pas qu'il faille conclure de ces mots, que , si l'acte

D. Quand est-ce que l'extinction de la chose opère la dissolution de la société ?

R. C'est lorsque l'un des associés a promis de mettre en commun la propriété d'une chose, et que la perte de cette chose survient avant que la mise en soit effectuée.

La société est également dissoute, dans tous les cas, par la perte de la chose, lorsque la jouissance seule a été mise en commun, et que la propriété en est restée dans la main de l'associé.

Mais la société n'est pas rompue par la perte de la chose dont la propriété (1) a déja été apportée à la société (2) (*C. Civ.*, *art.* 1867).

---

primitif est notarié, l'acte de prorogation doive l'être également. Mais cela veut dire que si, par exemple, l'objet de la société est d'une valeur de plus de cent cinquante francs, comme il a fallu un acte écrit dans le principe, il en faudra un pareil pour la prorogation (M. *Delvincourt*).

(1) Entre le cas où la jouissance seulement a été mise dans la société, et celui où l'apport est de la propriété, il y a cette différence, que la mise de la jouissance est la mise des fruits qui naîtront de l'objet dont la jouissance est apportée. Il y a donc, en quelque sorte, autant d'apports différens, qu'il y a de perceptions de fruits. D'après cela, lorsque la jouissance vient à cesser pour la société, de quelque manière que cela arrive, il est vrai de dire que l'associé qui a promis d'apporter la jouissance, ne réalise pas son apport, et que, conséquemment, la société doit cesser.

(2) En effet, nous avons déja vu, que quand c'est la propriété qui a été apportée, la chose est aux risques de la société. Si donc elle périt, c'est pour la société, non pour l'associé qui l'a apportée ; et la société continue (*Voyez* ci-des us page 18, note 3).

Mais il reste une difficulté pour concilier l'article 1867, avec les principes du Droit actuel. En effet, le commencement de cet article, comparé avec la fin, suppose évidemment que la promesse de livrer une chose n'en transfère pas la propriété, ce qui est

D. Peut-on stipuler qu'en cas de mort de l'un des associés, la société continuera avec son héritier (1) ou seulement entre les associés survivans ?

R. Oui, ces dispositions sont permises, et lorsqu'elles ont été faites, elles doivent être suivies (*C. Civ. art.* 1868).

D. Si l'on a stipulé qu'en cas de mort de l'un des associés, la société continuerait seulement entre les associés survivans, quels sont les droits de l'héritier de l'associé décédé ?

R. L'héritier du décédé n'a droit qu'au partage de la société, eu égard à la situation de cette société lors du décès, et ne participe aux droits ultérieurs qu'autant qu'ils sont une suite nécessaire de ce qui s'est fait avant la mort de l'associé auquel il succède (*C. Civ.*, *art.* 1868).

D. La dissolution de la société par la volonté de l'une des parties s'applique-t-elle à toutes les sociétés?

R. Elle ne s'applique qu'aux sociétés dont la durée est illimitée (2) (*C. Civ.*, *art.* 1869).

D. Comment s'opère cette dissolution ?

---

formellement contraire à l'article 1138 du Code. La difficulté paraît grave. M. *Delvincourt* cherche à concilier ces deux articles 1138 et 1867, en disant que, lorsque l'article 1138 décide que la promesse de livrer transfère la propriété, il suppose que celui qui a promis était propriétaire de la chose promise; et que dans l'article 1867, il s'agit du cas où la chose promise n'appartenait pas, au moment du contrat, à l'associé qui s'est engagé à la livrer (*Voyez* cet auteur, *Cours de Code civil*, Tome 3, page 124, note 11).

(1) En Droit Romain, cette clause n'était permise que dans un seul cas, celui de la ferme des impôts (L. 59, D. *pro Socio*).

(2) L'article 1871 statue sur le cas où la société est à terme.

R. Elle s'opère par une renonciation notifiée à tous les associés, pourvu que cette renonciation soit de bonne foi et non faite à contre-temps (*C. Civ., art.* 1869).

D. Quand est-ce que la renonciation n'est pas de bonne foi ?

R. C'est lorsque l'associé renonce pour s'approprier à lui seul le profit que les associés s'étaient proposé de retirer en commun (1) (*C. Civ., art.* 1870).

D. Quand est-ce que la renonciation est faite à contre-temps ?

R. C'est lorsque les choses ne sont plus entières, et qu'il importe à la société que sa dissolution soit différée (2) (*C. Civ., art.* 1870).

D. La dissolution des sociétés à terme peut-elle être demandée par l'un des associés avant le terme convenu ?

R. Oui, mais seulement quand il y a de justes motifs de le faire, comme lorsqu'un autre associé manque à ses engagemens, ou qu'une infirmité habituelle le rend inhabile aux affaires de la société, ou autres cas semblables, dont la légitimité et la gravité sont laissées à l'arbitrage des juges (*Art.* 1871).

D. D'après quels principes se règlent les partages entre associés ?

---

(1) Par exemple, si, voyant un achat à faire pour lequel une grande partie de fonds est nécessaire, l'associé se retire pour reprendre ses fonds, mettre la société dans l'impossibilité de faire l'achat, et le faire à lui seul (M. *Pigeau*).

(2) Comme si une entreprise, un achat étant entamé, l'associé se retirait, privant par là la société de ses fonds et de ses travaux, nécessaires pour tirer de cette entreprise ou de cet achat le profit qu'on peut en espérer (M. *Pigeau*).

R. Les règles concernant le partage des successions, la forme de ce partage, et les obligations qui en résultent entre les cohéritiers, s'appliquent aux partages entre associés (1) (*Art.* 1872).

CHAPITRE II.

Règles particulières aux Sociétés de commerce.

SECTION PREMIÈRE.

Des Différentes espèces de Société de commerce.

D. Combien la loi distingue-t-elle d'espèces de sociétés de commerce ?

R. La loi distingue quatre espèces de société de commerce : 1.º la société en nom collectif; 2.º la société en commandite ; 3.º la société anonyme et 4.º la société en participation (*Art.* 19 *et* 44).

§ Ier.

De la Société en nom collectif.

D. Qu'est-ce que la société en nom collectif ?

---

(1) Ainsi, la lésion de plus du quart au préjudice d'un associé suffirait pour l'autoriser à demander la nullité du partage ; la personne à laquelle un associé aurait cédé, avant partage, tous ses droits dans la société, moyennant une somme d'argent, pourrait être écartée du partage, en lui remboursant cette somme ; le partage entre associés est déclaratif et non translatif de propriété, c'est-à-dire que, chaque associé est censé avoir été propriétaire des objets tombés dans son lot, du moment qu'ils ont été acquis à la société, et n'avoir jamais eu la propriété des objets tombés dans les lots de ses coassociés, etc. *Voyez Code Civ., art.* 887, 841, 883, et M. *Delvincourt, Institutes de Droit Commercial,* page 22, note 3.

R. La société en nom collectif est celle que contractent deux personnes ou un plus grand nombre, et qui a pour objet de faire le commerce, sous une raison sociale (*Art.* 20).

D. Qu'entend-on par raison sociale?

R. Par raison sociale, on entend la manière dont il a été convenu par les associés que seraient signés les engagemens pris au nom de la société (M. *Delvincourt*). Dans la société en nom collectif, les noms des associés peuvent seuls faire partie de la raison sociale (1) (*Art.* 21).

D. Les associés en nom collectif, indiqués dans l'acte de société, ne sont-ils tenus que pour leur part des engagemens de la société?

R. Non, ils sont solidairement obligés (2) pour tous

---

(1) L'objet de cet article est d'empêcher les personnes qui succèdent au commerce d'un négociant décédé, de le faire sous le nom du défunt. Elles pourraient s'approprier ainsi, par surprise, un crédit que le public leur refuserait peut-être, s'il les connaissait sous leurs véritables noms (M. *Regnault de Saint-Jean-d'Angely*).

(2) On dit que plusieurs personnes sont solidairement obligées ou sont débitrices solidaires, lorsque, d'après le titre ou d'après la loi, elles sont obligées toutes à la même dette, de manière que chacune d'elles puisse être poursuivie pour le tout, et que le paiement fait par l'une libère toutes les autres.

Plusieurs personnes peuvent être également créancières solidaires, lorsque, d'après le titre ou d'après la loi, la même chose leur est due à toutes, de manière que chacune puisse demander et recevoir le paiement de toute la dette, et que le paiement fait à l'une d'elles, libère le débiteur à l'égard de toutes les autres.

Dans la société en nom collectif, tous les associés sont débiteurs solidaires des dettes de la société. Nous disons *tous les associés*, mais non pas leurs héritiers, ce qui a besoin d'explication. Deux

les engagemens de la société (1), encore qu'un seul des associés ait signé (2), pourvu que ce soit sous la raison sociale (3) (*Art* 22).

---

personnes sont en société. Il est dû à un tiers par la société une somme de 10,000 fr. Le créancier peut demander les 10,000 fr. en entier, à celui des deux associés qu'il veut choisir, s'ils sont tous deux vivans. Mais si l'un d'eux vient à mourir avant que l'obligation ait été acquittée, sa succession en masse doit bien encore solidairement les 10,000 fr.; mais s'il a laissé plusieurs héritiers, ils ne sont pas solidaires entre eux, c'est-à-dire que chacun d'eux ne doit, dans les 10,000 fr., qu'une part proportionnée à celle qu'il prend dans la succession; s'ils sont, par exemple, quatre héritiers, chacun pour un quart, le créancier ne peut demander à chacun d'eux que 2,500 fr. (M. *Delvincourt*).

Les associés sont également créanciers solidaires, c'est-à-dire que les débiteurs de la société sont également libérés, en payant la totalité de leur dette à celui des associés qu'ils veulent choisir, à moins qu'ils n'aient été prévenus par les poursuites de l'un d'eux; car alors ils ne peuvent payer qu'au poursuivant (*Code civil*, art. 1198 et 1859). Telle est l'opinion de M. *Delvincourt*, page 23, note 2, et de M. *Locré*, sur l'art. 22, tome 1.er, page 130.

(1) Remarquez que le mot *engagemens* est plus général que celui de *dettes*. Il comprend toutes les obligations quelconques, telles que serait une promesse d'acheter, de vendre, une garantie, etc.

(2) A moins qu'il n'y ait des administrateurs nommés par l'acte de société, parce qu'alors eux seuls peuvent engager les autres associés.

(3) Ainsi, l'associé, même administrateur, qui ne signe pas sous la raison sociale, n'engage pas les autres associés. Cependant les associés sont tenus, même des engagemens signés autrement que de la raison sociale, toutes les fois que l'on peut prouver que l'opération a eu lieu pour le compte et au profit de la société. Mais il y a cette différence essentielle que, lorsque l'associé a signé sous la raison sociale, les associés sont tenus par ce seul fait, et sans que le créancier ait rien à prouver; tandis que, dans le cas contraire, le créancier est obligé de prouver que la chose a tourné au profit de la société.

§. II.

De la Société en Commandite.

D. Comment définit-on la société en commandite (1)?

R. La société en commandite est celle qui se contracte entre un ou plusieurs associés responsables et solidaires, et un ou plusieurs associés simples bailleurs de fonds, que l'on nomme commanditaires ou associés en commandite (*Art.* 23).

D. Sous quel nom la société en commandite est-elle régie?

R. La société en commandite est régie sous un nom social, qui doit être nécessairement celui d'un ou plusieurs des associés responsables et solidaires (*Art.* 23). Le nom d'un associé commanditaire ne peut faire partie de la raison sociale (2) (*Art.* 25).

D. Cette espèce de société ne peut-elle pas être à la fois, société en nom collectif et société en commandite?

R. Lorsqu'il y a plusieurs associés solidaires et en nom, soit que tous gèrent ensemble, soit qu'un ou plusieurs gèrent pour tous, la société est à la fois société en nom collectif, à leur égard, et société en commandite à l'égard des simples bailleurs de fonds (*Art* 24).

----

(1) Ce mot vient du vieux mot *command*, qui signifie *dépôt, procuration*. L'associé gérant est le procureur du commanditaire, et le dépositaire de ses fonds.

(2) L'associé commanditaire a le droit de demeurer inconnu... Mais le vrai motif de la disposition c'est d'empêcher le public d'être trompé. Il pourrait se persuader que l'associé commanditaire dont il verrait le nom employé dans la raison sociale, répond indéfiniment des obligations de la société, et, dans cette fausse idée, accorder à l'association un crédit et une confiance que peut-être il ne donnerait pas aux vrais responsables (M. *Locré*).

D. De quelle part l'associé commanditaire est-il tenu dans les pertes de la société ?

R. L'associé commanditaire n'est passible des pertes que jusqu'à concurrence des fonds qu'il a mis ou dû mettre dans la société (1) (*Art* 26).

D. L'associé commanditaire peut-il faire quelque acte de gestion, ou être employé pour les affaires de la société?

R. Non, l'associé commanditaire ne peut faire aucun acte de gestion (2), ni être employé pour les affaires de la société, même en vertu de procuration (3) (*Art.* 27).

---

(1) Le commanditaire doit-il compte aux créanciers de la société des bénéfices qu'il en a précédemment tirés? Par exemple, une société dure depuis quatre ans ; les associés ont compté tous les ans pendant les trois premières années. Il y a eu des bénéfices qui ont été partagés entre le commanditaire et le gérant. La quatrième année, la société est en déconfiture et le gérant est insolvable. Les créanciers peuvent-ils forcer les commanditaires de rapporter les bénéfices qu'ils ont touchés pendant trois ans? Lors de la discussion du Code, cette question fut agitée, et le Conseil-d'État la décida par la négative ; cependant depuis, deux arrêts ont jugé pour l'affirmative, et M. *Delvincourt* approuve leur doctrine. M. *Pardessus*, sans prendre positivement aucun parti, pense que c'est d'après les circonstances, les clauses rendues publiques et la bonne foi des opérations, que les tribunaux doivent se décider dans une question si délicate. *Voy.* M. *Locré*, sur l'art 26, tome 1.er, page 143 ; M. *Delvincourt*, page 27, note 1.re; M. *Pardessus*, n.º 1035, tome 4, page 120.

(2) Mais remarquez que cette prohibition ne s'applique pas aux transactions commerciales que la société peut faire pour son compte avec l'associé commanditaire, et réciproquement, le commanditaire avec la maison commanditée (*Avis du Conseil-d'État du 17 mai 1809; Bulletin*, n.º 4390).

(3) Cette disposition a pour but d'empêcher ces spéculations frauduleuses que l'on faisait sous le nom d'un homme de paille, qui était le seul en nom. Les véritables intéressés paraissaient

En cas de contravention , l'associé commanditaire est obligé solidairement, avec les associés en nom collectif, pour toutes les dettes et engagemens de la société (*Art.* 28).

§. III.

De la Société anonyme.

D. Qu'est-ce que la société anonyme?

R. La société anonyme est celle qui n'existe point sous un nom social, qui n'est désignée par le nom d'aucun associé (1) (*Art.* 29) ; mais seulement par l'objet de l'entreprise (2) (*Art.* 30).

D. Comment cette espèce de société est-elle administrée?

R. Elle est administrée par des mandataires à temps, révocables, associés ou non associés, salariés ou gratuits (3) (*Art.* 31).

---

verser dans la société une somme modique, à titre de commandite. Ils faisaient du reste toutes les affaires de la société, comme mandataires prétendus du gérant. L'affaire réussissait-elle, ils prenaient tous les bénéfices. Y avait-il des pertes à essuyer, des engagemens à acquitter, ils en étaient quittes pour la modique somme commanditée, que souvent même ils n'avaient pas réellement versée, et le gérant disparaissait. Cela aura lieu plus difficilement à présent, parce que, dans ces sortes de circonstances, il est essentiel pour les intéressés de gérer par eux-mêmes, et qu'ils ne voudraient pas confier leurs intérêts à l'homme qu'ils présentent au public (M. *Delvincourt*).

(1) Dans les sociétés anonymes, chaque associé n'est tenu que du montant de son action ; ils sont donc tous commanditaires; par conséquent, le nom d'aucun d'eux ne pourrait entrer dans la raison sociale. *Voy.* ci-dessus page 29 , note (1).

(2) C'est ainsi que l'on dit la Compagnie des Indes, la Banque de France, la Compagnie des Ponts, la Caisse Hypothécaire, la Compagnie du Gaz.

(3) Tout ce qui concerne l'administration est réglé par des

D. De quelle responsabilité les administrateurs sont-ils tenus?

R. Ils ne sont responsables que de l'exécution du mandat qu'ils ont reçu (1). Ils ne contractent, à raison de leur gestion, aucune obligation personnelle ni solidaire relativement aux engagemens de la société (2) (*Art.* 32).

D. Quelle est la perte dont sont tenus les associés dans les sociétés anonymes ?

R. Ils ne sont passibles que de la perte du montant de leur intérêt dans la société (3) (*Art.* 33).

D. Comment se divise le capital de la société anonyme ?

R. Le capital de la société anonyme se divise en actions, et même en coupons d'actions d'une valeur égale (4) (*Art.* 34).

----

statuts. Ce sont ces satuts qui déterminent par qui les mandataires peuvent être nommés, et la mesure de leurs pouvoirs (M. *Locré*).

(1) Quand même ils seraient associés. C'est une différence entre la société anonyme et la société en commandite.

(2) Envers les tiers; car, envers la société, ils sont obligés comme des mandataires le sont envers leurs commettans. *Voyez Cod. civ.*, art. 1984 et suiv., et le *Troisième Examen sur le Code civil*, page 242.

(3) C'est ici une simple association de capitaux, et, par cette raison, le capital seul doit répondre.

(4) Il paraît que la division en actions est de l'essence de la société anonyme. Le motif de cette disposition est vraisemblablement que cette espèce de société est en général sujette à d'assez graves inconvéniens, en ce qu'elle ne repose pour ainsi dire sur la tête de personne, qu'il n'y a conséquemment qu'une responsabilité très-restreinte, etc. On ne l'a donc autorisée qu'à raison des avantages qu'elle présente, et dont le principal est de pouvoir associer les petites fortunes à de grandes entreprises : ce qui ne peut se faire que par le moyen d'actions, et même de coupons d'actions (M. *Delvincourt*). *Voyez* M. *Pardessus*, n.º 1039, tome 4, page 128.

D. De combien de manières l'action peut-elle être établie ?

R. L'action peut être établie de deux manières : ou sous la forme d'un titre au porteur, ou par une inscription sur les registres de la société (*Art.* 35 *et* 36).

D. La cession des actions s'opère-t-elle, dans les deux cas, de la même manière ?

R. Non : dans le premier cas, la cession s'opère par la tradition du titre (1); dans le second, elle s'opère par une déclaration de transfert inscrite sur les registres, et signée de celui qui fait le transport ou d'un fondé de pouvoir (*Art.* 35 *et* 36).

D. L'établissement de la société anonyme n'est-il pas soumis à quelques formalités particulières ?

R. Oui, cette société ne peut être contractée qu'avec l'autorisation du Roi (2) et par acte pu-

---

(1) Cette manière de devenir associé est particulière à la société anonyme, et contraire aux principes d'après lesquels se forment les autres sociétés ; celles-ci ne peuvent subsister qu'entre associés qui se sont choisis. D'où vient cette différence ? De ce que, dans la société anonyme, il y a, non pas une association de personnes qui, opérant ensemble, doivent s'assortir ou se convenir, mais une société de capitaux dont les propriétaires deviennent indifférens, parce qu'ils demeurent toujours étrangers les uns aux autres, et ne sont jamais appelés à administrer ensemble, du moins comme actionnaires (M. *Locré*).

(2) Cette disposition particulière aux sociétés anonymes, est fondée sur ce que l'ordre public est en quelque sorte intéressé dans toutes les sociétés qui se forment par actions, et qui, en conséquence, ne présentent, pour ainsi dire, aucune sûreté, soit aux actionnaires eux-mêmes, soit aux tiers qui ont à traiter avec l'association (M. *Delvincourt*). « Trop souvent des entreprises » pareilles, a-t-on dit dans le Conseil-d'État, n'ont été qu'un » piège tendu à la crédulité des citoyens ; et même, sans qu'il y

blic (1) , également revêtu de l'approbation du gouvernement (2); cette approbation doit être donnée dans la forme prescrite pour les réglemens d'administration publique (3) (*Art.* 37 *et* 41), et l'acte qui la contient doit être affiché avec celui d'association, et pendant le même temps (*Art.* 45).

D. Le capital des sociétés en commandite peut-il se diviser comme celui des sociétés anonymes ?

R. Oui , le capital des sociétés en commandite peut aussi se diviser en actions ou même en coupons d'ac-

---

» ait eu fraude , on a vu des associations , mal combinées dans » leur origine , ou mal gérées dans leurs opérations , compro- » mettre la fortune des actionnaires et des administrateurs ». Il est donc nécessaire que l'autorité publique examine quel est le degré d'utilité de l'entreprise , et quels sont les moyens de succès. Delà la nécessité de l'autorisation préalable.

(1) L'acte primitif ne peut être signé par les actionnaires, qui ne sont pas connus au moment où il est fait, et qui d'ailleurs changent à chaque instant. Il ne l'est ordinairement que par les principaux chefs, ceux qui ont obtenu l'autorisation de former l'entreprise. Or, d'après cela, s'il eût été sous-seing privé, on eût pu à chaque instant changer la condition des actionnaires ; ou bien il eût fallu autant de doubles que d'actions, et même que de coupons d'actions ; ce qui eût été à peu près impossible. On a remédié à tout cela en exigeant l'acte public (M. *Delvincourt*).

(2) Ainsi , il faut non seulement que le Gouvernement autorise la société ; il faut encore qu'il approuve l'acte qui en contient les clauses , afin de voir si elles ne renferment rien qui puisse surprendre la crédulité ou la bonne foi (M. *Delvincourt*).

(3) Une instruction du Ministre de l'Intérieur sur le Décret du 16 janvier 1808 , a déterminé particulièrement les formes dans lesquelles l'autorisation du Gouvernement doit être demandée et accordée.

tion (1), sans aucune autre dérogation aux règles établies pour ce genre de société (*Art.* 38).

D. Comment doivent être constatées les sociétés en nom collectif ou en commandite?

R. Elles doivent être constatées par des actes publics ou sous signature privée ; mais il est essentiel dans ce dernier cas que l'acte ait été fait, en autant d'originaux qu'il y a de parties ayant un intérêt distinct (*Art.* 39 *et Cod. civ., art.* 1325).

D. La loi n'exige-t-elle pas l'accomplissement de quelques formalités de la part de ceux qui forment entr'eux une société en nom collectif ou en commandite ?

R. Oui, la loi exige que dans la quinzaine de la date de l'acte de société, il soit remis au greffe du tribunal de commerce de l'arrondissement dans lequel la maison du commerce social est établie, un extrait de cet acte pour être transcrit sur le registre, et affiché

---

(1) Mais alors comment la société en commandite sera-t-elle distinguée de la société anonyme? La première différence, c'est que dans la société anonyme tous les associés sont commanditaires, au lieu que dans la commandite, il y a toujours au moins un associé indéfiniment responsable. La seconde différence, qui est une suite de la première, c'est que la société anonyme n'est désignée par le nom d'aucun des associés, mais seulement par l'objet de son entreprise, tandis que la commandite est toujours désignée par le nom d'un associé gérant, et indéfiniment responsable (M. *Delvincourt*). Du reste, il ne faut pas juger de la nature de la société par la qualification qui lui est donnée ; il faut s'attacher à la substance de l'acte. En effet, on peut avoir voulu cacher une société anonyme sous les apparences d'une société en commandite, pour se dispenser d'obtenir l'autorisation du Gouvernement.

pendant trois mois dans la salle des audiences (1); si la société a plusieurs maisons de commerce situées dans divers arrondissemens, la remise, la transcription et l'affiche de cet extrait doivent être faites au tribunal de commerce de chaque arrondissement (2) (*Art.* 42).

D. Ces formalités sont-elles exigées à peine de nullité?

R. Oui, mais seulement à l'égard des intéressés (3); le défaut d'aucune d'elles ne pourra être opposé à des tiers par les associés (*Art.* 42).

D. Que doit contenir l'extrait des actes de société en nom collectif ou en commandite?

R. Cet extrait doit contenir les noms, prénoms,

---

(1) De plus, aux termes d'un Décret du 12 février 1814 (*Bulletin*, n.º 10147), les extraits d'actes de société, ainsi que les changemens, etc., doivent être insérés dans les affiches judiciaires, et dans les journaux de commerce.

(2) Cette formalité est sagement établie, afin que le public connaisse les conditions des sociétés et le temps de leur durée, parce que le principal fondement du négoce étant le crédit et la réputation des associés, il est juste que l'on sache la nature et la durée de leurs engagemens (*Jousse*).

(3) Comment doit-on entendre cette disposition? Cela veut-il dire que la société est nulle même entre les associés, tellement qu'aucun d'eux ne peut réclamer contre l'autre l'exécution des clauses de l'acte? M. *Delvincourt* pense que par ces mots, *à l'égard des intéressés*, il faut entendre seulement que les associés ne peuvent tirer aucun avantage de l'acte contre les tiers, sans néanmoins qu'il en résulte aucun préjudice au droit des associés entre eux. M. *Pardessus* pense au contraire qu'il y a véritablement nullité entre les associés, sauf que, s'il y a eu des relations ou une communauté d'affaires susceptibles de produire des effets, les tribunaux doivent prononcer suivant les règles de l'équité (*Voyez* M. *Delvincourt*, page 25, note 2, M. *Pardessus*, nº 1009, tome 4, page 78).

qualités et demeures des associés autres que les actionnaires ou commanditaires (1); la raison de commerce de la société; la désignation de ceux des associés autorisés à gérer, administrer et signer pour la
société (2); le montant des valeurs fournies ou à fournir
par actions ou en commandite; l'époque où la société doit commencer, et celle où elle doit finir
(*Art.* 43).

D. Par qui cet extrait doit-il être signé?

R. Cet extrait doit être signé, pour les actes publics, par les notaires, et pour les actes sous-seing
privé, par tous les associés, si la société est en nom
collectif, et par les associés solidaires ou gérans, si la
société est en commandite, soit qu'elle se divise ou ne
se divise pas en actions (*Art.* 44).

D. Dans le cas où la société se continue après son
terme, comment cette continuation doit-elle être constatée?

R. Cette continuation doit être constatée par une déclaration des co-associés; cette déclaration doit, comme
le contrat primitif, et sous peine de nullité, aussi à
l'égard des intéressés, avoir lieu par acte public ou

---

(1) Comme les commanditaires ne sont responsables que jusqu'à concurrence des fonds qu'ils versent, leur crédit, et par conséquent leur nom, n'est d'aucun poids dans la société. Il est donc
inutile de les nommer. D'ailleurs, un des grands avantages de la
commandite, c'est de procurer à des personnes qui veulent rester
inconnues, le moyen de s'intéresser dans des sociétés de commerce, et même de les faciliter par le versement de leurs fonds.
On détruirait cet avantage en nommant les commanditaires
(M. *Delvincourt*).

(2) Dans ce cas, les noms, prénoms, etc., de l'associé ou des
associés autorisés doivent être désignés spécialement et avec soin.

sous-seing privé ; et elle est soumise aux mêmes formalités pour la remise au greffe, la transcription et l'affiche. Il en est de même de tout acte portant, soit dissolution de la société avant le terme fixé par l'acte, soit changement (1) ou retraite d'associés (2), changement dans la raison sociale, ou autres nouvelles clauses, ou stipulations quelconques (3) (*Art.* 46).

§ IV.

De la Société en Participation.

D. Qu'est-ce que la société en participation (4)?

R. La société en participation est celle qui ne s'étend ordinairement qu'à une ou plusieurs opérations (5) déterminées, dont la fin termine de plein droit

---

(1) Si donc il avait été stipulé que, arrivant le décès de l'un des associés, la société continuerait avec ses héritiers, le cas échéant, il faudra faire afficher l'annonce du décès, et les noms des héritiers. L'on sent effectivement combien cela peut être nécessaire ; il aurait été possible que des tiers traitassent avec la société sur la foi de l'associé décédé, et qu'ils n'eussent pas la même confiance dans ses héritiers (M. *Delvincourt*).

(2) Si donc un associé renonce, et que l'acte porte qu'en cas de renonciation, la société continuera avec les associés restans, la renonciation devra être affichée.

(3) S'il était permis aux associés de changer clandestinement les conditions de leur contrat, la publication qui en est ordonnée deviendrait illusoire. Ils pourraient faire un acte qu'ils destineraient à devenir ostensible, et convenir cependant d'un acte tout différent qu'ils signeraient quelques jours après (M. *Locré*).

(4) Remarquez que c'est cette espèce de société que Savary, Jousse et Pothier, désignent par le nom de *société anonyme.*

(5) Comme lorsque plusieurs personnes conviennent d'acheter ou de vendre en commun une cargaison, des bestiaux, une partie

la société (M. *Delvincourt*). Cette espèce de société a lieu pour les objets, dans les formes, avec les proportions d'intérêt, et aux conditions convenues entre les participans (*Art.* 48).

D. Comment peuvent être constatées les sociétés en participation ?

R. Les sociétés en participation peuvent être constatées par la représentation des livres, de la correspondance, ou par la preuve testimoniale si le tribunal juge qu'elle peut être admise (1) (*Art.* 49); du reste, elles ne sont point sujettes aux formalités prescrites pour les autres sociétés (2) (*Art.* 50).

SECTION II.

Des Contestations entre Associés (3) *et de la manière de les décider.*

D. Par qui doivent être jugées les contestations entre associés, pour raison de la société ?

---

de meubles vendus à l'encan (M. *Locré*). Quelquefois aussi c'est un seul des associés qui convient avec les autres qu'il achètera en son nom personnel une partie de marchandises, pour les revendre à profit ou perte communs. Dans tous ces cas, les vendeurs et acheteurs ne sont censés connaître que celui avec lequel ils ont traité, et qui est seul leur obligé (M. *Delvincourt*).

(1) C'est une dérogation à la règle générale, fondée sur ce que souvent les sociétés en participation se forment entre des gens qui n'ont ni livres, ni correspondance; qu'elles n'ont le plus souvent lieu que par convention verbale. C'est ainsi, par exemple, qu'on en use communément dans les foires.

(2) Cette société étant formée pour l'ordinaire inopinément, réduite à un seul objet, et ne devant avoir qu'un moment d'existence, il n'était pas possible d'exiger qu'elle fût constatée par un contrat, ni de la soumettre à aucune formalité (M. *Locré*).

(3) Même en participation.

R. Toutes les contestations qui peuvent survenir entre associés pour raison de la société, doivent être jugées par des arbitres (1) (*Art.* 51).

D. Ces sortes de jugement sont-ils sujets à l'appel?

R. Oui, il y a lieu à l'appel du jugement arbitral, ou au pourvoi en cassation, si la renonciation n'a pas été stipulée (2) (*Art.* 52); et s'il y a des mineurs intéressés dans la contestation, le tuteur (3) ne peut renoncer à l'appel (*Art.* 63), ni à plus forte raison au pourvoi (M. *Delvincourt*).

D. Où doit être porté l'appel du jugement?

R. L'appel du jugement arbitral doit être porté devant la Cour royale (*Art.* 52).

D. Par qui doit être faite la nomination des arbitres, dans le cas où ils n'ont point été désignés par l'acte de société?

---

(1) *Doivent être jugées par des arbitres :* ainsi les tribunaux ne pourraient retenir l'affaire : ils sont absolument tenus de renvoyer devant les arbitres, quand même les associés ne s'y seraient pas soumis et quand même ils auraient stipulé le contraire. En effet, toute stipulation contraire à la loi est nulle; or, l'article est impératif. L'arbitrage a le double but d'accélérer l'expédition des affaires et d'économiser les frais.

(2) Cette renonciation peut avoir lieu pendant tout le cours de l'instruction (*Voyez Code de Procéd.*, *art.* 1010).

(3) Ce mot prouve qu'il ne s'agit point ici de mineurs intéressés de leur chef et par eux-mêmes dans une société de commerce, en un mot, de mineurs faisant eux-mêmes le commerce. Car alors ils seraient majeurs pour les faits de leur commerce; il ne serait pas question du tuteur, et ils pourraient renoncer valablement à l'appel, ainsi qu'au pourvoi. Il s'agit donc simplement de mineurs héritiers ou ayant-cause d'un associé. C'est pour cela qu'il n'est pas dit dans l'article, *si des mineurs sont associés,* mais *si des mineurs sont intéressés* (M. *Delvincourt*).

R. La nomination des arbitres (1) doit être faite par les parties elles-mêmes, ensemble ou séparément, par acte sous-seing privé, notarié ou extrajudiciaire (2), ou même par un consentement donné en justice (3) (*Art.* 53). En cas de refus de l'un ou de plusieurs des associés, les arbitres sont nommés d'office par le tribunal de commerce (*Art.* 55).

D. Par qui doit être fixé le délai pour le jugement?

R. Le délai pour le jugement est fixé par les parties lors de la nomination des arbitres (4) ; si les parties ne sont pas d'accord sur le délai, il doit être réglé par les juges (5) (*Art* 54).

---

(1) Les parties peuvent convenir de tel nombre d'arbitres qu'elles jugent à propos ; il est néanmoins prudent qu'elles les prennent en nombre impair, pour éviter les difficultés et les lenteurs de la nomination d'un tiers-arbitre (M. *Pardessus* et M. *Delvincourt*). Il en est pas de même dans les affaires civiles, lorsque les arbitres sont nommés, non pour prononcer, mais pour donner leur avis sur l'objet du procès : il doit alors en être toujours nommé trois.

(2) C'est-à-dire, par un exploit.

(3) Si, par exemple, la cause a été portée devant le Tribunal, et que le renvoi devant des arbitres soit ordonné, les parties, ou l'une d'elles, peuvent déclarer de suite devant le Tribunal, qui elles nomment pour arbitre ; et la nomination est constatée par le même jugement qui ordonne le renvoi (M. *Delvincourt*).

Il n'est pas douteux aussi que les parties ne puissent, comme dans l'arbitrage volontaire, nommer leurs arbitres par le procès-verbal même de la première séance, pourvu qu'il soit signé par elles (M. *Pardessus*). C'est aussi l'opinion de M. *Delvincourt.*

(4) Ce délai dépendant de l'importance du sujet de la contestation, ne pouvait être réglé par la loi ; il valait mieux s'en rapporter, à cet égard, à l'intérêt même des parties.

(5) C'est une dérogation à l'article 1007 du Code de Procédure.

D. Que doivent faire les parties, après la nomination des arbitres ?

R. Les parties doivent remettre leurs pièces et mémoires aux arbitres sans aucune formalité de justice (*Art.* 56); celles qui sont en retard de produire sont sommées de le faire dans les dix jours (*Art.* 57), sauf aux arbitres à proroger ce délai, suivant l'exigeance des cas (*Art.* 58).

D. S'il n'y a pas de prorogation, ou si le nouveau délai est expiré, sans que les parties en retard aient produit leurs pièces, que doivent faire les arbitres?

R. Ils doivent juger, sur les seules pièces et mémoires remis (*Art.* 59).

D. Que doivent faire les arbitres dans le cas où ils se trouvent partagés, de manière qu'il n'y ait pas majorité pour un seul et même avis ?

R. En cas de partage, les arbitres doivent nommer un sur-arbitre, à moins que les parties, dans la prévoyance des cas, n'en aient elles-mêmes désigné un (*Art.* 60).

D. Lorsque les parties n'ont pas désigné le sur-arbitre, et que les arbitres ne peuvent pas s'accorder sur le choix, par qui est nommé ce sur-arbitre?

R. Dans ce cas, le sur-arbitre est nommé par le tribunal de commerce (*Art.* 60).

D. Les arbitres peuvent-ils rendre leur jugement sans en énoncer les motifs?

R. Non, le jugement arbitral doit être motivé (*Art.* 61).

Quid, si les arbitres n'ont pas jugé dans le délai fixé? leur pouvoir cesse et les parties ont le droit d'en nommer d'autres (*M. Delvincourt*).

D. Où doit en être fait le dépôt?

R. La minute du jugement arbitral doit être déposée dans les trois jours de sa date, au greffe du tribunal de commerce (*Art.* 61 *et Cod. de Procédure*, *art.* 1020).

D. Comment ce jugement est-il rendu exécutoire?

R. Le jugement arbitral est rendu exécutoire (1), sans aucune modification (2), et transcrit sur les registres du tribunal (3), en vertu d'une ordonnance du président (4), lequel est tenu de la rendre pure et simple, et dans le délai de trois jours à compter du dépôt au greffe (*Art.* 61).

D. Les dispositions relatives aux contestations entre associés, ne s'appliquent-elles qu'à eux?

---

(1) Les arbitres n'ayant pas de caractère public, et par cette raison n'étant pas permis aux officiers ministériels d'agir d'après ce qu'ils décident, les jugemens arbitraux, même ceux préparatoires, ne peuvent être exécutés qu'après l'ordonnance qui est accordée à cet effet. Au reste, les règles sur l'exécution provisoire des jugemens des tribunaux sont applicables aux jugemens arbitraux (*Voyez Code de Procéd.*, *art.* 1021 *et* 1024).

(2) Le juge n'intervient pas pour homologuer, mais seulement pour imprimer à la décision des arbitres le sceau de l'autorité publique (M. *Locré*).

(3) Cette disposition est particulière à ces sortes d'arbitrages. Le Code de Procédure n'exige que le dépôt au greffe, et non la transcription (*Code de Procéd.*, *art.* 1020).

(4) La force publique, qui est chargée, en cas de résistance, de faire exécuter les jugemens, ne peut être mise en action que par les personnes revêtues du caractère compétent; c'est pour cela que l'on exige l'ordonnance du Président (M. *Delvincourt*).

Remarquez 1.º que ce n'est qu'en vertu de cette ordonnance que le jugement arbitral emporte hypothèque (*Code Civ.*, *art.* 2123); 2.º que l'ordonnance n'est nécessaire que pour l'exécution, mais que la sentence arbitrale est toujours par elle-même un jugement qui oblige les parties.

R. Ces dispositions sont communes aux veuves, héritiers ou ayant cause des associés (1) (*Art.* 62).

D. Par quel temps se prescrivent les actions contre les associés non liquidateurs, et leurs veuves, héritiers ou ayant cause?

R. Toutes actions contre les associés (2) non liquidateurs (3), et leurs veuves, héritiers, ou ayant cause, se prescrivent par cinq ans, à compter du jour de la fin ou de la dissolution de la société, pourvu toutefois que l'acte de société qui en énonce la durée, ou l'acte de dissolution, ait été affiché et enregistré conformé-

---

(1) Quand même cette veuve et ces héritiers ne feraient pas le commerce, et qu'ils seraient d'une autre profession (*Joussc*). Mais observez que, dans ce cas, le délai pour instruire et juger est suspendu pendant celui pour faire inventaire et délibérer (*Code de Procéd. art.* 1013).

(2) *Contre les associés*, et non entre les associés; celles-ci ne se prescrivent que par trente ans. La raison de différence est que, les recouvremens et les comptes respectifs entre associés, peuvent entraîner un laps de temps considérable, au lieu qu'il n'est pas probable que des créanciers d'une société de commerce dont la dissolution a été rendue publique, restent dans l'inaction pendant plus de cinq ans (M. *Delvincourt*).

(3) L'associé non liquidateur qui ne connaît pas sa situation sociale, ne peut rester exposé indéfiniment à l'action des créanciers. Il a dû croire d'ailleurs que le liquidateur paierait avec les deniers provenant de ses recettes : et si le créancier eût fait des poursuites, l'associé eût été prévenu par là du défaut de paiement de la part du liquidateur, et il eût pu prendre ses précautions à ce sujet; au surplus, la loi, en introduisant cette prescription de cinq ans, à l'égard de l'associé non liquidateur exclusivement, a fait connaître par cela seul, qu'elle entendait laisser subsister le droit commun à l'égard de l'associé liquidateur. Il ne pourra donc opposer aux créanciers de la société que les

ment à la loi (1), et que depuis l'accomplissement de cette formalité, la prescription n'ait été interrompue par aucune poursuite judiciaire (*Art.* 64).

TITRE IV.

Des Séparations de Biens.

D. Quelles sont les règles qui doivent être observées à l'égard des demandes en séparation de biens ou de corps entre époux commerçans, ou dont l'un seulement fait le commerce?

R. Cette demande et le jugement sont soumis aux mêmes formalités que lorsque aucun des époux n'est commerçant (2) (*Art.* 65).

D. Quels seraient les droits des créanciers à défaut d'accomplissement de ces formalités à l'égard des jugemens en séparation de corps?

R. Les créanciers seraient admis à y former tierce opposition, en ce qui touche leurs intérêts, et à contredire toute liquidation qui en aurait été la suite (*Art.* 66).

D. Tout contrat de mariage entre époux dont l'un

---

prescriptions ordinaires ; il n'a pas en sa faveur les mêmes raisons que les non liquidateurs (M. *Delvincourt*). Mais si le liquidateur, poursuivi, paie après les cinq ans, M. *Delvincourt* pense qu'il aura son recours contre les non liquidateurs (*Voyez* cet auteur, page 37, note 3, *in fine*).

(1) Conformément aux articles 42, 43, 44 et 46.

(2) *Voyez*, relativement à ces formalités, *le Code Civil, art.* 1443, 1444, 1445, 1446, 1447, 1451 ; *et le Code de Procédure, art.* 865 *et suivans, jusqu'à l'art.* 874.

est commerçant, n'est-il pas assujetti à des règles particulières ?

R. Oui, tout contrat de mariage entre époux dont l'un est commerçant (1) doit être transmis, par extrait, dans le mois de sa date, aux greffes du tribunal civil et du tribunal de commerce du domicile du mari, pour être inscrit sur un tableau à ce destiné, et exposé pendant un an dans l'auditoire de ces tribunaux. Lorsqu'il n'y a pas de tribunaux de commerce, cette exposition est faite dans la principale salle de la maison commune du domicile du mari. Pareil extrait est inscrit sur un tableau, exposé dans la chambre des avoués et des notaires des mêmes lieux, s'il en existe (*Art.* 67 *et Code de Procédure, art.* 872).

D. Que doit contenir cet extrait ?

R. Il doit contenir les prénoms, noms, professions et demeure des époux, annoncer s'ils sont mariés en communauté (2), s'ils sont non communs ou séparés de biens, ou s'ils sont mariés sous le régime dotal (3) (M. *Pardessus*).

---

(1) Soit le mari, soit la femme.

(2) On ne voit pas trop pourquoi on requiert la publication et l'affiche, lorsque les époux sont mariés sous le régime de la communauté. Ce régime étant le plus favorable aux créanciers du mari, qui peuvent alors saisir sur lui tous les biens faisant partie de la communauté, il semble qu'il eût suffi d'exiger ces formalités, seulement pour les clauses exclusives de communauté, telles que celles de séparation contractuelle, ou le régime dotal. D'ailleurs, le régime de la communauté étant de droit, il en résulte que les époux qui n'ont pas de contrat de mariage, y sont soumis. Or, ils ne peuvent bien certainement être astreints à l'affiche d'un acte qui n'existe pas (M. *Delvincourt*).

(3) L'extrait doit-il énoncer la constitution de dot? La proposition en avait d'abord été faite, mais elle fût rejetée ensuite sur

D. Par qui doit être faite la remise de cet extrait ?

R. La remise de cet extrait doit être faite par le notaire qui a reçu le contrat de mariage, sous peine de cent francs d'amende (1) , et même de destitution et de responsabilité envers les créanciers, s'il est prouvé que l'omission soit la suite d'une collusion (2) (*Art.* 68).

D. La remise de l'extrait du contrat de mariage au greffe des divers tribunaux, n'est-elle exigée par la loi qu'à l'égard des époux qui étaient commerçans lorsqu'ils se sont mariés ?

R. La remise de cet extrait est également exigée à l'égard de tout époux (3) séparé de biens, ou ma-

---

la demande du Tribunat ; et en effet , cela serait à-peu-près inutile sous le régime de la communauté. Sous ce régime , tous les biens de la femme sont dotaux ; il en résulte que la dot peut s'augmenter souvent, et même considérablement pendant le mariage , par les successions échues à la femme, ou les donations qui lui sont faites..... La même observation s'appliquerait au régime dotal , dans le cas, par exemple, où la femme se serait constitué en dot ses biens à venir (M. *Delvincourt*).

(1) On peut être surpris que le Code se soit contenté de prononcer une peine contre le notaire et qu'il ne l'ait pas étendue aux époux. Peut-être a-t-on pensé que ceux-ci pouvaient ignorer la loi , et que d'ailleurs, il valait mieux charger spécialement de l'exécution une personne qui n'eût aucun intérêt à l'enfreindre (M. *Delvincourt*).

(2) On a augmenté la peine en cas de collusion , parce que autrement , il eût été facile aux époux qui auraient eu intérêt à ce que l'affiche n'eût pas lieu, d'indemniser le notaire de l'amende. Mais il semble, que l'on eût dû au moins dans ce cas , faire porter également la peine sur les époux, en déclarant nulles, à leur égard, les clauses du contrat de mariage qui pourraient être préjudiciables aux créanciers (M. *Delvincourt*).

(3) Soit le mari, soit la femme.

rié sous le régime dotal (1), qui embrasse la profession de commerçant postérieurement à son mariage; il est tenu (2) de faire cette remise dans le mois du jour où il a ouvert son commerce, à peine, en cas de faillite, d'être puni comme banqueroutier frauduleux (3) (*Art.* 69).

TITRE V.

Des Bourses de Commerce, Agens de change et Courtiers.

SECTION PREMIÈRE.

Des Bourses de Commerce.

D. Qu'entend-on par bourse de commerce?

R. On entend par bourse de commerce la réunion (4) qui a lieu (5), sous l'autorité du Roi, des

---

(1) Par conséquent, cette disposition n'est pas applicable aux époux mariés sous le régime de la communauté; ce qui confirme l'observation de la page 48, note (2).

(2) *Il est tenu.* Ici l'on impose l'obligation à l'époux; on ne pouvait l'imposer au notaire, puisque l'époux n'était pas commerçant au moment du contrat.

(3) La même remise a dû être faite sous les mêmes peines, dans l'année de la publication de cette partie du Code de Commerce, par tout époux séparé de biens, ou marié sous le régime dotal, qui, au moment de cette publication, exerçait la profession de commerçant (*art.* 70). Cette partie du Code de Commerce a été décrétée le 10, et promulguée le 20 septembre 1807.

(4) On appelle aussi *Bourse*, le lieu destiné par le Gouvenement pour cette réunion.

(5) Chacun sait que cette réunion a pour objet : la vente des

commerçans, capitaines de navire, agens de change et courtiers (1) (*Art.* 71).

D. Quel est le résultat des négociations et des transactions qui s'opèrent dans la bourse ?

R. Le résultat des négociations et des transactions qui s'opèrent dans la bourse est de déterminer le cours du change, des marchandises, des assurances, du fret ou nolis, du prix des transports par terre ou par eau, des effets publics et autres dont le cours est susceptible d'être coté (2) (*Art.* 72).

D. Par qui ces divers cours sont-ils constatés ?

R. Ces divers cours sont constatés par les agens de change et courtiers, dans la forme prescrite par les règlemens de police généraux ou particuliers (3) (*Art.* 73).

---

grosses parties de marchandises, l'affrétement des navires, la vente des rentes sur l'Etat, la négociation des effets publics, des lettres de change, etc. On conçoit facilement l'utilité de ces réunions : d'abord elles mettent en présence les acheteurs et les vendeurs; ensuite elles placent sous l'œil et la surveillance de l'autorité, des négociations qui se lient toujours plus ou moins à l'ordre et à l'intérêt général (*Voyez* M. *Locré, sur l'art.* 71, tome 1.er, page 336).

(1) Ceci, du reste, n'est qu'énonciatif ; car « les Bourses de commerce seront ouvertes à tous les citoyens, et même aux étrangers », porte l'article 1.er d'un réglement du (27 prairial an 10) 16 juin 1802.

(2) La loi du 12 octobre 1795 (20 vendémiaire an 4) avait déjà établi que le cours serait réglé chaque jour à l'issue de la Bourse. Cette précaution est nécessaire ou utile sous plusieurs rapports, dont le principal est que la connaissance du cours prévient les surprises, en empêchant qu'on ne puisse tromper sur le véritable prix des rentes et des effets, celui qui veut vendre ou acheter (*Voyez* M. *Locré, sur l'art.* 72, Tom. 1.er, page 363).

(3) *Voyez* principalement l'ordonnance du Préfet de Police, du

Section II.

Des Agens de change et Courtiers.

D. Que doit-on entendre par courtiers et agens de change ?

R. Les agens de change et courtiers sont des agens intermédiaires, nommés par le Roi, auprès des bourses de commerce, et autorisés à s'interposer entre les négocians, pour faciliter leurs opérations (1) (M. *Delvincourt*).

D. Quels sont les droits accordés exclusivement par la loi aux agens de change ?

R. Les agens de change, constitués de la manière prescrite par la loi, ont seuls (2) le droit de faire les négociations des effets publics et autres susceptibles d'être cotés ; de faire pour le compte d'autrui les négociations des lettres de change ou billets, et de tous

---

2 thermidor an 9 ; l'Arrêté des Consuls, du 27 prairial an 10 (*Bulletin*, n.° 1740) ; enfin, *le Code Pénal*, art. 419, 420, 421, 422.

(1) Le commerce a besoin d'agens intermédiaires qui, recevant les demandes et les offres, connaissant les maisons où ils pourront trouver ce que l'un désire acheter, et placer ce qu'un autre veut vendre, deviennent un centre commun et un moyen de communications (M. *Pardessus*).

(2) Mais ils n'ont ce droit exclusif que dans les cas où les parties ne négocient pas elles-mêmes, à moins que leur entremise ne soit exigée par des lois et réglemens spéciaux. Ainsi, elle est nécessaire lorsqu'il s'agit de négocier les effets publics, les actions émises par les compagnies de banque ou de commerce, et autres semblables, sans que les propriétaires de ces sortes d'effets puissent les vendre et les négocier (M. *Pardessus*).

papiers commerçables, et d'en constater le cours. Les agens de change peuvent faire, concurremment avec les courtiers de marchandises , les négociations et le courtage des ventes ou achats des matières métalliques. Ils ont seuls le droit d'en constater le cours (*Art.* 76).

D. Combien distingue-t-on de sortes de courtiers ?

R. On en distingue quatre sortes : 1.º les courtiers de marchandises ; 2.º les courtiers d'assurances ; 3.º les courtiers interprètes et conducteurs de navires ; 4.º les courtiers de transports par terre et par eau (*Art.* 77).

D. Quelles sont les attributions des courtiers de marchandises ?

R. Les courtiers de marchandises ont seuls le droit de faire le courtage des marchandises , et d'en constater le cours ; ils exercent concurremment avec les agens de change le courtage des matières métalliques (*Art.* 78).

D. Quelles sont les fonctions des courtiers d'assurances ?

R. Les courtiers d'assurances sont chargés de négocier les marchés ou contrats d'assurances (1); ils en rédigent les actes ou polices, concurremment avec les notaires ; ils en attestent la vérité par leur signature, et certifient le taux des primes pour tous les voyages de mer ou de rivière (*Art.* 79).

D. Quels sont les fonctions et les droits des courtiers interprètes et conducteurs de navires ?

R. Les courtiers interprètes et conducteurs de navires (2) font le courtage des affrétemens : ils ont,

______

(1) Ont-ils le droit exclusif de négocier ces sortes de marchés ? M. *Delvincourt* est porté à le croire , et il paraît que c'est également ment l'opinion de M. *Pardessus.*

(2) *Conducteurs.* Il ne faut pas prendre ce mot dans le sens qu'on-

en outre, seuls, le droit de traduire, en cas de contestations portées devant les tribunaux, les déclarations,
chartes-parties, connaissemens, contrats, et tous actes de
commerce dont la traduction serait nécessaire : enfin,
de constater le cours du fret ou du nolis. Dans les
affaires contentieuses de commerce, et pour le service
des douanes, ils doivent servir seuls de truchement
à tous étrangers, maîtres de navire, marchands, équipages de vaisseau et autres personnes de mer (1)
(*Art.* 80).

D. Le même individu peut-il cumuler les fonctions
de plusieurs espèces de courtiers ?

R. Oui, le même individu, peut, si l'acte du Gouvernement qui l'institue l'y autorise (2), cumuler les
fonctions d'agent de change, de courtier de marchandises ou d'assurances, et de courtier interprète et
conducteur de navires (*Art.* 81).

D. Quels sont les droits dont jouissent, dans les
lieux où ils sont établis, les courtiers de transport par
terre et par eau (3) ?

---

lui donne ordinairement, comme quand on dit *un conducteur de
voiture;* c'est le *conductor* des latins, c'est-à-dire *celui qui prend
à loyer,* parce que ce sont eux qui font les marchés d'affrétement
ou de louage des navires. Mais en ont-ils le droit exclusif?
M. *Delvincourt* le pense (page 48, note 2) : bien entendu toujours
que les propriétaires de navires peuvent les fréter ou donner à
loyer par eux-mêmes.

(1) Mais hors le service des douanes, si l'affaire n'est pas con-
tentieuse, on peut se servir du truchement qu'on juge à propos.

(2) L'autorisation du Gouvernement n'est même nécessaire que
dans les villes où il y a tout à la fois, agens de change et courtiers. Dans celles où il n'y a que les uns ou les autres, le cumul
est de droit (*Avis du Conseil-d'État* du 3 prairial an 10).

(3) Il ne faut pas confondre ces courtiers avec les commission-

R. Ils ont seuls le droit de faire le courtage de ces sortes de transports : mais ils ne peuvent cumuler, dans aucun cas et sous aucun prétexte, les fonctions de courtiers de marchandises et d'assurances, ou de courtiers conducteurs de navires (1) (*Art.* 82).

D. Ceux qui ont fait faillite peuvent-ils être courtiers ou agens de change ?

R. Non, ceux qui ont fait faillite ne peuvent être courtiers ni agens de change (2), à moins qu'ils n'aient été réhabilités (3) (*Art.* 83).

D. Comment les agens de change et les courtiers sont-ils tenus de constater leurs opérations ?

R. Ils sont tenus d'avoir, dans cet objet, un livre timbré, coté et paraphé, comme les livres de com-

---

naires pour les transports par terre et par eau dont il est parlé aux articles 96 et suivans, erreur dans laquelle on est tombé quelquefois. Le courtier de transport est celui qui négocie entre le commissionnaire et le marchand qui a besoin d'opérer des transports (M. *Locré*).

(1) M. *Delvincourt* déclare qu'il n'a pu trouver nulle part la raison de cette prohibition.

(2) C'est-à-dire que s'ils ne le sont pas, ils ne peuvent le devenir ; et que s'ils le sont, ils doivent cesser leurs fonctions.

(3) Les agens de change ou courtiers sont de plus assujettis à un cautionnement qui, suivant le plus ou moins d'importance des places de commerce, est de six à soixante mille francs pour les agens de change, et de deux à douze mille francs pour les courtiers. Ce cautionnement est spécialement affecté à la garantie des condamnations qui peuvent être prononcées contre eux par suite de leurs fonctions. Lorsque d'après cette disposition, il a été fait quelque paiement qui ait entamé le cautionnement, l'agent de change ou courtier est suspendu de ses fonctions , jusqu'à ce qu'il l'ait complété de nouveau. *Voyez* la loi du 28 ventôse, an 9 , *Bulletin* , n.º 592 ; l'Arrêté du 29 germinal an 9 ; et l'Arrêté du 27 prairial , an 10.

merce, sur lequel ils doivent inscrire jour par jour, et par ordre de dates, sans ratures, interlignes, ni transpositions, et sans observations ni chiffres, toutes les conditions des ventes, achats, assurances, négociations, et en général toutes les opérations faites par leur ministère (1) (*Art.* 84).

D. La loi n'interdit-elle pas aux courtiers ou agens de change toutes opérations de commerce ?

R. Oui, un courtier ou agent de change ne peut, dans aucun cas, et sous aucun prétexte, faire des opérations de commerce ou de banque pour son compte (2). Il ne peut s'intéresser directement ni indirectement, sous son nom ou sous un nom interposé, dans aucune entreprise commerciale (3). Il ne peut recevoir ni

---

(1) Ce livre est indépendant des carnets particuliers, sur lesquels ils doivent inscrire chaque opération, à mesure qu'elle est consommée (*Arrêté* du 27 prairial an 10).

(2) S'il était permis aux mêmes personnes d'être tout à la fois agens de change et banquiers, il dépendrait d'elles de faire des monopoles qui seraient préjudiciables au commerce, en prenant ou acceptant toutes les lettres de change sur une ville ou province où elles seraient rares, ou en pratiquant d'autres manœuvres semblables, contraires à l'intérêt public, et qui tendraient souvent à la ruine des autres banquiers ou négocians. Si les courtiers pouvaient faire eux-mêmes le commerce, il leur serait facile d'abuser de la confiance des personnes qui les emploient, et de prendre pour eux le marché qu'ils auraient fait pour un autre (*Jousse*).

(3) Cette seconde défense est une suite de la première; les agens de change et courtiers ne doivent même rien entreprendre qui puisse faire présumer qu'ils négocient pour leur compte particulier. Il est encore une autre sorte de société que les lois défendent aux agens intermédiaires; c'est celle qu'ils voudraient faire entre eux pour leurs opérations. Ces sociétés leur donneraient trop d'influence sur le cours, et faciliteraient le monopole (*Voy.* M. *Locré* sur l'art. 85, tome Ier, page 488 et suiv.).

payer pour le compte de ses commettans (1) (*Art.* 85); il ne peut se rendre garant de l'exécution des marchés dans lesquels il s'entremet (2) (*Art.* 86).

D. De quelle peine serait passible le courtier ou l'agent de change qui contreviendrait à cette prohibition ?

R. Toute contravention à ces prohibitions entraîne la peine de destitution, et une condamnation à une amende prononcée par le tribunal de police correctionnelle, et qui ne peut être au-dessus de trois mille francs, mais sans préjudice de l'action des parties en dommages et intérêts (3) (*Art.* 87).

D. Le courtier ou l'agent de change destitué pour l'une des causes que nous venons d'énoncer, peut-il être réintégré ?

R. Non, tout agent de change ou courtier destitué, pour l'un de ces motifs, ne peut être réintégré dans ses fonctions (*Art.* 88).

---

(1) La loi défend aux agens de change de payer pour le compte de leurs commettans, c'est-à-dire comme leurs banquiers, par forme d'avance, et en fournissant les fonds. Mais elle ne leur défend pas de payer pour leurs commettans avec les fonds fournis par ces commettans eux-mêmes (M. *Locré* et M. *Delvincourt*). Au contraire, chaque agent de change doit avoir reçu de ses cliens les effets qu'il vend ou les sommes nécessaires pour payer ceux qu'il achète, et il est responsable de la livraison et du paiement (*Arrêté* du 27 prairial, an 10).

(2) Donc il ne peut donner d'aval. On présume, dans ce cas, qu'il est intéressé dans le marché. On ne garantit pas ordinairement une opération de commerce, sans y avoir un intérêt (M. *Delvincourt*).

(3) La peine n'existe que pour le maintien de l'ordre; il reste ensuite à satisfaire la partie lésée (M. *Locré*).

D. Quelles sont les poursuites dirigées contre un courtier ou agent de change, en cas de faillite ?

R. En cas de faillite, tout agent de change ou courtier est poursuivi comme banqueroutier (1) (*Art.* 89).

TITRE VI.

Des Commissionnaires.

SECTION PREMIÈRE.

Des Commissionnaires en général.

D. Qu'entend-on en général par commissionnaires ?

R. On entend, en général, par commissionnaire, celui qui agit en son propre nom ou sous un nom social, pour le compte d'un tiers (2). Ce tiers se nomme alors commettant (*Art.* 91).

----

(1) Les articles 85 et 86 ôtent tout prétexte et toute excuse à l'agent de change ou au courtier qui tombe en faillite, puisqu'ils lui défendent de faire aucune opération pour son compte. Il ne peut donc pas, quand il faillit, s'excuser comme le négociant, par la nature de sa profession, ni alléguer qu'elle l'expose à des chances (M. *Locré*).

(2) Le mot *Commissionnaire*, entendu dans ce sens, comprend également les facteurs et préposés. Cependant, il y a cette différence dans l'usage, que le commissionnaire proprement dit est celui qui tient, pour son propre compte, une maison de commerce, dont la principale partie est de recevoir et d'exécuter les commissions qui lui sont données par d'autres négocians. Le facteur ou préposé, au contraire, est celui qui a la gestion d'une maison de commerce, d'une entreprise ou manufacture appartenant à un autre négociant dont il reçoit un salaire d'après les conventions faites entre eux (M. *Delvincourt*).

D. Comment sont déterminés les devoirs et les droits des commissionnaires ?

R. Les commissionnaires sont considérés comme des mandataires, et leurs droits et obligations sont déterminés par les règles relatives au mandat (1) (*Art.* 92).

D. La loi n'accorde-t-elle pas quelque privilége aux commissionnaires vendeurs, pour le remboursement de leurs avances sur les marchandises qui leur sont expédiées pour être vendues ?

R. Tout commissionnaire (2) qui a fait des avances sur des marchandises à lui expédiées d'une autre place, pour être vendues pour le compte d'un commettant, a privilége, pour le remboursement de ces avances (3),

---

(1) On connaît dans le commerce plusieurs sortes de commissionnaires : ceux chargés d'acheter les marchandises pour le compte des négocians, dits *commissionnaires acheteurs ;* ceux chargés de recevoir des marchandises et de les vendre pour le compte des propriétaires, dits *commissionnaires vendeurs;* ceux chargés de recevoir des lettres de change, pour en procurer l'acceptation et le paiement à l'échéance, et envoyer les fonds à leurs commettans, ou en disposer suivant leur ordre ; ceux demeurant dans les villes d'entrepôt, et qui sont chargés de recevoir des marchandises pour les recharger ensuite sur des voitures ou bâtimens, à l'effet de les expédier à destination : on les nomme ordinairement *commissionnaires d'entrepôt;* enfin, ceux qui se chargent de faire transporter des marchandises par terre et par eau : on les désigne sous le nom *d'entrepreneurs de roulage.* Le Code paraît n'avoir rien voulu innover, en général, aux usages du commerce, relativement aux commissionnaires (M. *Delvincourt*).

(2) Il faut entendre par là tout dépositaire, quand même il ne ferait pas habituellement la profession de commissionnaire (M. *Delvincourt* et M. *Locré*).

(3) Quant même ces avances auraient précédé l'expédition des marchandises, si toutefois elles ont été faites dans la vue de cette expédition ; ainsi jugé en Cassation.

intérêts et frais, sur la valeur des marchandises, si elles sont à sa disposition, dans ses magasins, ou dans un dépôt public ; ou si, avant qu'elles soient arrivées, il peut constater, par un connaissement ou par une lettre de voiture, l'expédition qui lui en a été faite (1) (*Art* 93).

D. La jouissance de ce privilège n'est-elle pas encore soumise à quelque condition ?

R. Il faut encore que le propriétaire des marchandises ne réside pas dans le même lieu que le commissionnaire (2) ; car, autrement, les avances faites par ce dernier devraient être regardées comme un simple prêt sur nantissement, qui serait alors assujetti aux règles relatives à ces sortes de contrats (3). Il en serait

----

(1) Il faut que les marchandises soient sorties des mains du propriétaire.

(2) Le privilège accordé ici au commissionnaire est un droit exorbitant et qui déroge au Code civil. On a bien voulu cependant l'établir en faveur des entreprises de commission, qui sont d'une très-grande utilité dans le commerce. Mais il est évident que le motif d'utilité n'existe qu'à l'égard des négocians éloignés, qui ont besoin d'avoir des personnes de confiance dans les lieux où ils expédient des marchandises ; et qu'il cesse lorsque le propriétaire des marchandises et le commissionnaire demeurent dans le même endroit. Pourquoi le premier ne garderait-il pas ses marchandises chez lui ? Et, si l'on accordait, dans ce cas, le privilège, ne serait-ce pas faciliter, à ceux qui voudraient prêter sur nantissement, les moyens d'échapper aux dispositions du Code civil ; dispositions qui n'ont d'autre but que d'empêcher, en cas de faillite, le concert frauduleux qui pourrait exister entre un débiteur de mauvaise foi, et quelques-uns de ses créanciers vrais ou simulés ? (M. *Delvincourt*).

(3) C'est-à-dire qu'il devrait y avoir, si les sommes ou le prêt excédaient 150 fr., un acte public ou sous seing-privé, dûment

ainsi, lors même que les marchandises seraient déposées ou consignées dans les magasins du commissionnaire (*Art.* 95).

D. Quel est le privilège accordé au commissionnaire, qui a déja vendu et livré pour le compte du commettant, les marchandises qui lui ont été expédiées ?

R. Il a le droit de se rembourser sur le prix de la vente, du montant de ses avances, intérêts et frais, par préférence aux créanciers du commettant (*Art.* 94).

SECTION II.

Des Commissionnaires pour les transports par terre et par eau.

D. Qu'entend-on, en général, par commissionnaires de transport ?

R. On nomme commissionnaire de transport celui qui, traitant en son nom, mais pour le compte d'un commettant, fait des marchés avec des voituriers pour conduire les marchandises dont le transport intéresse ce commettant (1).

(M. PARDESSUS.)

R. Par commissionnaires de transport, on entend des agens intermédiaires et particuliers, qui se chargent de faire transporter, par terre ou par eau, suivant l'occurrence, des marchandises appartenant à diverses personnes.

(M. DELVINCOURT.)

---

enregistré, contenant la déclaration de la somme due, ainsi que l'espèce et la nature des choses remises en gage, ou un état annexé de leurs qualité, poids et mesure, et que les marchandises devraient être mises ou rester en la possession du commissionnaire, ou d'un tiers désigné par les parties (*Code civ.*, art. 2074 et 2076.)

(1) Dans l'usage, un grand nombre de personnes qui prennent le titre de commissionnaires de transports, expédient les marchandises par des individus à leurs gages, ou conviennent avec des voituriers ou bateliers de prix particuliers, et inférieurs à

D. Quelles sont les obligations que doit remplir le commissionnaire qui se charge d'un transport par terre ou par eau ?

R. Le premier devoir du commissionnaire est d'inscrire sur son livre-journal la déclaration de la nature et de la quantité des marchandises ; et, s'il en est requis, de leur valeur (*Art.* 96); il doit, en second lieu, copier de suite et sans intervalle sur un registre coté et paraphé les lettres de voiture des objets qu'il expédie (*Art.* 102).

D. Comment se forme le marché entre l'expéditeur ou le commissionnaire et le voiturier , ou entre le commissionnaire et le voiturier (1) ?

R. Le marché se forme par la lettre de voiture (2) (*Art.* 101).

---

ceux qu'ils se font payer par le commettant. Dans ce cas, ils sont de véritables entrepreneurs , et doivent être considérés et traités de cette manière , lorsqu'il se présente des occasions de responsabilité (M. *Pardessus*).

(1) Dans un transport de marchandises, on distingue en général quatre personnes : *l'expéditeur*, c'est celui qui envoie les marchandises ; *le commissionnaire de roulage*, c'est celui qui se charge de les faire transporter ; le *voiturier*, c'est celui qui les transporte ; enfin, le *consignataire*, c'est celui à qui elles sont adressées.

(2) Lorsque l'expéditeur traite directement avec le voiturier, il n'y a qu'un marché, et par conséquent, qu'un seul contrat. Mais lorsqu'il traite avec un commissionnaire, il y a deux contrats ou marchés, l'un passé entre lui et le commissionnaire, et l'autre entre le commissionnaire et le voiturier. Dans les deux cas, le marché, soit entre l'expéditeur ou le commissionnaire et le voiturier, soit entre le commissionnaire lui-même et le voiturier, se forme par la lettre de voiture ; cependant avec cette distinction, qu'entre l'expéditeur et le voiturier, quand il n'y a pas de commissionnaire , ou entre le commissionnaire lui-

D. Qu'appelle-t-on lettre de voiture ?

R. On appelle lettre de voiture l'avis donné à une personne, de l'envoi qui lui est fait. Elle est ordinairement remise à un voiturier (M. *Delvincourt*).

D. Est-il nécessaire que la lettre de voiture soit datée ?

R. Oui, elle doit être datée et signée par l'expéditeur ou par le commissionnaire chargé du transport (1) (*Art.* 102).

D. Que doit énoncer en outre la lettre de voiture ?

R. La lettre de voiture doit encore énoncer la nature et le poids ou la contenance des objets à transporter, avec l'indication en marge des marques ou numéros de ces objets, le délai dans lequel le transport doit être effectué · le nom et le domicile du commissionnaire, par l'entremise duquel le transport s'opère, s'il y en a un ; le nom de celui à qui la mar-

---

même et le voiturier, le contrat se forme presque toujours par une lettre de voiture, au lieu qu'entre l'expéditeur et le commissionnaire, il se forme par une convention particulière, qui ne préjudicie en rien aux stipulations contenues dans la lettre de voiture que le commissionnaire remet au voiturier. C'est pour cela que nous disons dans le texte que le marché se forme entre l'expéditeur ou le commissionnaire et le voiturier ; et non pas, comme le dit l'article 101, entre l'expéditeur, le commissionnaire et le voiturier ; car, encore une fois, lorsqu'il y a un commissionnaire, la lettre de voiture forme bien contrat entre lui et le voiturier, mais elle n'a que peu ou point d'effet à l'égard de l'expéditeur qui est lié envers le commissionnaire par le contrat particulier qu'il a passé avec lui (M. *Delvincourt*).

(1) Remarquez que le défaut de date ou des autres énonciations requises dans la lettre de voiture, ne donnerait point lieu à la nullité. La loi ne la prononce dans aucun cas ; le tout est laissé à l'arbitrage du juge (M. *Pardessus*).

chandise est adressée ; le nom et le domicile du voiturier ; le prix de la voiture, et l'indemnité due pour cause de retard (*Art.* 102).

D. Quelles sont les obligations qui résultent pour le commissionnaire, du marché passé entre lui et l'expéditeur ?

R. Le commissionnaire est tenu, par suite de ce marché, de la garantie de l'arrivée des marchandises et effets dans le délai déterminé par la lettre de voiture (1), hors le cas de force majeure légalement constatée (*Art.* 97).

Il est encore garant des avaries ou pertes des marchandises et effets, s'il n'y a stipulation contraire dans la lettre de voiture, ou force majeure (*Art.* 98).

Enfin, il est aussi garant des faits du commissionnaire intermédiaire auquel il adresse les marchandises (*Art.* 99).

D. La marchandise sortie du magasin du vendeur ou de l'expéditeur, demeure-t-elle à ses risques pendant le voyage ?

R. Non, elle voyage aux risques et périls de celui à qui elle appartient (2), sauf son recours contre le commissionnaire et le voiturier chargés du transport (*Art.* 100).

---

(1) Il est d'usage, pour prévenir les discussions sur les dommages-intérêts, de stipuler dans la lettre de voiture, pour le cas de retard, une diminution dans le prix du transport ; c'est ordinairement le tiers (M. *Delvincourt*).

(2) Quand même le commissionnaire ou le voiturier aurait été choisi par le vendeur ; l'acquéreur pouvait les désigner lui-même, ou stipuler que la chose serait livrée à son domicile.

SECTION III.

Du Voiturier.

D. A qui donne-t-on le nom de voiturier ?

R. On donne le nom de voiturier à celui qui se charge de transporter lui-même un objet dans un lieu désigné (M. *Delvincourt*).

D. Le voiturier n'est-il pas tenu de quelque garantie à l'égard des objets qui lui sont confiés ?

R. Il est garant de la perte de ces objets, hors les cas de force majeure (1). Il est aussi garant des avaries autres que celles qui proviennent du vice propre de la chose, ou de la force majeure (2) (*Art.* 103).

D. Le voiturier est-il tenu du retard arrivé par l'effet de la force majeure ?

R. Non, on ne peut dans ce cas réclamer contre lui aucune indemnité (*Art.* 104).

D. Comment s'éteignent les actions accordées contre le voiturier à celui envers qui il s'est engagé ?

R. La réception des objets transportés et le paiement du prix (3) de la voiture éteignent toute action contre le voiturier (*Art.* 105).

___

(1) Par force majeure, il ne faut pas entendre toutes sortes d'accidens, mais seulement ceux que la vigilance et l'industrie des hommes ne peuvent ni prévenir ni empêcher; le juge qui admettrait tous les prétextes ne ferait pas son devoir.

(2) Et c'est toujours au voiturier à prouver qu'il y a eu force majeure; la présomption est contre lui.

(3) *La réception des objets et le paiement du prix* : ces deux conditions sont cumulatives; il y aurait eu trop d'inconvéniens à ne s'arrêter qu'à la première; un négociant, faute d'avoir le temps de vérifier aussitôt, ou pour ne pas laisser détériorer les mar-

Toutes les actions contre le commissionnaire et le voiturier, à raison de la perte ou de l'avarie des marchandises, sont encore prescrites après six mois, pour les expéditions faites dans l'intérieur de la France, et après un an, pour celles faites à l'étranger ; le tout à compter, pour les cas de perte, du jour où le transport des marchandises aurait dû être effectué, et pour les cas d'avarie, du jour où la remise des marchandises a été faite ; sans préjudice des cas de fraude ou d'infidélité (1) (*Art.* 108).

D. S'il y a refus ou contestation pour la réception des objets transportés à cause de leur état, par qui cet état est-il vérifié ?

R. Cet état est vérifié et constaté par des experts nommés par le président du Tribunal de Commerce, ou, à son défaut, par le juge de paix et par ordonnance au pied d'une requête. Le dépôt ou séquestre peut en être ordonné, jusqu'à la fin de la contestation (2) (*Art.* 106).

D. Quel est le privilège accordé au voiturier, pour son remboursement, sur les objets qu'il a transportés ?

R. Le voiturier a le droit de faire vendre ces objets avec la permission du juge, jusqu'à concurrence du prix de la voiture (3) (*Art.* 106).

---

chandises, peut souffrir qu'on les décharge chez lui. Il serait injuste d'en conclure qu'il les a reconnues en bon état (M. *Locré*).

(1) En cas de fraude ou d'infidélité, l'action ne se prescrit que par les délais ordinaires. Remarquez en outre qu'on a jugé en Cassation que ces prescriptions ne sont pas applicables aux transports d'effets appartenant à des personnes non commerçantes.

(2) Il est évident que les frais de transport et de garde sont à la charge de la partie qui succombe dans la contestation, parce que c'est elle qui y a donné lieu (M. *Locré*).

(3) Et autres dépenses accessoires, comme les droits de péage.

D. Les dispositions qui règlent les obligations et les droits des voituriers ne s'appliquent-elles qu'à eux seuls ?

R. Elles s'appliquent encore aux maîtres de bateaux, entrepreneurs de diligences et voitures publiques (*Art.* 107).

TITRE VII.

Des Achats et Ventes.

D. Comment se constatent les achats et ventes, en matière de commerce ?

R. Les achats et les ventes (1) se constatent, en matière de commerce, par des actes publics ou sous seing privé (2); par le bordereau ou arrêté d'un agent de change ou courtier, dûment signé par les parties (3);

---

(1) Et, en général, tous les contrats entre commerçans et ayant trait au commerce, pourvu cependant que la loi n'exige pas un genre de preuve particulier, comme dans le contrat d'assurance (M. *Delvincourt*).

(2) Et ces actes ont date certaine à l'égard des tiers, sauf le cas de fraude (M. *Delvincourt*).

(3) De ce que la loi exige la signature de ces bordereaux, il ne faut pas conclure qu'elle rende inutile la disposition qui astreint les agens de change et courtiers à tenir des livres, et suppose ainsi qu'il y aura des occasions où ces livres pourront être représentés en justice, ou que des extraits en seront produits. Cette représentation, les inductions que les juges peuvent tirer des mentions qui y sont faites, n'ont point l'effet des bordereaux signés qui font pleine foi ; ils rentrent simplement dans la classe des preuves qu'il est libre aux juges d'admettre ou de rejeter, à moins que le Législateur n'ait jugé à propos d'admettre ces extraits comme preuves : nous en verrons un exemple en parlant des primes d'assurance (M. *Pardessus*).

5..

par factures (1) acceptées (2); par la correspondance (3); par les livres des parties; enfin, par la preuve testimoniale, dans le cas où le Tribunal croit devoir l'admettre (4) (*Art.* 109).

TITRE VIII.

De la Lettre de change, du Billet à ordre, et de la Prescription.

Section première.

De la Lettre de change (5).

D. Qu'est-ce que le contrat de change ?

---

(1) On appelle *facture*, un état détaillé, indiquant la nature, quantité, qualité et prix des choses vendues, mises en dépôt, etc. (M. *Pardessus*).

(2) Les factures servent à prouver les ventes quand elles sont acceptées; mais il ne nous paraît pas nécessaire que l'acceptation soit écrite, une telle acceptation rentrerait alors dans la classe des actes sous signature privée; et la loi suppose une différence entre ces deux espèces de preuves, puisqu'elle les désigne séparément. Elle peut donc être établie par témoins; et dans ce cas les règles sur la preuve testimoniale doivent être suivies; elle peut être simplement présumée par les circonstances, tel que le silence gardé après l'envoi de la facture et l'arrivée des marchandises, ou les indices qui peuvent porter à croire que cette facture a été reçue sans réclamation, présomptions que la loi laisse à l'arbitrage du juge (M. *Pardessus*).

(3) *Voyez*, pour exemple, page 9, note (1).

(4) La plupart des engagemens commerciaux, notamment ceux qui se font dans les foires et marchés, ne peuvent être prouvés que par témoins (M. *Pardessus*).

(5) La fabrication des monnaies a été combinée de manière qu'il s'en trouve qui équivalent seules à la valeur de plusieurs

R. On définit le contrat de change (1) un contrat consensuel, synallagmatique, et à titre onéreux, par lequel une personne (2), moyennant une valeur quelconque qui lui est promise ou payée (3), s'oblige de

---

autres : on éprouve fréquemment le besoin de faire des échanges. On donne à ces échanges qui ont lieu entre les monnaies d'un même pays, le nom de *change local ou manuel;* à ceux qui s'y livrent le nom de *changeurs,* et à leurs établissemens le nom de *bureaux de change* (M. *Pardessus*). C'est d'un autre *change* bien plus important que nous parlons ici.

(1) Il arrive souvent que des débiteurs ont des paiemens à faire dans des lieux éloignés, et que pour éviter les frais et les risques du transport des monnaies, ils cherchent à acquérir des créances payables dans les lieux où ils ont à faire leurs paiemens ; leur but est de trouver ainsi le moyen de toucher dans le lieu même où ils doivent se libérer, les sommes nécessaires pour y acquitter leurs obligations, sans être obligés de les y faire parvenir par des envois de fonds. Delà est né ce que dans le commerce, on nomme *change de place en place,* ou simplement *change.* — Cette opération peut se réaliser de deux manières : 1.º directement, si celui qui contracte l'engagement de faire trouver une somme dans un lieu autre que son domicile, s'oblige à effectuer lui-même ce paiement; c'est ce qu'on appelle *change personnel,* qui s'opère par le moyen d'un engagement direct de celui qui promet de payer une somme convenue dans le lieu qu'il désigne ; l'écrit s'appelle ordinairement *billet* : 2.º par l'entremise d'un tiers à qui celui qui veut faire trouver la somme dans un lieu, mande de la payer, à la personne qu'il lui indique, où à celle que cette personne indiquera elle-même ; c'est ce qu'on appelle *change tiré,* et l'écrit porte le nom de *lettre de change* (M. *Pardessus*).

(2) En style de commerce, celui qui crée une lettre de change se nomme *tireur,* et celui au profit de qui elle est créée, se nomme *preneur;* la personne que le tireur charge de payer à l'échéance la somme indiquée se nomme *tiré,* et lorsqu'elle s'est engagée à la payer, elle se nomme *accepteur* (M. *Pardessus*).

(3) Si au moment où il y a des sommes à faire payer d'un lieu

remettre à une autre, un pouvoir à l'effet de recevoir une valeur équivalente, d'une tierce personne, dans

---

dans un autre, il se trouvait aussi dans ce dernier lieu une quantité égale de sommes à faire payer dans le premier, et si tous les créanciers et débiteurs pouvaient se rencontrer et s'accorder pour se faire les cessions convenables, tout serait compensé par des transports fictifs ; sans autres frais que ceux qu'entraînent la confection des actes, la correspondance, et le salaire des intermédiaires employés à préparer et à consommer ces négociations. — Mais il arrive souvent qu'il y a plus de fonds à faire passer dans une ville, qu'on n'a besoin d'en retirer. D'autres fois, il se trouve que les communications avec une ville sont plus difficiles qu'avec une autre. — Comme il y a du danger à faire voiturer de l'argent, qu'il y en a aussi quelquefois à se contenter d'une créance qui peut être contestée, dont le recouvrement peut être lent et difficile, il en résulte une balance, par suite de laquelle, l'un paie ordinairement à l'autre un profit semblable au retour, dans l'échange de deux choses de valeur inégale. — Ce profit qui, comme on le voit, n'a rien de commun avec l'intérêt de l'argent, se nomme *prix du change*, ou tout simplement *change*. Il prend naturellement un taux uniforme dans tous les traités de ce genre qui se font à la même époque entre les mêmes villes ; c'est ce qu'on nomme *cours du change*. On dit que le change est *au pair* entre deux villes, quand, par exemple, on donne dans l'une 100 fr., pour avoir 100 fr. dans l'autre ; que le change est *pour telle ville*, quand les lettres payables dans cette ville gagnent un prix de change (*) ; qu'il est *contre elle* (**), quand on offre une lettre payable dans cette ville, pour une somme au dessous de celle que la lettre donnera droit de recevoir. — En principe déduit de la nature des choses, le change entre deux villes soumises au même gouvernement ne se base que sur la considération du plus ou moins de frais et de risques dans les transports, et de la plus ou moins grande étendue des besoins d'argent d'une ville à l'égard de l'autre ; le change entre deux villes soumises à des gouverne-

---

(*) On dit, dans le même cas, que le change sur cette ville est haut.

(**) Ou qu'il est bas.

un autre lieu , et dans un temps convenu (M. *Delvin-court*).

D. Quel nom donne-t-on à ce pouvoir ?

R. Ce pouvoir prend le nom de *Lettre de change* (1).

§ I.er

De la Forme de la Lettre de change.

D. Comment définit-on la lettre de change ?

---

mens différens, se base, indépendamment de ces considérations qui n'en subsistent pas moins, sur la comparaison de la valeur intrinsèque des monnaies, abstraction faite de leur valeur nominale, que les sujets du même gouvernement sont seuls obligés de respecter. Dans l'une et l'autre hypothèses, les bases sont modifiées encore à l'infini par un grand nombre de circonstances accessoires : l'état plus ou moins florissant du commerce dans une ville, peut faire espérer ou craindre plus ou moins d'exactitude dans les paiemens ; la situation financière du gouvernement peut donner lieu de prévoir des mutations monétaires plus ou moins favorables...... L'intervalle du temps entre le jour où le prix de la lettre est payée au vendeur, et celui où cette lettre est acquittée , influe encore : si cette lettre n'est payable qu'à un certain terme , l'acheteur obtient, selon le délai à courir, et le taux de l'intérêt de l'argent dans la place où la lettre doit être acquittée , une diminution qu'on nomme *escompte* (*Voyez* M. *Pardessus*, tome I.er, n.os 22 à 28).

(1) Quelle est l'origine des lettres de change ? On a prétendu , les uns, que les lettres de change nous venaient des Juifs, qui , chassés de France sous Dagobert et réfugiés dans la Lombardie, envoyaient à leurs amis des lettres en style concis, pour retirer l'argent qu'ils avaient laissé derrière eux; les autres, que nous devons cette invention aux Florentins, qui, expulsés de leur patrie, par la faction des Gibelins, étaient venus s'établir à Lyon et dans d'autres villes. Ces faits historiques sont très-incertains.

R. La lettre de change peut être définie, le mandat donné, avec les formes légales (1), par une personne à son correspondant dans un certain lieu, de payer à un tiers ou à son ordre, une somme d'argent, en échange de la valeur que le mandant a reçue de ce tiers ou d'une autre personne (2) (M. *Delvincourt*).

D. La lettre de change peut-elle être payable dans le lieu où la valeur a été fournie ?

R. Non, il est de l'essence de la lettre de change qu'elle soit tirée d'un lieu sur un autre (3) (*Art.* 110).

---

(1) Si une lettre de change est tirée de l'étranger et payable en France, ou *vice versâ*, quelle forme devra-t-on suivre ? Pour la forme de la lettre de change, il faut suivre l'usage du lieu d'où elle est tirée ; mais pour ce qui concerne le paiement et les autres effets, il faut se conformer aux lois du pays où elle est payable (M. *Delvincourt*).

(2) On peut définir la lettre de change, une lettre revêtue d'une certaine forme prescrite par les lois, par laquelle vous mandez au correspondant que vous avez dans un certain lieu, de m'y compter, ou à celui qui aura mon ordre, une certaine somme d'argent, en échange d'une somme d'argent ou de la valeur que vous avez reçue ici de moi, ou réellement, ou en compte. (*Pothier*, Traité du Contrat de Change, n.º 3).

(3) Il est évident, en effet, que si le paiement devait être fait au même lieu, ce ne serait plus un contrat de change, mais un simple prêt d'argent, et la lettre de change ne serait qu'un mandat.

En conséquence, les dispositions relatives à la lettre de change ne seraient plus applicables ; il n'y aurait pas lieu à la contrainte par corps, si les signataires n'étaient pas négocians ; le délai ne serait plus fatal ; la prescription de cinq ans ne pourrait plus être opposée, etc.

Mais quelle distance doit-il y avoir entre les deux lieux ? Il est évident qu'à cet égard on n'a rien pu fixer, et que c'est aux tribunaux à juger d'après les circonstances, si les parties ont voulu

D. Est-il nécessaire qu'elle soit payable au domicile de celui sur qui elle est tirée ?

R. Non, elle peut être tirée sur un individu et payable au domicile d'un tiers (1). Elle peut aussi être tirée par ordre et pour le compte d'un tiers (*Art.* 111).

D. Que doit énoncer la lettre de change ?

R. La lettre de change doit être datée (2); elle doit énoncer la somme à payer (3); le nom de celui qui doit la payer (4); l'époque (5) et le lieu où le paiement doit s'effectuer; la valeur fournie (6) en es-

---

frauder la loi (*Voyez* M. *Delvincourt*, page 76, note 1.ere ; M. *Pardessus*, n.º 332, tome 2, page 376).

(1) *Quid*, si dans ce cas, l'individu sur qui elle est tirée, demeure dans le lieu même d'où elle est tirée, mais que cependant le domicile indiqué pour le paiement soit différent? Je pense qu'il importe peu que le domicile de l'accepteur soit le même que celui du tireur, pourvu que le lieu du paiement soit différent. En effet, il y a toujours, dans ce cas, remise d'un lieu sur un autre (M. *Delvincourt*).

(2) C'est-à-dire énoncer le jour, le mois, l'année où elle est faite ; la date est requise pour qu'un commerçant sur le point de faillir, ne puisse pas frauder ses créanciers en souscrivant des lettres de change, dont le défaut de date empêcherait de connaître le moment de la souscription (MM. *Mongalvy et Germain*, *Analyse raisonnée du Code de Commerce*, 2 vol. in-4.º).

(3) Cette énonciation peut être faite en toutes lettres ou en chiffres ; mais il est plus prudent de l'écrire en toutes lettres.

(4) Peut-on tirer sur soi-même, pourvu qu'il y ait remise de place en place ? M. *Pardessus* pense que non (n.º 335, tome 2, page 381); M. *Delvincourt* (page 76, note 3), pense au contraire qu'on le peut, et cite en sa faveur un arrêt de la Cour de Cassation.

(5) *Quid*, si l'on avait oublié d'indiquer l'époque du paiement? M. *Delvincourt* pense que la lettre de change serait payable de suite (Argum. des art. 122 et 165).

(6) S'il n'y avait pas de valeur fournie, il n'y aurait pas de con-

pèces (1), en marchandises (2), en compte (3), ou de toute autre manière (4); à qui ou à l'ordre de qui le paiement doit être fait (5); enfin, elle doit exprimer si elle est délivrée par première, deuxième, troisième, quatrième (6), etc. (*Art.* 110).

---

trat de change, mais un simple contrat de prêt dans lequel le preneur serait l'emprunteur, le tireur serait le prêteur, et le change, s'il y en avait eu de payé, serait l'intérêt, ce qui dénaturerait le contrat. Dès qu'il faut qu'il y ait eu une valeur fournie, ces expressions, d'ailleurs peu usitées, *valeur en moi-même, valeur entendue*, ne suffiraient pas pour constituer une véritable lettre de change (M. *Delvincourt*).

(1) Ce qui s'exprime ainsi : *valeur reçue comptant.*

(2) Ce qui s'exprime de cette manière : *valeur reçue en marchandises.*

(3) La valeur en compte a lieu lorsque le tireur est débiteur du preneur d'une somme plus forte que le montant de la lettre. Alors on dit *valeur reçue en compte* ou simplement *valeur en compte;* ce qui signifie que le tireur a porté dans son compte avec le preneur, le montant de la lettre, en déduction de ce qu'il doit à ce dernier, ou en d'autres termes, a débité le preneur de ce montant.

(4) Par exemple, *valeur en fermages, en une créance sur telle personne, en son billet.* Cette dernière énonciation indique que le preneur n'a pas payé comptant le montant de la lettre, mais qu'il en a fait un billet à terme.

(5) Remarquez qu'il n'est pas de l'essence de la lettre de change qu'elle soit à ordre; seulement, si elle n'est pas à ordre elle ne sera pas négociable, mais elle n'en sera pas moins lettre de change pourvu qu'elle réunisse les autres conditions requises.

(6) Pour l'intelligence de cette disposition, il faut savoir que, lorsqu'il est à craindre que la lettre de change ne vienne à s'égarer dans le trajet du lieu où elle est fournie à celui du paiement, par exemple, si elle est tirée d'un lieu sur un autre lieu fort éloigné, il est d'usage d'en faire plusieurs exemplaires, en indiquant sur chacun si c'est le premier, le second, le troisième, etc. Cette

D. La supposition, soit de nom, soit de qualité, soit de domicile, soit des lieux d'où une lettre de change est tirée, ou dans lesquels elle est payable, entraînerait-elle la nullité de cette lettre de change ?

R. Oui, cette supposition ôterait à la lettre de change le caractère dont la loi l'investit, et la réduirait à la qualité d'une simple promesse (1) (*Art.* 112).

D. Les femmes et les filles qui ne sont ni négociantes, ni marchandes publiques, peuvent-elles signer des lettres de change ?

R. Non, la signature des femmes et des filles (2) non négociantes ou marchandes publiques, sur lettres de change, ne vaut, à leur égard (3), que comme simple promesse (4) (*Art.* 113).

D. Une lettre de change peut-elle être valablement souscrite par un mineur, non négociant ?

R. Non, toute lettre de change souscrite par un mineur est nulle à son égard, sauf au donneur à exiger de lui, mais par la voie civile seulement, la

---

indication est absolument nécessaire, parce qu'autrement, celui sur qui la lettre est tirée, pourrait croire qu'il y en a deux ou davantage, de la même somme, tirées par le même, au profit du même, et par conséquent, les accepter et les payer toutes, tandis que le tireur n'aurait reçu réellement que la valeur d'une seule.

(1) *Voyez* ci-dessus le 2.ᵉ alinéa de la note (3) page 72.

(2) Même majeures et usant de leurs droits ; l'incapacité tient ici au sexe.

(3) Mais remarquez que l'article dit *à leur égard;* la nullité du contrat de change est établie uniquement dans l eur intérêt ; ils peuvent l'opposer, mais on ne peut la leur opposer à eux-mêmes.

(4) Le Code de Commerce n'assimile pas à de simples promesses les lettres de change tirées par des mineurs non négocians ; il les frappe d'une nullité absolue ; le mineur, même émancipé, ne peut emprunter sans autorisation du conseil de famille.

restitution des valeurs qui ont pu lui être fournies, en prouvant toutefois que le mineur en a profité (1) (*Art.* 114 et *Code civil, art.* 1312).

§ II.

De la Provision (2).

D. Quand est-ce qu'il y a provision ?

R. Il y a provision, lorsqu'à l'échéance de la lettre de change, celui sur qui elle est fournie est redevable au tireur ou à celui pour compte de qui elle est tirée d'une somme au moins égale au montant de la lettre de change (*Art.* 116).

D. Par qui la provision doit-elle être faite ?

R. La provision doit être faite par le tireur ou par celui pour le compte de qui la lettre de change est tirée, sans que le tireur, pour compte d'autrui, cesse d'être personnellement obligé (3) envers les endosseurs et le porteur seulement (4) (*Art.* 115).

---

(1) Cette restitution ne se fait pas en vertu du contrat qui est nul, mais en vertu du principe d'équité, qui ne veut pas que personne s'enrichisse aux dépens d'autrui.

(2) On appelle *provision* d'une lettre de change, la somme ou les valeurs appartenant au tireur de cette lettre ou à celui pour compte de qui elle est tirée, destinées à servir au paiement (M. *Pardessus*).

(3) Cependant il est certain qu'en pareil cas, le tireur n'est qu'un simple mandataire qui, aux termes du Code Civil, ne devrait pas être tenu, dès qu'il s'est renfermé dans les bornes de son mandat ou que le mandant a ratifié. Mais ici on a introduit une exception en faveur du commerce ; il est aussi possible que celui pour le compte de qui la lettre est tirée, soit inconnu dans la place d'où elle est expédiée.

(4) Ces derniers mots, *envers les endosseurs, etc.,* ont dû être

D. L'acceptation de la part de celui sur qui la lettre de change est tirée, est-elle une présomption suffisante que la provision existe ?

R. Oui (1), mais cette présomption ne fait preuve contre lui qu'à l'égard des endosseurs et du porteur. Elle n'a aucun effet à l'égard du tireur, qui, soit qu'il y ait ou non acceptation, est tenu de prouver que la provision existait à l'échéance; sinon, il est tenu de la garantie, quoique le protêt ait été fait après les délais fixés (*Art.* 117).

---

ajoutés à l'article, d'après la loi du 19 mars 1817, pour lever quelques équivoques que la première rédaction avait fait naître. Du reste, nous allons, pour éclaircir cela, donner un exemple tiré de M. Delvincourt.

« Je suis domicilié à Orléans ; Pierre, de Lyon, qui est mon débiteur de 3000 fr., m'écrit de tirer cette somme sur son banquier à Paris ; je tire effectivement la lettre au profit de Jean, et j'y déclare que je la tire d'ordre et pour le compte de Pierre. Il est clair que cette dernière énonciation a pour principal motif, de faire connaître au banquier de Paris, que c'est le compte de Pierre, et non pas le mien, qu'il doit débiter du montant de la lettre quand il l'aura payée ; mais qu'à l'égard du preneur et de ceux auxquels la lettre sera passée, cette énonciation ne change rien à leurs droits contre moi. En conséquence, pour déterminer, dans ce cas, l'étendue de mon obligation, il faut distinguer : à l'égard de celui sur qui la lettre de change est tirée, je suis tenu uniquement de justifier que j'avais mandat de Pierre pour tirer. Mais à l'égard du preneur et des endosseurs, je suis tenu personnellement, ainsi que celui pour le compte duquel la lettre a été tirée, d'en garantir le paiement. »

(1) De ce que l'acceptation suppose la provision, il résulte que lors même que l'accepteur pourrait justifier n'avoir pas reçu la provision, cette circonstance ne le dégagerait pas de l'engagement par lui pris antérieurement par son acceptation, d'acquitter la lettre de change à son échéance (MM. *Mongalvy et Germain*).

§ III.

De l'Acceptation.

D. Qu'entend on par acceptation d'une lettre de change ?

R. L'acceptation d'une lettre de change est la déclaration par laquelle celui sur qui cette lettre est tirée contracte l'engagement de la payer.

(M. Pardessus).

R. L'acceptation d'une lettre de change est la déclaration faite par celui sur qui elle est tirée , qu'il la paiera à son échéance (1).

(M. Delvincourt).

D. Quel est l'effet de l'acceptation ?

R. L'effet de l'acceptation valable est de donner au porteur de la lettre de change le droit d'en exiger le paiement directement de l'accepteur (2) (*Art.* 121).

D. L'accepteur est-il restituable contre son acceptation ?

R. Non , l'accepteur n'est pas restituable contre son acceptation, lors même que le tireur aurait failli à son insu avant qu'il eût accepté (*Art.* 121).

D. Par qui l'acceptation d'une lettre de change est-elle garantie ?

R. Le tireur et les endosseurs d'une lettre de change sont garans solidaires de l'acceptation et du paiement à l'échéance (*Art.* 118).

---

(1) Comme il importe beaucoup, pour la facilité de la circulation de la lettre de change, que l'on soit certain d'avance qu'elle sera acquittée à son échéance au lieu convenu, on a donné au propriétaire de la lettre le droit d'exiger cette déclaration (M. *Delvincourt*).

(2) L'acceptation étend le contrat de change à l'accepteur, l'associe à l'engagement pris par le tireur de faire payer la somme au lieu et au temps convenus, et complète ainsi cet engagement (M. *Merlin*).

D. Comment se constate le refus d'acceptation ?

R. Le refus d'acceptation est constaté par un acte que l'on nomme *protêt faute d'acceptation* (1) (*Art.* 119).

D. Que doivent faire les endosseurs et le tireur, lorsque le protêt faute d'acceptation leur a été notifié ?

R. Sur la notification du protêt faute d'acceptation, les endosseurs et le tireur sont respectivement (2) tenus de donner caution pour assurer le paiement de la lettre de change à son échéance, ou d'en effectuer le remboursement avec les frais de protêt et de rechange (3) (*Art.* 120).

D. La caution fournie par le tireur et celle fournie par l'endosseur, sont-elles solidairement obligées avec chacun d'eux ?

R. Non, la caution soit du tireur, soit de l'endosseur, n'est solidaire qu'avec celui qu'elle a cautionné (4) (*Art.* 120).

---

(1) Mais ce protêt peut ne pas avoir lieu ; le protêt faute d'acceptation est entièrement dans l'intérêt du porteur à qui la lettre de change a été adressée ; celui-ci peut donc s'en dispenser, et se contenter de présenter la lettre au paiement à l'échéance, excepté lorsque la lettre est payable à un certain nombre de jours ou de mois de vue, parce qu'alors c'est la date de la présentation qui fixe le jour du paiement.

(2) *Respectivement*, c'est-à-dire l'un envers l'autre ; ainsi, le porteur assigne le dernier endosseur et en obtient caution. Cet endosseur peut assigner le précédent et en obtenir également caution, et ainsi de suite, en remontant jusques et y compris le tireur (M. *Delvincourt*).

(3) Nous expliquerons plus loin ce que l'on entend par rechange, page 113.

(4) Cette rédaction n'est pas tout-à-fait exacte ; car il semblerait en résulter qu'elle est bien la caution des autres signataires,

D. Dans quelle forme doit être faite l'acceptation d'une lettre de change ?

R. L'acceptation est exprimée (1) par un seul mot *accepté* (2), avec la signature de l'accepteur (3). Elle est datée, si la lettre est à un ou à plusieurs jours ou mois de vue ; et sinon, dans ce dernier cas, le défaut de date de l'acceptation rend la lettre exigible au terme y exprimé, à compter de sa date (4) (*Art.* 122).

---

mais qu'elle n'est pas leur caution solidaire : ce qui n'est pas ; car elle n'est en aucune manière leur caution, et elle ne contracte à leur égard aucune obligation ; si donc celui qu'elle a cautionné vient à être libéré, par exemple, par le paiement fait par un endosseur précédent, elle est également libérée en entier, et ne peut point être poursuivie par celui qui a remboursé la lettre (M. *Delvincourt*).

(1) Dans l'usage l'acceptation se donne sur la lettre de change elle-même. Mais les auteurs pensent qu'elle peut être également donnée par acte séparé (*Voyez* M. *Locré*, sur l'art. 122, tom. 2, page 96 ; M. *Delvincourt*, page 90, note 1, *in fine.*)

(2) Cependant, il est plus prudent d'ajouter à son acceptation le montant de la somme contenue dans le corps de la lettre, et ce, pour éviter les falsifications qui pourraient être commises après l'acceptation (M. *Delvincourt*). Du reste, les expressions peuvent varier à l'infini ; le Législateur n'a entendu faire du mot *accepté* ni un mot sacramentel, ni une formule exclusive (M. *Locré*).

(3) Cette signature est-elle nécessaire à la validité de l'acceptation ? M. *Delvincourt* (page 90, note 3), pense avec *Pothier* (n.° 43), que l'acceptation peut être faite autrement que par écrit, et que l'écriture n'est exigée que comme preuve ; d'après cela, il pense aussi que la signature n'est pas absolument nécessaire. Au contraire, M. *Locré* (sur l'art. 122, tome 2, page 94), enseigne que rien ne peut suppléer à l'acceptation écrite et signée.

(4) Ainsi, une lettre de change est tirée le 1.er février 1826, à 20 jours de vue. Elle est présentée à l'acceptation le 19 février ;

Enfin, si la lettre de change est payable dans un autre lieu que celui de la résidence de l'accepteur, l'acceptation doit indiquer le domicile où le paiement doit être effectué, ou les poursuites dirigées (1) (*Art.* 123).

D. L'acceptation peut-elle être faite sous condition ?

R. Non, l'acceptation ne peut être conditionnelle (2), mais elle peut être restreinte quant à la somme acceptée (3) (*Art.* 124).

---

si l'acceptation est datée, l'échéance de la lettre se trouve portée au 11 mars : mais s'il n'y a pas de date à l'acceptation, les 20 jours courent du lendemain de la date de la lettre, et l'échéance est fixée au 21 février.

(1) M. *Locré*, sur l'art. 123 (tome 2, page 101), prétend que cette disposition est de pur conseil et que l'adresse de la lettre de change doit suffire. Il me semble cependant qu'il peut se trouver des cas dans lesquels cette indication serait indispensable. Soit, par exemple, une lettre de change ainsi conçue :

Caen, ce

Au 20 août prochain, il vous plaira payer à Versailles, à M............ ou à son ordre, la somme de trois mille francs, valeur en compte.

Signé PIERRE.

A Monsieur DURAND, négociant,
         à Paris.

Si l'on suppose maintenant que la lettre est présentée, pour l'acceptation, au sieur *Durand* de Paris, il est nécessaire qu'il désigne dans l'acceptation, à quel domicile il faudra se présenter à Versailles, pour le paiement et pour faire les diligences ; faute par lui de donner cette indication, il y aura refus d'acceptation et l'on pourra protester (M. *Delvincourt*).

(2) L'acceptation faite sous une condition quelconque, passe pour un refus d'accepter, et le porteur peut faire protester (MM. *Mongalvy et Germain*).

(3) Dans la rigueur des principes du droit commun, le débi-

D. Que doit faire le porteur dans le cas où cette restriction a lieu ?

R. Le porteur est tenu de faire protester la lettre de change pour le surplus (*Art.* 124).

D. Dans quel délai une lettre de change doit-elle être acceptée ?

R. Une lettre de change doit être acceptée à sa présentation, ou au plus tard dans les vingt-quatre heures de la présentation (1). Après les vingt-quatre heures, si elle n'est pas rendue, acceptée ou non acceptée, celui qui l'a retenue est passible de dommages-intérêts envers le porteur (2) (*Art.* 125).

---

teur ne peut point forcer le créancier à recevoir en partie le paiement d'une dette même divisible. Cependant, on a cru dans l'intérêt du commerce, devoir faire fléchir cette règle et admettre des acceptations restreintes ; le propriétaire de l'effet négociable n'éprouve aucune lésion, puisque le tiré lui paie la somme pour laquelle il consent d'accepter, et que le porteur conserve, pour le surplus non accepté, tous ses droits contre le tireur (MM. *Mongalvy et Germain*). Mais il faut avoir soin d'énoncer dans l'acceptation la somme pour laquelle on accepte. Autrement, et lorsqu'il n'y a aucune énonciation, l'acceptation est censée faite pour le montant total de la lettre (M. *Delvincourt*).

(1) Il était nécessaire de donner un délai à l'accepteur pour qu'il pût, avant de signer, vérifier quelle est sa situation vis-à-vis du tireur, et dans le cas où il se trouve débiteur de ce dernier, examiner si la dette égale le montant de la lettre de change. D'ailleurs, la lettre d'avis peut éprouver des retards, et alors la prudence commande à l'accepteur de vérifier la signature. On ne peut donc l'obliger à donner sur-le-champ son acceptation (M. *Cambacérès*).

(2) Les tribunaux détermineront seuls, d'après les circonstances, s'il y a eu retard, s'il a causé préjudice, et par suite

§ IV.

De l'Acceptation par intervention (1).

D. Lorsqu'il y a protêt faute d'acceptation, par qui la lettre de change protestée peut-elle être acceptée ?
R. Lorsqu'il y a protêt faute d'acceptation (2), la

---

la quotité des dommages-intérêts qui doivent le compenser (MM. *Mongalvy et Germain*).

(1) L'acceptation par intervention est un acte par lequel, en cas de protêt d'une lettre de change pour défaut de paiement de la part de celui sur qui elle est tirée, un tiers déclare vouloir l'acquitter et l'acquitte en effet, soit pour le compte du tireur, soit pour le compte de l'un ou de plusieurs des endosseurs (MM. *Mongalvy et Germain*).

(2) Il faut qu'il y ait protêt, et en voici la raison : celui qui accepte et paie une lettre de change par intervention, est de droit subrogé aux droits et actions du porteur contre le tireur et les endosseurs ; or, de droit commun, celui qui paie pour un autre, sans y être obligé, ou sans y avoir un intérêt, n'est point subrogé de plein droit aux droits et actions du créancier. Il faut qu'il y ait subrogation expresse de la part, soit du créancier, soit du débiteur. La faveur du commerce a fait déroger à la rigueur de cette disposition, afin d'engager les tiers à faire honneur à la signature des personnes qui sont obligées de garantir l'acceptation ; mais l'on sent d'après cela, que la dérogation ne doit avoir lieu qu'autant qu'il est certain que la lettre ne sera pas acceptée ou payée par celui sur qui elle est tirée ; ce qui ne peut être constaté que par un protêt (M. *Delvincourt*).

Si quelqu'un promettait de payer une lettre de change non acceptée, avant que le refus du tiré fût constaté, cet engagement dans quelques termes qu'il fût conçu, ne pourrait être considéré que comme une sorte d'aval (M. *Pardessus*).

lettre de change peut être acceptée par toute personne (1) intervenant, soit pour le tireur, soit pour l'un des endosseurs (2) (*Art.* 126).

D. Doit-il être fait mention de cette intervention ?

R. Oui, l'intervention doit être mentionnée dans l'acte de protêt, et être signée par l'intervenant (*Art.* 126), qui est tenu en outre de notifier son intervention sans délai à celui pour qui il est intervenu (3) (*Art.* 127).

D. L'acceptation par intervention peut-elle préjudicier aux droits du porteur de la lettre de change ?

R. Non, le porteur de la lettre de change, nonobstant toutes acceptations par intervention, conserve tous ses droits contre le tireur et les endosseurs, à raison du défaut d'acceptation par celui sur qui la

---

(1) Même par celui sur qui elle est tirée ; si, par exemple, il n'a pas entre les mains de fonds appartenant au tireur, et qu'il en ait à l'un des endosseurs, il refusera d'accepter la lettre au compte du tireur, la laissera protester, et l'acceptera ensuite pour l'honneur de tel endosseur ; et s'il paie, il aura recours contre cet endosseur et les endosseurs précédens, ainsi que contre le tireur, tandis qu'en acceptant purement et simplement, il n'aurait eu de recours que contre le tireur, et tous les endosseurs eussent été libérés (M. *Delvincourt*).

(2) Le tireur et les endosseurs étant également responsables de l'acceptation et exposés au recours qui est la suite de cette garantie, il y a le même motif d'intervenir pour chacun d'eux (M. *Locré*).

(3) Il est de l'intérêt de celui pour l'honneur duquel il a accepté, d'être instruit du refus d'accepter, et de l'acceptation par intervention, afin qu'il puisse prendre en conséquence, ses mesures contre le tireur et les endosseurs qui le précèdent, et exiger d'eux caution pour le paiement (M. *Delvincourt*).

lettre était tirée ; il peut toujours les poursuivre, comme si la lettre n'eût pas été acceptée (1) (*Art.* 128).

§ V.

De l'Échéance.

D. Qu'est-ce qu'on entend par échéance ?

R. C'est le jour où l'on doit payer ou faire quelque chose (*Répertoire de Jurisprudence*).

D. Quelles sont les diverses époques auxquelles peut être assigné le paiement d'une lettre de change ?

R. Une lettre de change peut être tirée à vue,

A un ou plusieurs jours. . . . . ⎫
A un ou plusieurs mois. . . . . ⎬ de vue ;
A une ou plusieurs usances. . . . . ⎭

A un ou plusieurs jours. . . . . ⎫
A un ou plusieurs mois. . . . . ⎬ de date.
A une ou plusieurs usances. . . . . ⎭

D. Quand est-ce qu'est payable la lettre de change tirée à vue ?

R. La lettre de change tirée à vue est payable à sa présentation (*Art.* 130).

D. Comment est fixée l'échéance d'une lettre de

____

(1) Cela est tout simple, il ne serait pas juste qu'un homme de paille, qui viendrait accepter par intervention, peut-être même frauduleusement, pût empêcher les poursuites du porteur. Mais, dira t-on, l'acceptation par intervention est donc inutile ? En Droit, cela est vrai, mais de fait elle est très-utile, et sert très-souvent à empêcher les poursuites. Que pourrait, en effet, exiger le porteur, pour raison du refus de l'acceptation ? Une caution solvable ; si l'intervenant vaut cette caution, il ne poursuivra pas (M. *Delvincourt*).

change, à un ou plusieurs jours, à un ou plusieurs mois, à une ou plusieurs usances de vue?

R. L'échéance d'une lettre de change ainsi tirée est fixée par la date de l'acceptation, ou par celle du protêt faute d'acceptation (1) (*Art.* 131).

D. Que doit-on entendre par usances?

R. Les usances sont en France, une série de trente jours, qui se comptent sans avoir égard à la plus ou moins grande durée du mois dans lequel elles se trouvent (M. *Pardessus*). Ces trente jours commencent à courir du lendemain de la date de la lettre (2) (*Art.* 132).

D. Comment est réglée la longueur des mois relativement aux lettres de change tirées à un ou plusieurs mois de date ou de vue?

R. Les mois sont tels qu'ils sont fixés par le calendrier grégorien (3) (*Art.* 133).

---

(1) Le jour de l'acceptation n'est pas compris dans le délai, d'après la règle : *Dies à quo non computatur in termino.*

(2) Mais l'usance déterminée par cet article n'est telle qu'en France; elle varie beaucoup dans les autres pays. On peut voir dans *Jousse*, sur l'article 5, du Titre 5 de l'ordonnance de 1673, un tableau des usances dans les différentes villes de l'Europe. Cette table a été reproduite par M. *Locré*, sur l'art. 132, tom. 2, page 130.

(3) N'importe que le mois ait 28, 29, 30 ou 31 jours; ainsi, une lettre de change tirée le 25 février à un mois de date, échoit le 25 mars; mais à l'égard d'une lettre de change qui serait tirée le dernier jour d'un mois ayant trente-un jours; à trois mois de date, et échéant un mois qui n'aurait que trente jours, il doit être fait exception à la règle générale (Arrêt de Cassation). Ainsi, une lettre de change tirée le 31 janvier, à trois mois de date, est payable le 30 avril (MM. *Mongalcy et Germain*).

D. A quel jour est fixée l'échéance d'une lettre de change payable en foire ?

R. Une lettre de change payable en foire est échue la veille du jour fixé pour la clôture de la foire, ou le jour de la foire , si elle ne dure qu'un jour (*Art.* 133).

D. Dans le cas où l'échéance d'une lettre de change est à un jour férié légal, quand est-ce que cette lettre est payable ?

R. La lettre de change dont l'échéance est à un jour férié légal est payable la veille (1) (*Art.* 134).

D. L'époque assignée au paiement d'une lettre de change, doit-elle être rigoureusement observée ?

R. Oui, tous délais de grâce, de faveur, d'usage ou d'habitude locale pour le paiement des lettres de change, sont abrogés (2) (*Art.* 135).

---

(1) Mais le protêt ne peut se faire que le lendemain du jour férié (*Art.* 162). Il faut toujours observer que, suivant la règle *Dies termini non computatur in termino*, les délais fixés pour le paiement doivent être francs, c'est-à-dire que le jour d'où l'on part ne doit point être compté, et que l'on ne peut poursuivre judiciairement le paiement, qu'après que le dernier jour du terme est entièrement expiré (M. *Delvincourt*).

(2) L'ordonnance de 1673 avait accordé dix jours pour faire le protêt faute de paiement; mais une déclaration du Roi ayant donné au payeur le droit d'exiger ces dix jours, il en était résulté qu'ils étaient devenus une extension absolue du terme d'échéance exprimé par la lettre de change, de telle manière que le porteur ne pouvait faire valablement protester que le dernier des jours appelés *jours de grâce*. Ainsi, la véritable échéance de la lettre était fixée à ce dernier jour, au lieu de celle exprimée dans la lettre. Il y avait donc cette discordance convenue entre l'expression et l'intention des contractans.

« Il n'en résultait aucun avantage pour personne ; le porteur, comme le payeur d'une lettre de change tirée à soixante jours de

§ VI.

De l'Endossement.

D. Comment se transmet la propriété d'une lettre de change?

R. Elle se transmet par la voie de l'endossement (1) (*Art.* 136).

----

date, savaient également, l'un qu'il ne devait la présenter, l'autre qu'il ne devait la payer ou en subir le protêt, que le soixante-dixième jour; cette espèce de tromperie dans les expressions, était donc sans objet (*Exposé des Motifs*). »

(1) *Les lettres de change* n'auraient qu'une utilité extrêmement bornée, si, à l'échéance, ceux aux profits desquels elles sont faites, étaient obligés de se présenter eux-mêmes au lieu où la somme est payable; s'ils ne pouvaient ni transmettre leurs droits, ni charger quelqu'un de les représenter; et les transports ou procurations admis dans le droit civil occasionneraient des formalités ou des lenteurs peu compatibles avec la célérité qu'exigent des opérations commerciales. Ces titres ont donc été rédigés payables, non seulement à la personne dénommée, mais encore à celui à qui elle déclarerait qu'elle entend qu'on paie. A cette fin, celui à qui la lettre donne ainsi la faculté de disposer de la somme y énoncée, fait la simple déclaration qu'il cède ses droits à *telle* personne, ou qu'il charge telle personne d'en recevoir le montant en son nom; cette cession ou ce mandat est écrit au dos du titre, et par cette raison, on le nomme *endossement* (M. *Pardessus*). Dans les cessions de créances ordinaires, le cessionnaire n'en devient propriétaire par la simple cession, qu'à l'égard du cédant; pour que la cession ait le même effet à l'égard du débiteur et des tiers, il faut en outre qu'elle ait été signifiée à ce débiteur. Mais par une disposition particulière aux lettres de change, et qui est fondée sur la circulation rapide de ces sortes d'effets, destinés à être fréquemment transmis d'un lieu à un autre, celui au profit duquel l'ordre est passé, est saisi de plein droit, et par l'effet seul de l'endossement valablement fait, de tous les droits et ac-

D. Qu'est-ce que l'endossement ?

R. L'endossement est le transport que celui à l'ordre de qui la lettre de change est écrite ou passée fait de ses droits à un nouveau cessionnaire. Ce transport est écrit au dos de la lettre de change, d'où lui vient le nom d'endossement.

(M. Vincens (1).)

R. L'endossement est la cession que celui au profit de qui la lettre de change est tirée, fait à une autre personne, de la propriété de ladite lettre. Le cédant se nomme endosseur.

(M. Delvincourt.)

D. Que doit exprimer l'endossement ?

R. L'endossement doit exprimer la valeur fournie (2), énoncer le nom de celui à qui l'ordre est passé (3), et en outre être daté (4) (*Art.* 137). A défaut de ces forma-

tions de l'endosseur, sans qu'il soit besoin de faire aucune signification, soit à celui sur qui la lettre est tirée, soit à tout autre (M. *Delvincourt*).

(1) *Exposition raisonnée de la Législation commerciale*, par M. *Vincens*; 3 vol. in-8.º

(2) *Voyez* ci-dessus, page 73, note (6) et page 74 note (1), (2) et (3).

(3) C'est-à-dire à qui la cession est faite.

(4) La date est requise pour empêcher les fraudes, telles que celle d'un endosseur qui, ayant fait banqueroute, omettrait de dater l'endossement, afin qu'on ne s'aperçût pas qu'il a été fait depuis sa faillite (*Pothier*, Contrat de Change, n.º 30). Il faut de plus que l'endossement soit daté, selon *Savary*, parce que, s'il était fait après l'échéance, il ne transférerait pas la propriété, et ne vaudrait que comme procuration pour toucher le montant au nom et pour le compte de l'endosseur. Cependant la Cour de Cassation a jugé qu'un pareil endossement transférait la propriété.

Quid, s'il résulte de la date de l'endossement qu'il a été fait dans les dix jours qui ont précédé la faillite; il est présumé frauduleux de la part du failli; mais il n'est annulable à l'égard du porteur qu'autant qu'il est prouvé qu'il y a eu fraude de sa part.

Mais enfin, si l'ordre n'est pas daté, et que l'endosseur vienne

lités (1), l'endossement ne transfère pas la propriété de la lettre de change (2); il ne vaut que comme simple procuration (3) (*Art.* 138).

D. L'endossement peut-il être antidaté ?

R. Non, il est défendu d'antidater (4) les ordres à peine de faux (5) (*Art.* 139).

§ VII.

De la Solidarité (6).

D. De quelles obligations sont tenus ceux qui ont signé, accepté ou endossé une lettre de change ?

à faillir, de quand l'endossement sera-t-il présumé fait ? Depuis la faillite, sauf la preuve contraire de la part de celui au profit de qui la lettre a été passée (M. *Delvincourt*); c'est aussi l'avis de *Savary* (Parère, 71.)

(1) Mais observez que l'article n'a pas mis au nombre des formes requises pour rendre l'endossement régulier, la condition qu'il serait écrit de la main de l'endosseur; peu importe de quelle main l'endossement est rempli, quand même il le serait de la main de la personne au profit de laquelle il est fait, il ne laisserait pas que d'être valable (*Pothier*, Contrat de Change, n.º 40).

(2) Il en est de même à plus forte raison de l'endossement en blanc; mais comme il peut être rempli de toute autre main que celle de l'endosseur, on sent que le porteur peut, quand il veut, faire d'un endossement en blanc un endossement légal (M. *Delvincourt*).

(3) C'est pour éviter les fraudes qui pourraient avoir lieu en cas de faillite, en antidatant des endossemens.

(4) C'est au créancier qui veut attaquer ces ordres à en prouver l'antidate, soit par titres, soit par témoins (*Jousse*).

(5) C'est-à-dire à peine des travaux forcés à temps (*Code Pénal*, art. 147).

(6) La solidarité est, relativement à plusieurs créanciers d'une

R. Tous ceux qui ont signé, accepté ou endossé une lettre de change (1), sont tenus à la garantie solidaire envers le porteur (2) (*Art.* 140).

§. VIII.

De l'Aval.

D. Qu'est-ce que l'aval ?

R. L'aval (3) est l'acte par lequel une personne se rend purement et simplement garant du paiement d'une lettre de change (4) (M. *Delvincourt*).

D. Comment cette garantie peut-elle être fournie ?

R. Cette garantie est fournie sur la lettre même ou par acte séparé (5) (*Art.* 142).

---

même chose, le droit qu'a chacun d'eux de se la faire payer en totalité ; et relativement à plusieurs débiteurs, l'obligation qui leur est imposée, de payer, un seul pour tous, la dette qu'ils doivent en commun (MM. *Mongalvy et Germain*).

(1) Toutes ces personnes ont également contracté envers le porteur l'obligation qui naît du contrat de change, celle de faire trouver la somme au lieu et au jour convenus (M. *Locré*).

(2) Chaque endosseur jouit aussi de la solidarité contre le tireur et les endosseurs qui le précèdent (*Voyez art.* 164), parce que, à leur égard, il tient la place du porteur, comme il tient celle du tireur à l'égard des endosseurs qui le suivent et du porteur actuel (M. *Locré*).

(3) Ce mot est un abrégé de *à valoir*, parce que c'est une promesse de faire valoir (M. *Delvincourt*).

(4) L'aval n'est autre chose qu'un cautionnement, une garantie du paiement de la lettre de change (M. *Duveyrier*).

(5) L'aval, de quelque manière qu'il soit donné, peut être modifié par la convention des parties ; il peut n'être que pour une portion de la dette, pour un temps limité en faveur d'une certaine personne, sous des conditions déterminées, avec l'exclusion

D. De quelles obligations le donneur d'aval est-il tenu par suite de cette garantie ?

R. Le donneur d'aval est obligé solidairement avec le tireur et l'endosseur, et par les mêmes voies (1), sauf les conventions différentes des parties (2) (*Art.* 142).

§ IX.

Du Paiement.

D. Comment une lettre de change doit-elle être payée ?

R. Toute lettre de change doit être payée en totalité, et dans la monnaie qu'elle indique (3) (*Art* 143); si néanmoins le porteur a consenti à recevoir un ou plusieurs à-comptes, ils sont à la décharge du tireur et

---

de tel ou tel mode de poursuite. Toutes ces restrictions peuvent être conçues dans la forme qu'il plaît aux parties, et c'est aux juges qu'il appartient, en cas d'incertitude , d'en déterminer les effets , d'après les règles ordinaires d'interprétation des conventions (M. *Pardessus* , n.º 397).

(1) Par conséquent, il est contraignable par corps , quand même il ne serait pas négociant; son engagement ne se prescrit que par cinq ans. Mais aussi il peut opposer les mêmes déchéances que le tireur et les endosseurs (M. *Delvincourt*).

(2) Ainsi le donneur d'aval pourrait stipuler qu'il ne sera poursuivi qu'après discussion de tous les autres signataires, qu'il ne pourra être poursuivi que pour partie du montant de la lettre , qu'il ne sera pas justiciable des Tribunaux de Commerce , qu'il ne sera pas contraignable par corps, etc. (M. *Delvincourt*).

(3) Le porteur d'une lettre de change a le droit d'exiger son paiement en numéraire ; les billets de banque, établis pour la commodité du commerce , ne sont que de simple confiance (*Avis du Conseil-d'Etat*, du 30 frimaire an 14).

des endosseurs ; mais il est tenu de faire protester pour le surplus (1) (*Art.* 156).

D. Quelle est la présomption qui s'établit en faveur de celui qui paie une lettre de change, à son échéance et sans opposition ?

R. Il est présumé valablement libéré (2) (*Art.* 145);

---

(1) Il était de principe, dans l'ancienne jurisprudence commerciale, que le porteur d'un effet qui consentait à recevoir partie du montant de cet effet, le prenait pour son compte, et perdait son recours contre tous les endosseurs pour le surplus à recevoir. Cette jurisprudence mettait le porteur dans une alternative très-fâcheuse. On a cru devoir l'écarter, et on l'a fait par la disposition qui oblige le porteur à faire protester la lettre pour le surplus ; car il est évident que la loi lui assure son recours , puisqu'elle l'oblige à remplir la formalité qui est nécessaire pour le conserver. Dès-lors, les paiemens faits à compte n'ont plus d'autres effets que d'opérer d'autant la décharge des tireurs et endosseurs (M. *Locré*).

(2) Cet article décide une question controversée avant le Code de Commerce , celle de savoir si le débiteur qui paie une lettre de change à son échéance, sans opposition, sur un faux acquit, est valablement libéré ? La nature de la lettre de change et l'intérêt du commerce exigent que l'accepteur paie à tout porteur qui signe son acquit. La lettre de change qui devient en si peu de temps la propriété d'un si grand nombre de personnes , dont les noms et les signatures sont inconnus de l'accepteur, perdrait tout son effet et tous ses avantages, si, pour en obtenir le paiement , le porteur était forcé de faire intervenir des juges et des notaires. Il était donc indispensable de déclarer la libération de celui qui a payé à l'échéance, sans opposition de la part du véritable propriétaire. Nous devons ajouter que s'il résultait mauvaise foi de la part du payeur ; si , par exemple , le délit se consommait entre lui et le souscripteur du faux acquit, ce serait aux juges à décider d'après les circonstances du fait (MM. *Mongalvy et Germain*).

celui qui paie avant l'échéance est responsable de la validité du paiement (1) (*Art.* 144).

D. Le porteur d'une lettre de change peut-il être contraint de recevoir le paiement avant l'échéance ?

R. Non (2), mais s'il y a consenti, le débiteur ne peut répéter (*Art.* 146, et *Code Civ.*, *art.* 1186).

D. Le paiement d'une lettre de change fait sur seconde, troisième, quatrième, etc., est-il valable ?

R. Oui, le paiement fait sur seconde, troisième, quatrième, etc. (3), est valable, lorsque la seconde, troisième, quatrième, etc., porte que ce paiement annulle l'effet des autres (4) (*Art.* 147).

D. Celui qui paie une lettre de change sur seconde, troisième, quatrième, etc., sans retirer celle sur laquelle se trouve son acceptation, est-il également libéré ?

R. Non (5), il n'opère point sa libération à l'égard

---

(1) Celui qui, anticipant le terme du paiement, paie sur un faux acquit, ne peut se prévaloir des raisons qui font présumer libéré celui qui paie au terme. Il était possible que dans l'intervalle du paiement à l'échéance, le véritable propriétaire formât une opposition ; elle eût empêché l'escroquerie si on l'eût attendue (M. *Locré*).

(2) L'engagement que forme la lettre de change est, par sa nature, du nombre de ceux où le terme n'est pas moins stipulé en faveur du créancier qu'en faveur du débiteur, attendu que celui qui prend une lettre de change n'a pas seulement l'intention de se procurer de l'argent dans le lieu convenu, mais encore de ne l'avoir ni plus tôt ni plus tard que le moment précis où il en aura besoin (M. *Locré*).

(3) *Voyez* ci-dessus, page 74, note (6).

(4) Il s'agit ici du cas où il n'y a pas eu d'acceptation donnée ; pour le cas contraire, voyez l'article suivant.

(5) L'accepteur peut refuser de désintéresser le porteur qui lui

du tiers (1) porteur de son acceptation (2) (*Art.* 148).

D. Peut-on valablement former opposition au paiement d'une lettre de change ?

R. Il n'est admis d'opposition au paiement qu'en cas de perte de la lettre de change, ou de faillite du porteur (3) (*Art.* 149).

D. En cas de perte d'une lettre de change, celui à qui elle appartient peut-il en poursuivre le paiement sur une seconde, troisième, quatrième, etc. ?

---

présente un autre exemplaire que celui revêtu de son acceptation MM. *Mongalvy et Germain*).

(1) *Tiers porteur;* on ajoute le mot *tiers,* parce que si le porteur de l'exemplaire accepté est le même que celui auquel la lettre a été payée, il est bien évident qu'il ne peut en demander une seconde fois le paiement (M. *Delvincourt*).

(2) Quand même il représenterait la quittance de celui qu'il a payé. En acceptant, il s'est engagé à payer au porteur de son acceptation. Tant qu'elle n'est pas retirée, on peut le contraindre au paiement; il a seulement son recours contre celui qu'il a payé (M. *Delvincourt*).

(3) Le grand avantage de la lettre de change, c'est sa circulation rapide, et la certitude d'avoir ses fonds à l'échéance, si l'accepteur est solvable. Or, cette certitude n'existerait plus, si le paiement pouvait être arrêté par des oppositions. D'ailleurs, elles ne seraient pas fort utiles, car elles ne pourraient avoir d'effet qu'autant qu'elles seraient faites sur celui qui se trouverait propriétaire de la lettre, au moment de l'échéance, et avec un endossement, cette propriété est si facile à transmettre ! On a voulu, en outre, prévenir les fraudes d'un accepteur de mauvaise foi qui ferait former des oppositions entre ses mains par des personnes apostées, afin de retarder le paiement de la lettre. Cette dernière considération doit faire rejeter l'opinion de ceux qui prétendent que l'article 149 ne doit être entendu que des oppositions faites avant l'échéance, et que le paiement d'une lettre de change échue peut être arrêté par une saisie (M. *Delvincourt*).

R. Oui, en cas de perte d'une lettre de change non acceptée, celui à qui elle appartient peut en poursuivre le paiement sur une seconde, troisième, quatrième, etc. (1) (*Art.* 150); mais si la lettre de change perdue est revêtue de l'acceptation, le paiement ne peut en être exigé (2) sur une seconde, troisième, quatrième, etc., que par ordonnance du juge (3) et en donnant caution (4) (*Art.* 151).

D. Si celui qui a perdu la lettre de change, acceptée ou non, ne peut représenter la seconde, troisième, quatrième, etc., est-il déchu du droit d'en poursuivre le paiement?

R. Non; dans ce cas, il peut demander le paiement de la lettre de change perdue, et l'obtenir par ordonnance du juge, en justifiant de sa propriété par ses livres (5), et en donnant caution (*Art.* 152).

---

(1) Une lettre non acceptée ne peut devenir un titre dans la main de quiconque n'en est pas propriétaire; car celui qui l'aurait payée sur une seconde, à la personne à laquelle elle appartient, repousserait le faussaire en lui présentant la lettre acquittée. L'intervention du juge et la dation d'une caution ne sont donc pas nécessaires à la sûreté de l'accepteur (M. *Locré*).

(2) Quand la lettre de change égarée est revêtue de l'acceptation, il existe contre l'accepteur un titre des effets duquel il faut se garantir (M. *Locré*).

(3) Il ne faut pas entendre par ces mots une simple ordonnance du Président, mais un jugement du Tribunal (M. *Delvincourt*).

(4) Pour les qualités que doit avoir cette caution, voyez les articles 2018 et 2019 *du Code Civil;* et le *Troisième Examen sur le Code Civil*, page 254.

(5) Parce que la loi porte que le propriétaire de la lettre de change perdue justifiera de sa propriété par ses livres, il ne faut pas en conclure qu'il soit défendu aux juges d'avoir égard à la correspondance, quand elle peut servir à expliquer les livres.

D. En cas de refus de paiement, sur la demande ainsi formée, le propriétaire de la lettre de change perdue n'a-t-il pas quelque moyen de conserver ses droits ?

R. En cas de refus de paiement (1), le propriétaire de la lettre de change perdue conserve tous ses droits par un acte de protestation (2) (*Art.* 153).

D. A quelle époque doit être fait l'acte de protestation ?

R. Cet acte doit être fait le lendemain de l'échéance de la lettre de change perdue. Il doit être notifié aux tireur et endosseurs dans la même forme et les mêmes délais que le protêt faute de paiement (3) (*Art.* 153).

D. Quels sont les moyens que doit employer le propriétaire de la lettre de change égarée, pour s'en procurer une seconde ?

R. Il doit s'adresser à son endosseur immédiat, qui

Seulement la correspondance, prise isolément, ne pourrait suppléer à la preuve par les livres (MM. *Mongalvy et Germain*). Il serait trop facile de produire des lettres concertées ou même fausses.

(1) Il s'agit ici du refus que fait l'accepteur avant d'avoir été condamné par le juge, et au moment où le propriétaire se présente à lui pour demander son paiement.

(2) Comme le protêt proprement dit ne peut être fait sans que la lettre de change soit représentée, et qu'ici cette représentation devient impossible, on substitue à cet acte un autre acte équivalent, c'est-à-dire une protestation.

(3) Cet acte est revêtu des mêmes formes que le protêt, sinon qu'il ne contient pas la transcription de la lettre, des endossemens, recommandations, etc.

7

est tenu (1) de lui prêter son nom et ses soins (2) pour agir envers son propre endosseur ; et ainsi, en remontant d'endosseur en endosseur jusqu'au tireur de la lettre. Les frais (3) sont à la charge du propriétaire de la lettre de change égarée (4) (*Art.* 154).

D. Par quel temps se prescrit l'engagement de la caution qu'est tenu, dans certains cas, de fournir le propriétaire de la lettre de change perdue, pour en obtenir le paiement?

R. L'engagement de cette caution est éteint après trois ans, si, pendant ce temps, il n'y a eu ni demandes, ni poursuites juridiques (*Art.* 155).

D. Les juges peuvent-ils accorder quelque délai pour le paiement d'une lettre de change ?

R. Non, les juges ne peuvent accorder aucun délai pour le paiement d'une lettre de change (*Art.* 157).

---

(1) Cette question, autrefois controversée, fut décidée par un Arrêt de réglement du Parlement de Paris (du 30 août 1714), d'où l'article du Code de Commerce est tiré.

(2) *Ses soins*, pour obtenir à l'amiable du tireur le duplicata de la lettre ; *son nom*, en cas de refus, et comme l'explique l'arrêt de réglement, *en cas qu'il faille donner des assignations, et faire des poursuites contre les endosseurs précédens.*

(3) L'article se sert des mots indéfinis *les frais,* expression qui comprend non-seulement les frais judiciaires, mais généralement tous les frais quelconques, même (ainsi que le dit l'arrêt de réglement) ceux de port de lettres (M. *Locré*).

(4) Le duplicata de la lettre est dû par les endosseurs, comme devant le procurer ; par le tireur, comme devant le donner ; mais il est juste que les frais nécessaires pour l'obtenir, ne soient supportés que par celui dont la faute les a occasionnés (M. *Locré*).

§. X.

Du Paiement par intervention.

D. Par qui peut être fait le paiement d'une lettre de change , lorsqu'elle a été protestée ?

R. Une lettre de change protestée (1) peut être payée par toute personne (2) intervenant pour le tireur, ou pour l'un des endosseurs (*Art.* 158).

D. Comment doivent être constatés l'intervention et le paiement, dans le cas où ils ont eu lieu?

R. L'intervention et le paiement doivent être constatés dans l'acte de protêt ou à la suite de l'acte (3) (*Art.* 158).

D. Quels sont les droits de celui qui paie une lettre de change par intervention , et les formalités qu'il est tenu de remplir?

---

(1) Une condition essentielle est que la lettre de change ait été protestée (M. *Pardessus*).

(2) Même par celui sur qui la lettre est tirée ; s'il n'y a pas provision et qu'il ne veuille pas payer au compte du tireur, il peut laisser protester et payer par intervention pour celui des endosseurs qu'il veut choisir ; et alors il a recours, non seulement contre le tireur, mais encore contre l'endosseur pour lequel il a payé et ceux qui le précèdent ; au lieu que , s'il eût payé pour le compte du tireur, il n'aurait eu de recours que contre lui, et tous les endosseurs eussent été libérés. Mais il est bien entendu que, pour que celui sur qui la lettre est tirée , puisse payer par intervention , il faut qu'il n'ait pas accepté purement et simplement ; car alors, il est censé avoir accepté pour le compte du tireur, et il ne peut refuser de payer pour lui (M. *Delvincourt*).

(3) Comment et par qui ? Quand c'est dans l'acte de protêt, je pense que ce doit être par l'huissier: quand c'est à la suite de l'acte, ce ne peut être que par une reconnaissance de paiement donnée par le porteur de la lettre (M. *Delvincourt*).

R. Celui qui paie une lettre de change par inter-vention est subrogé de plein droit, aux droits du por-teur (1), et il est tenu des mêmes formalités pour conserver son recours (*Art.* 159).

D. Quels sont les effets du paiement par interven-tion ?

R. Si le paiement par intervention est fait pour le compte du tireur, tous les endosseurs sont libérés (2); s'il est fait pour un endosseur, les endosseurs subsé-quens sont libérés (3) (*Art.* 159).

D. Dans le cas où il y a concurrence pour le paie-ment par intervention d'une lettre de change, quel est celui des concurrens qui doit être préféré?

R. On doit préférer celui qui opère le plus de libé-rations (4); si celui sur qui la lettre de change était originairement tirée, et sur qui a été fait le protêt faute d'acceptation, se présente pour la payer, il est préféré à tous autres (5) (*Art.* 159).

---

(1) Cette subrogation en faveur de celui qui paie par interven-tion, est fondée sur les plus justes motifs. Elle a pour objet, d'engager les amis du tireur et des endosseurs à leur rendre ce service, et à conserver par ce moyen l'honneur du commerce et le crédit des négocians (*Pothier,* Contrat de Change, n.º 171).

(2) Le tireur est garant de tous les endosseurs ; il ne peut donc exercer contre eux aucun recours (M. *Delvincourt*).

(3) Chaque endosseur est censé tireur à l'égard des endosseurs qui le suivent (M. *Delvincourt* et M. *Locré*).

(4) Ainsi, celui qui offrira de payer pour le compte du tireur, sera préféré parce qu'il libère tous les endosseurs ; après lui, ce sera celui qui interviendra pour le compte du premier endos-seur ; ensuite, celui qui intervient pour le second endosseur, et ainsi de suite (M. *Delvincourt*).

(5) Si le paiement par intervention a de grands avantages, et sous le rapport de l'intérêt public, et sous le rapport de celui

§. XI.

Des droits et devoirs du Porteur.

D. Dans quel délai le porteur d'une lettre de change à vue, ou à un ou plusieurs jours, mois, ou usances de vue, doit-il la présenter à l'acceptation ou au paiement?

R. Ce délai varie selon le lieu d'où la lettre de change est tirée et celui où elle est payable (1) :

Il est de six mois à compter de la date de la lettre, si elle est tirée du continent ou des îles d'Europe, et payable dans les possessions Européennes de la France;

---

pour lequel il est fait, il n'est pas non plus exempt d'inconvéniens. Il peut arriver, par exemple, que ce ne soit pas un ami des garans qui intervienne, que ce soit un spéculateur qui, sachant que l'un des responsables se trouve dans une situation momentanément embarrassée, espère en tirer parti en lui faisant acheter par de grands sacrifices la suspension des poursuites; si la loi n'a pas dû s'arrêter devant cet abus, possible, mais rare, elle a dû chercher du moins les moyens de le prévenir. Déjà dans cette vue, elle n'a permis l'intervention qu'après que le refus de paiement serait devenu certain par le protêt. Ici, dans la même vue encore, elle préfère à un tiers étranger, celui sur qui la lettre a été tirée et qui d'abord a refusé de l'acquitter, c'est-à-dire l'homme choisi par le tireur et agréé par les endosseurs (M. *Locré*).

(1) En déterminant les délais dans lesquels, à raison des distances, le porteur d'une lettre de change doit en exiger le paiement ou l'acceptation, cet article a eu pour objet d'éviter que la négligence ou la collusion du porteur ne prolongeassent indéfiniment la garantie du tireur et des endosseurs, et en rendant incertaine la position de ces derniers, ne nuisissent à la rapidité et à la sûreté des opérations commerciales (MM. *Mongalvy et Germain*).

Il est de huit mois, si la lettre de change est tirée des Echelles du Levant ou des côtes septentrionales de l'Afrique, sur les possessions Européennes de la France ; ou réciproquement, du continent ou des îles de l'Europe, sur les établissemens Français aux Échelles du Levant, ou aux côtes septentrionales de l'Afrique ;

Il est d'un an, si la lettre de change est tirée des côtes occidentales de l'Afrique jusques et compris le Cap de Bonne-Espérance, sur les posséssions Européennes de la France ; ou réciproquement du continent ou des îles de l'Europe, sur les possessions et établissemens Français aux côtes occidentales de l'Afrique ;

Le délai est aussi d'un an, si la lettre de change est tirée du continent et des îles des Indes-Occidentales, sur les possessions Européennes de France ; ou réciproquement du continent et des îles de l'Europe, sur les possessions et établissemens Français au continent et aux îles des Indes-Occidentales.

Enfin, le délai est de deux ans, si la lettre de change est tirée du continent ou des îles des Indes-Orientales sur les possessions Européennes de la France ; ou réciproquement du continent et des îles de l'Europe, sur les possessions et établissemens Français au continent ou aux îles des Indes-Orientales.

Les délais de huit mois, d'un an et de deux ans, sont doublés en temps de guerre maritime (*Art.* 160).

D. Quelle est la peine établie contre le porteur qui n'exige pas le paiement ou l'acceptation dans ces délais ?

R. Il perd son recours sur les endosseurs et même sur le tireur, si celui-ci a fait provision (*Art.* 160).

D. Ces dispositions sont-elles applicables aux lettres de change tirées de la France, et payables en pays étrangers ?

R. Oui; la même déchéance a lieu contre le porteur d'une lettre de change à vue, à un ou plusieurs jours, mois, ou usances de vue, tirée de la France, des possessions ou établissemens français, et payable dans les pays étrangers, qui n'en exige pas le paiement ou l'acceptation dans les délais prescrits pour chacune des distances respectives (*Loi du* 9 *mars* 1817, *art.* 2).

D. Peut-on déroger à ces dispositions par des stipulations particulières ?

R. Oui, ces dispositions ne doivent pas préjudicier aux stipulations contraires qui peuvent intervenir entre le preneur, le tireur et même les endosseurs (*Même Loi*).

D. Que doit faire le porteur d'une lettre de change pour pouvoir exercer en cas de non-paiement, son recours contre le tireur et les endosseurs ?

R. Il doit exiger le paiement de la lettre le jour de l'échéance (1) (*Art.* 161) ; et s'il y a refus de paiement, faire constater ce refus le lendemain de l'échéance (2) au plus tard, par un acte que l'on nomme

---

(1) Cette disposition s'étend à toute espèce de lettres de change hors la lettre à vue. L'obligation qu'elle impose au porteur a été établie dans l'intérêt du tireur et des endosseurs : du tireur, afin qu'il puisse prendre sans délai des mesures pour faire payer celui sur qui la lettre est tirée, si ce dernier est son débiteur ou a reçu le montant de la lettre ; des endosseurs, pour qu'ils puissent aussi agir sans délai, exercer le recours en garantie contre ceux qui les précèdent, remonter ainsi jusqu'au tireur, et prévenir les faillites où leurs garans pourraient tomber (M. *Locré*).

(2) Ce n'est pas ici une simple faculté accordée au porteur de la lettre de change ; c'est une condition rigoureuse exprimée par ce mot *doit* ; le retard d'un seul jour entraîne la déchéance contre les endosseurs et le tireur (M. *Fournel*, Code de Commerce, accompagné de notes et observations, 1807, in-8°).

Protêt faute de paiement. Si le lendemain du jour de l'échéance est un jour férié légal, le protêt est fait le jour suivant (*Art.* 162).

D. Le protêt faute de paiement est-il de rigueur pour le porteur qui veut exercer son recours ?

R. Oui, ce protêt est de rigueur, et le porteur ne peut en être dispensé, ni par le protêt faute d'acceptation (1), ni par la mort ou faillite (2) de celui sur qui la lettre de change est tirée (*Art.* 163).

D. Dans le cas de faillite de l'accepteur avant l'échéance, que peut faire le porteur de la lettre de change ?

R. Il peut (3) de suite faire protester la lettre de change dont il est porteur et exercer son recours (*Art.* 163).

---

(1) Il semble qu'un protêt faute d'acceptation devrait dispenser d'un second protêt faute de paiement, puisque l'un annonce l'autre ; néanmoins il est possible que le tiré ait depuis reçu provision, et qu'il soit disposé à payer. Voila pourquoi le protêt faute d'acceptation ne dispense pas du second (M. *Fournel*).

(2) Quand même la faillite serait publique et affichée, et qu'il serait, en conséquence, bien constant que la lettre ne sera pas payée. Les actes solennels en général ne se suppléent pas, et ne se font pas par équipollent, surtout lorsqu'ils sont destinés à donner connaissance de quelque fait aux tiers (M. *Delvincourt*). D'ailleurs, il n'est pas impossible que les tireurs et endosseurs aient ignoré la faillite, quelque publique qu'elle ait été, ou que, ne voyant pas de protêt, ils imaginent que le propriétaire de la lettre a trouvé moyen de la faire acquitter (*Pothier*, Contrat de Change, n.º 147).

(3) *Peut ;* ce n'est qu'une simple faculté accordée au porteur, et dont il lui est libre de ne pas user sans se compromettre ; si au lieu de faire protester à l'époque de la faillite ou du décès, il préfère attendre l'échéance, il ne perd son recours ni contre le tireur, ni contre les endosseurs (M. *Fournel*).

D. Contre qui le porteur d'une lettre de change protestée faute de paiement, peut-il exercer son action en garantie?

R. Il peut exercer son action en garantie, ou individuellement contre le tireur et chacun des endosseurs, ou collectivement contre les endosseurs et le tireur (1). La même faculté existe pour chacun des endosseurs, à l'égard du tireur et des endosseurs qui le précèdent (2) (*Art.* 164).

D. Quelles sont les formalités que le porteur de la lettre de change est tenu de remplir dans le cas où il exerce son recours individuellement contre son cédant?

R. Il est tenu de lui faire notifier le protêt, et, à défaut de remboursement (3), de le faire citer en jugement (4) dans un délai qui se détermine d'après la dis-

---

(1) Mais alors devant quel tribunal les assignera-t-il? Je pense qu'il peut les assigner devant le tribunal de l'accepteur : c'est lui qui est le débiteur principal ; les autres ne sont que ses cautions solidaires. Mais en même temps, comme ils sont tous défendeurs, il pourra assigner devant le tribunal de l'un d'eux à son choix (M. *Delvincourt*).

(2) Chaque endosseur est à l'égard du tireur et des endosseurs précédens, dans les mêmes rapports que les endosseurs subséquens et le porteur vis-à-vis de lui (M. *Locré*).

(3) Il paraîtrait résulter delà qu'il faut absolument deux actes, l'un pour notifier le protêt, et l'autre pour citer. Mais la citation suppléerait-elle la dénonciation du protêt? Non, cette dénonciation a pour but de mettre l'endosseur attaqué à portée de recourir contre les endosseurs précédens. Il ne peut exercer ce recours qu'en leur faisant notifier le protêt ; et comment le pourra-t-il s'il ne lui a pas été notifié à lui-même? (M. *Delvincourt*).

(4) Remarquez que cette citation ne peut être donnée qu'à la requête du propriétaire de la lettre, à la différence du protêt, qui peut être fait à la requête du porteur, lequel peut, comme

tance entre le domicile du cédant et le lieu où la lettre de change était payable (*Art.* 165).

D. Quel est le délai, quand cette distance n'est pas de plus de cinq myriamètres ?

R. Ce délai est alors de quinze jours (1) (*Art.* 165).

D. Quel est le délai, quand la distance est de plus de cinq myriamètres ?

R. Le délai, à l'égard du cédant domicilié à plus de cinq myriamètres de l'endroit où la lettre de change était payable, est augmenté d'un jour par deux myriamètres et demi excédant les cinq myriamètres (*Art.* 165).

D. Quel est le délai accordé au porteur d'une lettre de change protestée pour poursuivre les tireur et endosseurs (2) résidant en France (3), lorsque la lettre de change tirée de France était payable hors du territoire continental de la France en Europe ?

R. Ce délai est de deux mois, pour les lettres de change qui étaient payables en Corse, dans l'île d'Elbe ou de Capraïa, en Angleterre et dans les états limitrophes de la France ;

De quatre mois pour celles qui étaient payables dans les autres états de l'Europe ;

De six mois pour celles payables aux Échelles du Levant et sur les côtes septentrionales de l'Afrique,

---

nous avons vu ; n'être pas le propriétaire : *putà*, si l'endossement passé à son profit ne vaut que comme procuration (M. *Delvincourt*). Voyez ci-dessus, page 89, note (4).

(1) Si donc on laissait expirer le 15.e jour sans citer, il y aurait déchéance (M. *Delvincourt*, Arrêt de Cassation).

(2) Quant à ceux résidant en pays étrangers, il faut suivre à leur égard, les lois du pays où ils résident.

(3) Et non l'accepteur qui peut toujours être poursuivi pendant cinq ans.

jusques et compris le Cap de Bonne-Espérance et dans les Indes-Occidentales ;

Enfin de deux ans pour celles payables dans les Indes-Orientales.

Ces délais doivent être observés dans les mêmes proportions, pour le recours à exercer contre les tireur et endosseurs résidant dans les possessions Françaises situées hors d'Europe (*Art.* 166).

D. Ces délais ne sont-ils pas quelquefois prolongés?

R. Les délais de six mois, d'un an et de deux ans sont doublés en temps de guerre maritime (*Art.* 166).

D. Quel est le délai dont jouit le porteur dans le cas où il exerce son recours collectivement contre les endosseurs et le tireur?

R. Il jouit, à l'égard de chacun d'eux, des délais qui lui sont accordés lorsqu'il les poursuit individuellement (1) (*Art.* 167).

D. Si le porteur d'une lettre de change n'assigne qu'un ou plusieurs des endosseurs, que peuvent-ils faire?

R. L'endosseur ou les endosseurs poursuivis peuvent exercer un recours, tant contre le tireur que contre les endosseurs qui les précèdent (2), et ils jouissent pour l'exercice de ce recours, des mêmes droits et

----

(1) C'est-à-dire les délais fixés par l'article 165 et 166 : mais il ne peut pas les cumuler ; si, par exemple, il assigne l'endosseur qui précède celui qui lui a passé la lettre, il ne peut pas réclamer, d'abord le délai qu'il aurait eu contre son propre endosseur, et en outre celui que ce dernier aurait eu contre l'endosseur précédent. Il ne peut réclamer que le délai qui est déterminé par la loi relativement à lui et à l'endosseur qu'il assigne.

(2) Soit contre eux tous collectivement, soit contre un seul ou quelques-uns individuellement.

délais que le porteur de la lettre de change, sauf que ces délais ne courent à leur égard, que du lendemain du jour qu'ils ont été cités en justice par le porteur (*Art.* 167).

D. Les divers délais déterminés pour la présentation de la lettre de change à vue, ou à un ou plusieurs jours ou mois ou usances de vue ; pour le protêt faute de paiement, pour l'exercice de l'action en garantie, doivent-ils être rigoureusement observés par le porteur ?

R. Oui, tous ces délais doivent être rigoureusement observés, et faute par le porteur de s'y être conformé, il est déchu (1) de tout droit contre les endosseurs (2) (*art.* 168), et même contre le tireur (3) si ce dernier justifie qu'il y avait provision à l'échéance de la lettre de change (4). Dans ce cas, le porteur ne conserve d'action que contre celui sur qui la lettre de change était tirée (5) (*Art.* 170).

---

(1) Même quand il serait mineur ou interdit, sauf son recours contre qui de droit ; cette déchéance peut aussi être opposée en tout état de cause.

(2) Quand l'échéance est passée sans qu'il ait été fait contre eux aucune poursuite, ils ont dû croire que la lettre avait été payée ; il ne doit pas dépendre de la négligence du porteur de prolonger indéfiniment leurs risques et leur responsabilité.

(3) *Quid*, à l'égard du donneur d'aval ? S'il a donné son aval pour une personne désignée, il suit sa condition, et il est libéré quand elle l'est elle-même. *Quid*, s'il a cautionné simplement le paiement ? M. *Delvincourt* pense qu'il n'y a déchéance à son égard, que quand elle existe même à l'égard du tireur.

(4) C'est-à-dire, que le tiré lui était redevable d'une somme au moins égale au montant de la lettre de change (*Art.* 116).

(5) Il ne s'agit plus ici de l'engagement accessoire d'un garant,

D. La même déchéance a-t-elle lieu contre les endosseurs ?

R. Oui, les endosseurs sont également déchus de toute action en garantie contre leurs cédans, lorsqu'ils ont laissé passer sans poursuite les délais qui leur sont assignés (*Art.* 169).

D. La déchéance prononcée contre le porteur par défaut de poursuites, dans les délais fixés, peut-elle toujours lui être opposée ?

R. Non, le tireur ou celui des endosseurs qui a reçu par compte, compensation ou autrement, à quelque époque que ce soit, les fonds destinés au paiement de la lettre de change (1), ne peut opposer la déchéance au porteur (2) (*Art* 171).

D. Le porteur d'une lettre de change protestée faute de paiement, ne peut-il pas, indépendamment de l'ac-

---

mais d'un engagement devenu principal par l'acceptation, et qui, à ce titre, subsiste jusqu'au paiement ou jusqu'à la prescription de cinq ans (M. *Locré*).

(1) Prenons garde que l'article veut que ce soit les mêmes fonds ; si les garans recevaient de l'accepteur pour toute autre cause, on ne pourrait les obliger à payer le porteur sans les faire payer de leurs propres deniers. On leur ferait donc supporter cette garantie dont ils doivent être déchargés (M. *Locré*).

(2) Cela est tout simple. Pourquoi cette déchéance est-elle établie ? C'est uniquement en raison du dommage que la négligence du porteur pourrait occasionner aux signataires de la lettre, qui auraient pu, s'ils eussent été instruits du refus de paiement, faire leurs diligences, soit contre l'accepteur, soit contre ceux qui devaient les garantir. Or, dans l'espèce, ils n'éprouvent pas de dommages, puisqu'ils ont touché les fonds destinés au paiement. D'ailleurs, dans ce cas, *certant de lucro captando* ; on doit donc leur préférer le porteur qui *certat de damno vitando* (M. *Delvincourt*).

tion en garantie qui lui est accordée, exercer un autre droit?

R. Il peut, en obtenant la permission du juge (1), saisir conservatoirement (2) les effets mobiliers des tireur, accepteurs et endosseurs (*Art.* 172).

§. XII.

Des Protêts.

D. Qu'entend-on, en général, par *protêt?*

R. Le protêt est un acte fait à la requête du porteur de la lettre de change, pour constater le refus que fait celui sur qui elle est tirée, de l'accepter ou de la payer.

(MM. Mongalvy et Germain.)

R. On entend, en général, par protêt (3), un acte solennel (4) fait à la requête du propriétaire de la lettre de change, ou du porteur d'icelle au nom et comme procureur du propriétaire, à l'effet de constater le refus fait par celui sur qui elle est tirée, de l'accepter ou de la payer.

(M. Delvincourt.)

---

(1) La permission dont parle cet article est accordée sur une simple requête présentée au président du Tribunal de Commerce, sans assignation préalable (MM. *Mongalvy et Germain*).

(2) De la réunion de ces deux mots, *saisir conservatoirement,* qu'on remarque dans le contexte de l'art. 172, il est évident qu'il ne s'agit que d'une saisie-arrêt, et non d'une saisie-exécution qui ne peut jamais être ordonnée que par jugement (MM. *Mongalvy et Germain*).

(3) Ce mot vient de *protester,* parce que, dans cet acte, le porteur, après avoir sommé celui sur qui la lettre de change était tirée, de l'accepter ou d'en payer le montant, suivant que le protêt est faute d'acceptation ou de paiement, finit par protester, en cas de refus, de tous dépens, dommages et intérêts, change et rechange, etc. Remarquez que le protêt doit toujours être fait suivant l'usage du pays où le paiement doit être effectué. (M. *Delvincourt*).

(4) J'appelle ainsi tout acte qui exige des formalités particu-

D. Par qui doit être fait le protêt faute d'acceptation ou de paiement?

R. Le protêt faute d'acceptation ou de paiement
doit être fait par deux notaires, ou par un notaire (1)
et deux témoins , ou par un huissier et deux témoins
(*Art.* 173).

D. Où doit-il être fait?

R. Il doit être fait au domicile de celui sur qui la
lettre de change était payable , ou à son dernier domicile connu ; au domicile des personnes indiquées
par la lettre de change pour la payer au besoin (2);
enfin, au domicile du tiers qui a accepté par intervention : le tout par un seul et même acte (*Art.* 173).

D. Que doit-on faire quand il se trouve une fausse
indication de domicile?

R. En cas de fausse indication de domicile, le protêt
doit être précédé d'un acte de perquisition (3) (*Art.* 173).

D. Que doit contenir l'acte de protêt ?

R. L'acte de protêt contient (4) la transcription lit-

---

lières , sans lesquelles il est censé ne pas exister, et dont l'omission emporte nullité. Ainsi, le contrat de mariage est un acte
solennel, parce qu'il doit être nécessairement fait devant notaire ;
sous seing privé, il serait nul. Il en est de même de la donation
entre-vifs, de l'hypothèque conventionnelle , etc. (M. *Delvincourt*).

(1) Mais les notaires n'ont jamais fait entrer cette matière dans
leur ministère (M. *Fournel*).

(2) *Au besoin,* c'est-à-dire, à défaut de paiement par celui sur
qui elle est tirée.

(3) Mais le procès-verbal de perquisition ne suffit point pour
constater le défaut de paiement ; il faut qu'il soit suivi du protêt
(*Arrêt de Rouen*).

(4) Est-ce à peine de nullité? On n'a voulu, en général, dans
ces matières, prononcer aucune nullité, mais laisser le tout à la

térale de la lettre de change, de l'acceptation, des endossemens et des recommandations (1) qui y sont indiquées, la sommation de payer le montant de la lettre de change. Il énonce la présence ou l'absence de celui qui doit payer, les motifs de refus de payer, et l'impuissance ou le refus de signer (*Art.* 174).

D. Le protêt peut-il être suppléé par quelque autre acte de la part du porteur?

R. Non, l'acte de protêt ne peut être suppléé par aucun autre acte (2), si ce n'est dans le cas de perte de la lettre de change (3) (*Art.* 175).

---

prudence des tribunaux de commerce qui décideront *ex æquo et bono* (M. *Locré* et M. *Delvincourt*). Si le protêt est déclaré nul, quel sera le résultat? C'est que le porteur ne pourra exercer le recours dont il est question dans l'article 164 (M. *Delvincourt*).

(1) On entend par *recommandations,* les personnes qui sont indiquées au besoin, pour accepter et payer la traite, à défaut de celui sur qui elle est principalement tirée. En langage commercial, on appelle cela les *besoins. Aller au besoin*, c'est-à-dire, se présenter chez la personne indiquée pour payer au besoin.

(2) Si, au lieu de faire un protêt, le porteur avait simplement assigné l'accepteur, et obtenu contre lui un jugement de condamnation, il ne pourrait exercer aucun recours contre le tireur et les endosseurs, et il serait censé s'être contenté de l'accepteur pour son débiteur.

(3) Le porteur est-il déchu, lorsque c'est par force majeure qu'il a été empêché de faire le protêt? Il semble résulter de la discussion que le Conseil d'Etat n'a rien voulu décider à cet égard, mais qu'il a entendu remettre le tout à la sagesse des tribunaux (*Voyez* M. *Locré*, sur l'article 164, tome 2, page 257, et l'Avis du Conseil d'Etat approuvé le 27 janvier 1814). Anciennement, on pensait qu'en cas de preuve évidente d'impossibilité, le porteur devait être relevé de la déchéance (*Voyez* Pothier, Contrat de change, n.º 144; *Savary*, *parère*, 70). C'est aussi l'opinion de M. *Pardessus*, , n.º 426, tome 2, page 510.

D. Les notaires ou les huissiers ne sont-ils pas tenus de quelques formalités relativement aux protêts qu'ils sont chargés de signifier ?

R. Ils sont tenus, à peine de destitution, dépens, dommages-intérêts envers les parties, de laisser copie exacte des protêts, et de les inscrire en entier (1), jour par jour, et par ordre de date (2), dans un registre particulier, coté, paraphé, et tenu dans les formes prescrites pour les répertoires (3) (*Art.* 176).

§. XIII.

Du Rechange (4).

D. Que doit-on entendre par retraite ?

____

(1) Les originaux des actes de protêt étant sujets à être envoyés par la poste peuvent se perdre aisément. Cette disposition a pour but de remédier à cet inconvénient.

(2) Cette mesure a pour objet de prévenir les antidates dans les protêts.

(3) Le répertoire des notaires est un registre ou cahier à colonnes, sur lequel ils inscrivent, jour par jour, sans blanc ni interligne, et par ordre de numéro, tous les contrats et actes qu'ils reçoivent, même ceux passés en brevet (M. *Toullier*). Les répertoires doivent être visés, cotés et paraphés par le président, ou, à son défaut, par un autre juge du Tribunal civil de la résidence du notaire ou de l'huissier ; ils doivent contenir la date et la nature de l'acte ; le nom des parties et la relation de l'enregistrement (Loi du 25 ventôse, an 11, art. 30 ; Bulletin, n.º 2440).

(4) Pour savoir ce que c'est que le rechange, il faut observer que celui à qui la lettre a été fournie, peut, en cas de refus de paiement de la lettre, après avoir fait son protêt, prendre d'un banquier du lieu où la lettre était payable, une somme d'argent pareille à celle portée en la lettre qui n'a pas été acquittée, et

R. La retraite (1) est une nouvelle lettre de change, au moyen de laquelle le porteur se rembourse (2) sur le tireur, ou sur l'un des endosseurs, du principal de la lettre protestée, de ses frais (3), et du nouveau change qu'il paie (*Art.* 178).

D. Quel est le nom que l'on donne à ce nouveau change ?

R. On le nomme *rechange* (4) (*Art.* 177).

D. Comment se détermine le rechange ?

R. Il se règle, à l'égard du tireur, par le cours du change du lieu où la lettre de change était payable sur

----

donner à ce banquier, en échange de l'argent qu'il reçoit de lui, une lettre de change de cette somme sur celui qui lui avait fourni la sienne, ou quelqu'autre personne. Si, pour avoir cet argent en échange de cette lettre, il a payé à ce banquier un droit de change, parce qu'alors l'argent gagnait sur les lettres, ce droit de change qu'il a payé à ce banquier pour avoir l'argent dont il avait besoin, est ce qu'on appelle *le rechange,* dont il doit être remboursé par celui qui lui a fourni la lettre dont on lui a refusé le paiement (*Pothier,* Contrat de Change, n.º 64).

(1) Dans le commerce, on nomme *traites* les lettres de change qu'un banquier tire sur son correspondant, et que ce dernier est chargé d'acquitter : et *remises,* celles qu'il envoie à son correspondant pour que celui-ci en fasse le recouvrement ; ce qui s'appelle *encaisser* (M. *Pardessus*).

(2) Mais cela ne le dispense pas de remplir toutes les formalités prescrites, et dans les délais fixés. Autrement la retraite n'empêcherait pas la déchéance.

(3) *Des frais,* non seulement de ceux de protêt, mais encore de ceux de banque, de commission, etc.

(4) Le rechange est l'indemnité que le tireur de la retraite paie à celui qui lui en compte le montant en monnaie effective, indemnité qui dépend, comme le change lui-même, de diverses circonstances qui le modifient suivant les règles que nous avons données (M. *Pardessus*). Voyez page 69, note (3).

le lieu d'où elle a été tirée (1). Il se règle, à l'égard des endosseurs, par le cours du change du lieu où la lettre de change a été remise ou négociée par eux, sur le lieu où le remboursement s'effectue (2) (*Art* 179).

D. La retraite ne doit-elle pas être accompagnée de quelques pièces ?

R. Oui , la retraite doit être accompagnée d'un compte de retour (*Art.* 180), auquel est jointe la lettre de change protestée , et l'original , ou une expédition du protêt ; et dans le cas où la retraite est faite sur l'un

---

(1) Par conséquent, si le porteur de la lettre protestée , au lieu de prendre une retraite sur le lieu d'où la première a été tirée , en prend une sur une place où le change soit plus considérable . il ne peut toujours réclamer le rechange que conformément au cours du lieu où la lettre de change était payable sur celui d'où elle a été tirée ; pourvu cependant qu'il y ait un commerce ordinaire et réglé entre les deux places. Car autrement, on doit lui passer le rechange pour le lieu le plus voisin , ou même quelquefois on doit lui en passer plusieurs. Ainsi, Pétersbourg n'a pas de change réglé sur Paris ; c'est ordinairement par l'intermédiaire de Hambourg que le change a lieu. Il résulte de là que le porteur d'une lettre protestée de Paris sur Pétersbourg, peut prendre en retour une lettre de Pétersbourg sur Hambourg, et , si elle n'est pas payée , en prendre une seconde de Hambourg sur Paris : dans ce cas, par conséquent, il peut exiger deux rechanges (M. *Delvincourt*).

(2) Bien que le tireur , en livrant à la circulation une lettre de change , soit censé avoir véritablement donné la faculté indéfinie de négocier dans tous les lieux ; bien que les rechanges n'arrivent que par son manquement à l'obligation de faire les fonds à l'échéance, on a pensé cependant qu'il serait trop rigoureux de le rendre responsable de tous les rechanges accumulés, d'autant plus que chaque endosseur a réellement profité de la faculté de négocier partout où ses intérêts l'exigeaient (*Voyez* M. *Bégouen* , *Exposé des Motifs*).

8..

des endosseurs (1) , elle doit être accompagnée en outre d'un certificat qui constate le cours du change du lieu où la lettre de change était payable , sur le lieu d'où elle a été tirée (2) (*Art.* 181).

D. Que comprend le compte de retour ?

R. Le compte de retour comprend : le principal de la lettre de change protestée (3); les frais de protêt et autres frais légitimes , tels que commission de banque , courtage , timbre et ports de lettres. Il doit énoncer le nom de celui sur qui la retraite est faite, et le prix du change auquel elle est négociée (*Art.* 181).

D. Comment le prix du change doit-il être certifié ?

R. Le prix du change est certifié par un agent de change ; dans les lieux où il n'y a pas d'agent de change , il est certifié par deux commerçans (*Art.* 181). Si ces certificats ne sont pas joints au compte de retour , il n'est point dû de rechange (4) (*Art.* 186).

D. Peut-on faire plusieurs comptes de retour sur une même lettre de change ?

R. Non, on ne peut en faire qu'un seul (5) (*Art.* 182).

---

(1) Domicilié dans une autre place que celle d'où la lettre a été tirée.

(2) Ce certificat est nécessaire , quand même la retraite serait faite sur un endosseur domicilié dans une autre place; parce qu'en définitive le tireur ne doit qu'un rechange, celui constaté par le certificat, comme nous allons le voir dans la note (1) de la page suivante.

(3) Avec les intérêts à compter du jour du protêt (*art.* 184).

(4) Malgré la peine attachée à l'omission du certificat, cette disposition n'est point suivie dans l'usage. Il est curieux de voir dans la *Législation Commerciale* de M. *Vincens*, tome 2 , chap. 7, n.ᵒˢ 13 , 14 et 15, page 314 , tous les reproches qu'on peut adresser au système du Code sur cette matière.

(5) L'endosseur, poursuivi par le porteur, a bien le droit de

D. Par qui le compte de retour est-il remboursé?

R. Il est remboursé d'endosseur à endosseur respec-tivement, et définitivement par le tireur (1) (*Art.* 182).

---

tirer sur son cédant une retraite, de même que le porteur en a tiré une sur lui; mais il ne peut répéter contre cet endosseur précédent les frais de change et de retraite qu'il a remboursés au porteur, parce qu'en définitive le tireur se trouverait chargé de tous les frais intermédiaires ; ce qui serait contraire aux art. 179 et 183 (MM. *Mongaloy* et *Germain*).

(1) Pour entendre cette disposition, il est nécessaire d'entrer dans quelques détails. Il faut d'abord reconnaître en principe que, dans une lettre tirée, par exemple, de Paris sur Hambourg, l'obligation du tireur ne consiste qu'à faire payer la lettre à Hambourg; ou, à défaut de paiement, à en rembourser le montant à Paris, en indemnisant le porteur du rechange de Hambourg sur Paris seulement. Si donc, dans l'intervalle, la lettre est négociée dans différentes places, ce ne peut être que pour l'intérêt et aux risques de ceux qui la négocient; et cela ne peut rien ajouter à l'obligation du tireur. Supposons maintenant que la même lettre tirée par Paul de Paris, sur Pierre de Hambourg, au profit de Jacques d'Anvers, soit négociée par ce dernier à Anvers, au profit de Lefebvre d'Amsterdam, passée par celui-ci à Durand de Hambourg, et qu'elle soit ensuite protestée. Durand prend une retraite et fait un compte de retour sur Lefebvre d'Amsterdam ; celui-ci peut bien prendre une retraite également sur Jacques d'Anvers, et ce dernier sur le tireur Paul de Paris. Mais le compte de retour doit être le même à l'égard de tous; c'est-à-dire que chacun de ceux sur qui la retraite est faite, n'est tenu que de rembourser le principal de la lettre protestée, et les frais faits à Hambourg pour se procurer la première retraite; sauf le rechange à l'égard duquel la disposition est différente, comme nous l'allons voir tout à l'heure.

Remarquons, en effet, qu'abstraction faite du rechange, les frais à faire pour se procurer une retraite de Hambourg sur Amsterdam, ne sont ni plus, ni moins considérables que ceux qu'il aurait fallu faire pour s'en procurer une sur Paris; que si la lettre fût restée entre les mains de celui au profit duquel elle avait été

D. Les rechanges peuvent-ils être cumulés ?

originairement tirée, il n'aurait pu demander au tireur que les frais de la retraite de Hambourg sur Paris ; que la négociation faite par lui à Anvers n'a eu lieu que dans son intérêt, et parce qu'il a mieux aimé recevoir à Anvers une somme qu'il ne devait toucher qu'à Hambourg ; que si, en conséquence, cette négociation occasionne une augmentation de frais, cette augmentation doit être à sa charge ; qu'il en doit être de même à l'égard de chaque endosseur, attendu que toutes les négociations faites dans les places intermédiaires sont absolument étrangères au tireur, et qu'elles ne peuvent, comme nous l'avons dit, rien ajouter à son obligation primitive. Tel est le motif de la disposition de l'article 182, portant qu'il ne peut être fait qu'un seul compte de retour sur la même lettre, c'est-à-dire, celui des frais faits dans le lieu où elle était payable ; ledit compte devant être remboursé d'endosseur à endosseur respectivement, et définitivement par le tireur ; et tous les frais faits dans les places intermédiaires, devant être supportés par les endosseurs qui y ont négocié la lettre.

Nous avons jusqu'à présent, en parlant des frais de retraite, fait abstraction du rechange, parce que, à cet égard, la disposition n'est pas tout-à-fait la même. Ce n'est pas que les rechanges puissent être cumulés. L'article 183 porte que chaque endosseur n'en doit supporter qu'un seul, ainsi que le tireur. Mais remarquez la différence de rédaction des deux articles 182 et 183. Le premier indique évidemment qu'il ne peut être fait qu'un seul compte de retour sur la même lettre, et que c'est le même qui est remboursé d'endosseur à endosseur respectivement, et définitivement par le tireur. L'article 183 dit bien également qu'il ne peut être supporté qu'un seul rechange, soit par chaque endosseur, soit par le tireur ; mais il ne dit pas que ce soit le même rechange : ceci a encore besoin d'explication.

Reprenons l'espèce ci-dessus. Durand, porteur de la lettre protestée, prend une retraite de Hambourg sur Lefebvre d'Amsterdam ; Lefebvre en prend une d'Amsterdam sur Jacques d'Anvers ; et Jacques en prend une sur le tireur Paul à Paris. De là il arrivera qu'il y aura trois rechanges à payer : celui de Hambourg

R. Non , chaque endosseur n'en supporte qu'un seul , ainsi que le tireur (1) (*Art.* 183).

D. De quel jour est dû l'intérêt du principal de la lettre de change protestée ?

R. Il est dû à compter du jour du protêt (*Art.* 184).

Celui des frais de protêt , rechange et autres frais légitimes, n'est dû qu'à compter du jour de la demande en justice (*Art.* 185).

---

sur Amsterdam, celui d'Amsterdam sur Anvers, et celui d'Anvers sur Paris. Nous disons que chaque endosseur n'en doit supporter qu'un seul, non plus que le tireur; mais que ce ne sera pas le même. En effet , il est constant, en premier lieu, que Lefebvre d'Amsterdam doit à Durand le rechange de Hambourg sur Amsterdam; mais ensuite Lefebvre , en prenant la retraite sur Jacques d'Anvers, peut-il exiger de lui, 1.º le change de Hambourg sur Amsterdam que lui Lefebvre a remboursé à Durand; 2.º celui d'Amsterdam sur Anvers qu'il a dû payer pour se procurer la retraite sur Jacques? Non, il n'en peut exiger qu'un seul; et ce sera celui de Hambourg sur Anvers. Il en doit être de même à l'égard de Jacques, qui, en prenant la retraite sur le tireur Paul à Paris, ne peut exiger de lui que le rechange de Hambourg sur Paris , et cela par suite du principe posé au commencement de cette note. Car, de même que le tireur ne peut être passible des frais occasionnés par les négociations intermédiaires, mais seulement de ceux résultant de la retraite de Hambourg sur Paris ; de même chaque endosseur , qui est vraiment tireur, à l'égard de ceux qui le suivent, sauf la disposition relative à la provision, n'est également passible que du change de Hambourg sur le lieu où il a négocié la lettre. Ainsi, Lefebvre d'Amsterdam doit le rechange de Hambourg sur Amsterdam; Jacques celui de Hambourg sur Anvers ; et Paul doit celui de Hambourg sur Paris (*Voyez* M. *Delvincourt*, page 107 , note 2).

(1) *Voyez* la note précédente , §. 3 et 4.

SECTION II.

Du Billet à ordre.

D. Qu'est-ce qu'un billet à ordre?

R. On peut définir un billet à ordre l'engagement par lequel une personne s'oblige à payer une somme déterminée au créancier dénommé, ou à quiconque en sera devenu porteur légitime par l'effet de l'endossement.

(M. PARDESSUS.)

R. Un billet à ordre est celui par lequel une personne s'engage envers une autre à payer une somme quelconque à elle ou à son ordre, c'est-à-dire, à celui à qui elle aura passé son ordre au dos du billet (1).

(M. DELVINCOURT.)

D. Que doit énoncer un billet à ordre ?

R. Il doit énoncer : la date du jour où il est souscrit (2), la somme à payer, le nom de celui à l'ordre de qui il est souscrit (3), l'époque à laquelle le paiement doit s'effectuer, la valeur qui a été fournie en espèces ou marchandises, en compte, ou de toute autre manière (4) (*Art.* 188).

------

(1) Lorsque le billet à ordre est payable dans un autre lieu que celui dont il porte la date, il prend le nom de *billet à domicile.* Il y a aussi des billets au porteur; ces billets sont réputés appartenir au détenteur, à moins qu'on ne prouve qu'il ne les a volés ou trouvés (*Voyez* M. *Vincens,* tome 2, chap. 11, n.ºs 4, 5, 6 et 7, page 368).

(2) Mais cependant s'il n'a point de date, il n'est pas nul pour cela.

(3) Ceci prouve que les billets au porteur ne doivent pas être confondus avec les billets à ordre, et qu'ils n'en ont pas les effets (M. *Locré* et M. *Delvincourt*).

(4) Ainsi on peut dire que la valeur consiste en lettres de change fournies ou à fournir; c'était ce qu'on appelait autrefois *billets de change* : ils sont maintenant inusités. Remarquez, du

D. Les dispositions relatives aux lettres de change s'appliquent-elles également aux billets à ordre ?

R. Oui, il faut appliquer également aux lettres de change et aux billets à ordre, toutes les dispositions relatives à l'échéance, l'endossement, la solidarité, l'aval, le paiement (1), le paiement par intervention, le protêt, les devoirs et droits des porteurs, le rechange ou les intérêts (2) (*Art.* 187).

---

reste, que s'il y avait sur le billet simplement *valeur reçue* sans ajouter en quoi, le billet ne serait pas nul ; sauf au créancier à justifier légalement de la cause du billet.

(1) Les juges ne peuvent donc accorder de délai pour le paiement d'un billet à ordre.

(2) Ainsi les intérêts du montant du billet à ordre courent du jour du protêt.

La principale différence entre la lettre de change et le billet à ordre consiste en ce que la lettre de change est toujours acte de commerce, et soumet toujours tous ceux qui y sont parties à la juridiction des Tribunaux de Commerce et à la contrainte par corps ; au lieu que le billet à ordre n'est réputé acte de commerce qu'à l'égard des signataires commerçans, ou lorsqu'il a pour cause des opérations de commerce.

D'un autre côté, le billet à ordre diffère du simple billet, principalement en ce que, 1.º un simple billet ne peut être cédé que par un acte de transport signifié au débiteur ; la propriété du billet à ordre se transfère par l'endossement ; 2.º dans le simple billet, à moins de clause spéciale, le cédant n'est point garant de la solvabilité du débiteur ; *secùs*, dans le billet à ordre ; 3.º dans le billet à ordre, il faut observer les mêmes délais que pour la lettre de change, et il y a les mêmes déchéances à encourir ; *secùs* dans le simple billet (*Voyez* M. *Delvincourt*, pages 115 et 116 ; M. *Locré* sur l'*art.* 187, tome 2, page 318 ; M. *Bégouen*, *Exposé des Motifs*).

Section III.

De la Prescription.

D. Qu'est-ce que la prescription ?

R. La prescription est un moyen de se libérer, par le défaut de poursuites pendant le laps de temps déterminé par la loi (1) (M. *Delvincourt*).

D. Par quel temps se prescrivent les actions relatives aux lettres de change et aux billets à ordre en matière de commerce ?

R. Toutes actions relatives aux lettres de change et à ceux des billets à ordre souscrits par des négocians, marchands ou banquiers, ou pour faits de commerce (2), se prescrivent (3) par cinq ans (4), à compter du jour du protêt ou de la dernière poursuite

---

(1) En outre de la prescription dont nous allons parler, les obligations résultant du contrat et de la lettre de change s'éteignent comme les autres obligations par le paiement, la novation, la remise, la compensation, la confusion, etc. Nous renvoyons relativement à ces modes d'extinction, au Code Civil, art 1234 et suiv., et au *Second Examen sur le Code civil*, page 277 et suiv.

(2) La prescription quinquennale n'est établie qu'en faveur du commerce ; or, il n'y a d'effets de commerce qu'à raison de la qualité des personnes ou de la nature de la dette.

(3) Cette prescription court contre toutes personnes, contre les mineurs, les interdits, etc. (M. *Locré*, M. *Delvincourt*).

(4) Dans quelles perplexités ne jetterait-on pas les maisons de commerce ? Comment pourraient-elles obtenir du crédit et faire leurs opérations, si, pendant trente ans, elles demeuraient dans l'incertitude, et étaient obligées de tenir des fonds prêts pour solder au besoin un effet qu'elles auraient endossé, dont elles auraient fourni la valeur, qui aurait passé par une foule de mains, se serait chargé d'un grand nombre d'endossemens, et

juridique (1) , s'il n'y a eu condamnation (2) ou si la dette n'a été reconnue par acte séparé (3) (*Art.* 189).

D. Ceux auxquels on oppose cette prescription, n'ont-ils pas quelques droits à exercer contre ceux qui la leur opposent ?

R. Ils peuvent leur déférer le serment sur la question de savoir si l'obligation a été réellement acquittée.

Le serment peut être également déféré, soit aux veuves, soit aux héritiers du débiteur, ou à leur tuteur, s'ils sont mineurs, pour qu'ils aient à déclarer s'ils ont ou non connaissance que la chose soit encore due (4) (*Art.* 189 , et *Code Civil*, art. 2275).

---

aurait fini par être protesté? Elles doivent croire que le porteur s'est arrangé avec le tireur ou avec l'un des endosseurs, qu'en conséquence, elles n'entendront plus parler de rien ; et pouvoir diriger leurs affaires d'après cette confiance (M. *Locré*).

(1) *Quid*, s'il n'y a eu ni poursuite ni protêt? La prescription courra du jour de l'échéance ; mais ce ne sera qu'en faveur de l'accepteur : les tireur et endosseurs seront libérés par l'effet de la déchéance prononcée contre le porteur par l'art. 168.

(2) Il naît de la condamnation une nouvelle action appelée *actio judicati* , qui ne se prescrit que par trente ans.

(3) Authentique ou sous seing privé , même par lettre missive.

(4) *Quid*, si les héritiers offrent d'affirmer et que la veuve refuse? l'action subsiste contre la veuve pour sa part si elle est commune. Il en est de même si quelques-uns des héritiers offrent et que les autres refusent. L'action subsiste pour la part des refusans , et elle est prescrite pour la part des autres (M. *Delvincourt*).

LIVRE SECOND.

DU COMMERCE MARITIME (1).

TITRE PREMIER.

Des Navires et autres Bâtimens de mer (2).

D. Les navires (3) sont-ils considérés comme des biens meubles ou immeubles ?

---

(1) Dans tous les pays susceptibles par leur position de commerce par mer, ce genre de négoce a toujours attiré l'attention spéciale des Législateurs. Avant le Code de Commerce, la Marine française était régie par l'Ordonnance du mois d'Août 1681, qui contenait des dispositions très-étendues. Ces sages dispositions ont été pour la plupart conservées par le Code, sauf quelques changemens, additions ou modifications sur le commerce maritime et les lois qui le régissaient autrefois (M. *Boulay-Paty*, *Cours de Droit commercial maritime*, Rennes, 1821, tome 1.er, page 1.re à 99 ; M. *Pardessus*, tome 3, n.º 596 à 599, page 1 à 9 ; MM. *Mongalvy* et *Germain*, tome 2, dans l'Introduction au commerce maritime).

(2) Conformément aux dispositions des articles 531 du Code Civil, et 190 du Code de Commerce, les navires et autres bâtimens de mer sont meubles, quel que soit leur port en tonneaux. Cependant l'importance de ces objets a fait établir des règles spéciales, relatives à la manière dont peut être exercé à leur égard le droit de propriété, à leur saisie et vente ; et enfin aux droits que les créanciers du propriétaire peuvent exercer (M. *Delvincourt*).

(3) Le Code de Commerce comprend sous la dénomination générique de *navires et autres bâtimens de mer*, toutes les espèces de

R. Les navires et autres bâtimens de mer sont meubles ; néanmoins ils sont affectés (1) aux dettes du vendeur, et spécialement à celles que la loi déclare privilégiées (*Art.* 190).

D. Qu'est-ce qu'on entend par privilège ?

R. On entend par privilège un droit que la qualité de la créance donne à un créancier d'être préféré aux autres créanciers (*Code Civil*, *art.* 2095).

D. Quelles sont les différentes sortes de dettes qui sont privilégiées sur les navires ?

R. Les dettes privilégiées sur les navires sont (2) :

1.º Les frais de justice et autres frais (3) pour parvenir à la vente et à la distribution du prix (4) ;

---

bâtimens de charpenterie propres à flotter et à être menés sur l'eau, tels que chaloupes, galères, barques, bateaux, etc. Le mot *vaisseau* s'applique plus particulièrement aux bâtimens que l'État emploie dans sa marine (M. *Pardessus*, MM. *Mongalvy* et *Germain*).

(1) Remarquez que la loi se sert du mot *affectés* et non *hypothéqués.* C'est d'abord parce que les navires sont des meubles, non susceptibles par conséquent d'être hypothéqués ; ensuite l'effet de l'affectation est de donner au créancier, tant chirographaire que privilégié, le droit de poursuivre l'objet affecté entre les mains du tiers-détenteur. L'effet de l'hypothèque serait, en outre, d'établir un ordre de préférence résultant de l'ancienneté de la créance ; ce qui n'a pas lieu ici (M. *Boulay-Paty*).

(2) Et elles s'exercent d'après l'ordre dans lequel elles sont rangées, en observant que toutes celles comprises sous le même numéro sont payables en concurrence, et, en cas d'insuffisance, au marc le franc.

(3) Ce ne peut être que les faux frais (M. *Locré*).

(4) Il est naturel que tous les créanciers souffrent qu'on paie avant eux, l'emploi des moyens, sans l'usage desquels ils n'auraient pas recouvré leur créance (M. *Locré*). Quant aux frais que chaque créancier a faits pour l'intérêt de sa créance, ces frais lui

2.º Les droits de pilotage, tonnage, cale, amarrage, et bassin ou avant-bassin (1);

3.º Les gages du gardien et frais de garde du bâtiment, depuis son entrée dans le port jusqu'à la vente (2);

4.º Le loyer des magasins où se trouvent déposés les agrès et les apparaux (3);

5.º Les frais d'entretien du bâtiment et de ses agrès et apparaux, depuis son dernier voyage et son entrée dans le port (4);

6.º Les gages et loyers du capitaine (5) et autres

---

sont remboursés comme elle, et au même rang (M. *Boulay-Paty*).

(1) Ce sont là des droits dus au Gouvernement, lesquels constituant une branche des revenus publics, doivent être colloqués avant les créances particulières (M. *Locré*).

(2) Tout bâtiment dans le port est confié à la garde d'un ancien marin, dont la probité est connue, pour éloigner le danger du feu, et pour empêcher le pillage des agrès, apparaux et ustensiles du vaisseau. Le privilége du gardien est fondé sur la raison que de telles dépenses sont faites pour la conservation du navire, qui est le gage commun des créanciers. En conséquence, les créanciers doivent souffrir que ceux qui ont conservé ce gage soient payés avant eux (M. *Boulay-Paty*).

(3) C'est le privilége ordinaire du locateur.

(4) C'est une suite du principe que celui qui a contribué à la conservation ou augmentation de la chose, a privilége pour ce qui lui est dû (M. *Boulay-Paty*).

(5) Pourquoi le capitaine et l'équipage passent-ils avant ceux qui ont prêté des fonds pour les besoins du bâtiment? Il semblerait que des créanciers de cette nature, sans le secours desquels le navire n'aurait pas achevé son voyage, devraient concourir avec les gens de l'équipage; cependant il est vrai de dire qu'en quelque endroit que le navire eût été retenu, ne pouvant plus continuer son voyage, les matelots auraient trouvé le moyen

gens de l'équipage employés au dernier voyage (1);

7.º Les sommes prêtées au capitaine pour les besoins du bâtiment pendant le dernier voyage, et le remboursement du prix des marchandises par lui vendues pour le même objet (2);

8.º Les sommes dues au vendeur, aux fournisseurs et ouvriers employés à la construction, si le navire n'a point encore fait de voyage (3); et les sommes dues aux

---

de se faire payer de leurs gages sur le navire. Ainsi la préférence que cet article leur donne est juste à tous les égards, d'autant plus qu'ils contribuent plus efficacement encore par leur travail au retour du navire, que tous créanciers, prêteurs ou fournisseurs; et qu'au surplus, ils n'ont que le navire et le fret pour gage de leurs loyers (*Valin, Nouveau Commentaire de l'Ordonnance de la marine*, du mois d'août 1681, 2 vol in-4.º, livre I.ᵉʳ, titre XIV, sur l'art. 16).

(1) Mais ce privilège n'est accordé qu'aux gens de mer qui ont été employés *au dernier voyage*; quant à la créance due pour un voyage précédent, elle n'est plus qu'une créance ordinaire; et ceux qui ont fait ce voyage antérieur doivent s'imputer de ne point s'être fait payer (M. *Boulay-Paty*).

(2) Ainsi pendant le dernier voyage, les créances qui proviendraient d'un voyage antérieur, ou de prêts faits avant le départ, ne seraient point privilégiées.

(3) Si le navire a navigué, le vendeur perd-il son privilège ? Oui (*Voyez* M. *Boulay-Paty*, tome 1.ᵉʳ, page 122). Si l'entrepreneur qui a reçu du propriétaire l'entier prix de la construction ou du radoub du navire, n'a pas satisfait les ouvriers et fournisseurs, ceux-ci auront-ils action personnelle contre le propriétaire, et privilège sur le navire ? Oui, à moins que le propriétaire ne prouve que, dès le principe, ils ont eu connaissance du marché fait avec le constructeur; que, par conséquent, la construction du navire était à forfait, et qu'ils étaient employés pour le compte de celui-ci (*Voyez* M. *Boulay-Paty*, tome 1.ᵉʳ, page 124; *Emérigon, Traité des Assurances et des Contrats à la grosse*, tome 2, chap. 12, sect. 3, page 565).

créanciers pour fournitures, travaux, main-d'œuvre, pour radoub, victuaille, armement et équipement, avant le départ du navire, s'il a déjà navigué ;

9.º Les sommes prêtées à la grosse sur le corps, quille, agrès, apparaux, pour radoub, victuailles, armement et équipement, avant le départ du navire (1) ;

10.º Le montant des primes d'assurances faites sur le corps, quille, agrès, apparaux, et sur armement et équipement du navire, dues pour le dernier voyage (2) ;

11.º Les dommages-intérêts dus aux affréteurs pour le défaut de délivrance des marchandises qu'ils ont chargées, ou pour remboursement des avaries souffertes par lesdites marchandises, par la faute du capitaine ou de l'équipage (3) (*Art.* 191).

D. Dans le cas où la somme provenant de la vente

----

(1) Si ces derniers ne concourent pas avec les créanciers privilégiés du numéro précédent, c'est d'abord parce que les précédens ont acquis privilège avant eux ; ensuite, parce que ceux qui ont prêté des deniers pour rembourser des ouvriers, n'ont privilège que comme subrogés à ces ouvriers ; enfin, parce que le Législateur a sans doute voulu favoriser l'ouvrier, qui donne son industrie, et qui ordinairement n'est pas fortuné, plus que le capitaliste qui spécule sur ses fonds en les prêtant à la grosse.

(2) *Voyez* pour la conciliation de cet article avec l'article 331, M. *Boulay-Paty*, tom. 1.ᵉʳ, page 145.

(3) Hors ces deux cas, dit *Valin*, il n'y a pas de privilège à prétendre de la part des marchands chargeurs ; car, s'il ne s'agit que des dommages-intérêts prétendus par un affréteur, qui, à l'occasion de la saisie réelle du navire ou autrement, aura été obligé de retirer du navire les marchandises qu'il y avait chargées, ou qui aura été empêché de faire son chargement, il est évident qu'à cet égard sa créance est simple et ordinaire, sans aucune sorte de privilège.

du navire est insuffisante pour satisfaire les divers créanciers que la loi a placés au même rang pour l'exercice de leur privilège , comment cette somme doit-elle être répartie entr'eux ?

R. Ces divers créanciers sont payés en concurrence et au marc le franc (1) sur le prix de la vente (2) (*Art.* 191).

D. La loi ne soumet-elle pas à quelque condition l'exercice des privilèges qu'elle accorde sur le prix de vente des navires ?

R. Elle exige que les dettes pour lesquelles elle accorde ces privilèges soient justifiées dans les formes suivantes :

1.º Les frais de justice doivent être constatés par les états de frais arrêtés par les tribunaux compétens ;

2.º Les droits de tonnage et autres, par les quittances légales des receveurs ;

3.º Les gages des gardiens et frais de garde du bâtiment, depuis son entrée dans le port jusqu'à la vente, le loyer des magasins où se trouvent les agrès et apparaux, les frais d'entretien du bâtiment et de ses agrès et apparaux depuis son dernier voyage et son entrée dans le port, doivent être constatés par des états arrêtés par le président du Tribunal de Commerce ;

4.º Les gages et loyer de l'équipage (3) doivent l'être

______

(1) C'est à-dire proportionnellement au montant total de leurs créances.

(2) Une observation qui convient à toutes les collocations , c'est que tout créancier qui est colloqué, l'est tant pour son principal que pour ses intérêts et frais (M. *Bouiay-Paty*).

(3) Toujours dans le dernier voyage.

par les rôles d'armement et de désarmement arrêtés dans les bureaux de l'inscription maritime ;

5.° Les sommes prêtées et la valeur des marchandises vendues pour les besoins du navire pendant le dernier voyage, doivent l'être par des états arrêtés par le capitaine, appuyés de procès-verbaux signés par le capitaine et les principaux de l'équipage, constatant la nécessité des emprunts ;

6.° La vente du navire doit être constatée par un acte ayant date certaine (1) ; et les fournitures pour l'armement, équipement et victuailles du navire, doivent l'être par les mémoires, factures ou états visés par le capitaine et arrêtés par l'armateur, dont un double est déposé au greffe du Tribunal de Commerce, avant le départ du navire, ou, au plus tard, dans les dix jours après son départ (2) ;

7.° Les sommes prêtées à la grosse, sur le corps, quille, agrès, apparaux, armement et équipement, avant le départ du navire, doivent être constatées par des contrats passés devant notaires, ou sous signature privée, dont les expéditions ou doubles sont déposés

---

(1) Un acte a date certaine, du jour où il a été passé, quand il est authentique ; quand il est sous seing privé, du jour où il a été enregistré, du jour de la mort de celui ou de l'un de ceux qui l'ont souscrit, ou enfin du jour où sa substance a été constatée dans un acte dressé par un officier public, tel qu'un acte de dépôt, un procès-verbal de scellés ou d'inventaire (*Code Civil*, *art.* 1328).

(2) Comme ces pièces sont sous seing privé, on a dû en ordonner le dépôt pour en assurer la date.

au greffe du Tribunal de Commerce dans les dix jours de leur date (1) ;

8.º Les primes d'assurance doivent être constatées par les polices ou par les extraits des livres des courtiers d'assurances ;

9.º Les dommages-intérêts dus aux affréteurs doivent être constatés par les jugemens ou par les décisions arbitrales qui seront intervenues (*Art.* 192.)

D. Quelles sont les diverses manières dont s'éteignent les privilèges sur les navires ?

R. Ces privilèges sont éteints, indépendamment des moyens généraux d'extinction des obligations, par la vente en justice faite dans les formes établies par le Code de Commerce, ou, lorsqu'après une vente volontaire (2), le navire a fait un voyage en mer sous le nom et aux risques de l'acquéreur (3), et sans oppo-

---

(1) On exige le dépôt, même des actes authentiques, parce qu'il ne s'agit pas seulement ici de donner une date certaine aux actes déposés, mais encore de donner de la publicité aux emprunts déjà faits, afin d'avertir ceux qui voudraient faire de nouveaux prêts (M. *Delvincourt*, M. *Boulay-Paty*).

(2) Le motif de différence entre la vente volontaire et la vente en justice, est que cette dernière a reçu par les annonces, affiches, etc., toute la publicité possible, et que par là les créanciers privilégiés ont été avertis de se présenter à l'adjudication. La vente volontaire ne reçoit, au contraire, aucune publicité ; elle a lieu entre le vendeur et l'acquéreur, sans que les tiers intéressés en soient aucunement prévenus. On ne peut lui attribuer tous les effets de la vente en justice, sans favoriser la fraude et rendre illusoires les privilèges , et même les créances qui affecteraient le navire (MM. *Mongalvy* et *Germain*).

(3) Si malgré la vente le voyage est fait sous le nom du ven-

sition de la part des créanciers du vendeur (1) (*Art.* 193).

D. Quand est-ce qu'un navire est censé avoir fait un voyage en mer?

R. Un navire est censé avoir fait un voyage en mer, 1.º lorsque son départ et son arrivée ont été constatés dans deux ports différens, et trente jours après le départ; 2.º lorsque, sans être arrivé dans un autre port, il s'est écoulé plus de soixante jours entre le départ et le retour dans le même port, ou lorsque le navire, parti pour un voyage de long cours, a été plus de trente jours en voyage, sans réclamation de la part des créanciers du vendeur (*Art.* 194).

D. Quels sont les voyages réputés voyages de long cours?

R. Ce sont les voyages qui se font aux Indes Orientales ou Occidentales, à la mer Pacifique, au Canada, à Terre-Neuve, au Groënland et aux autres côtes et îles de l'Amérique Méridionale et Septentrionale, aux Açores, aux Canaries, à Madère et dans toutes les côtes et pays situés sur l'Océan, au-delà des détroits de Gibraltar (2) et du Sund (*Art.* 377).

---

deur, l'opposition n'est pas nécessaire pour conserver le privilège (M. *Boulay-Paty*).

(1) Entre les mains de qui doivent être faites les oppositions? M. *Boulay-Paty* pense que c'est à l'acquéreur qu'elles doivent être notifiées.

(2) Il est évident qu'il s'agit ici d'un navire parti de la Méditerranée, puisqu'on suppose qu'il a passé le détroit pour aller dans l'Océan. En serait-il de même de celui parti de l'Océan pour la Méditerranée? Je ne vois pas de différence.

D. Dans quelle forme doit être faite la vente volontaire d'un navire?

R. Elle doit être faite par écrit, et peut avoir lieu par acte public, ou par acte sous signature privée; elle peut être faite pour le navire entier ou pour une portion du navire (1), le navire étant dans le port ou en voyage (*Art.* 195).

D. Le navire vendu volontairement en voyage, cesse-t-il, par l'effet de cette vente, d'être affecté au paiement des créanciers du vendeur?

R. Non, la vente volontaire d'un navire en voyage ne préjudicie pas aux créanciers (2) du vendeur; en conséquence, nonobstant la vente, le navire ou son prix continue d'être le gage desdits créanciers (3), qui peuvent même, s'ils le jugent convenable, attaquer la vente pour cause de fraude (*Art.* 196).

TITRE II.

De la Saisie et Vente des Navires.

D. Tous les bâtimens de mer peuvent-ils être saisis et vendus forcément?

R. Oui; tous les bâtimens de mer peuvent être saisis

---

(1) Tout ce qu'on dit de l'extinction des privilèges sur les navires par la vente et un voyage, est applicable à la vente d'une portion de navire aussi bien qu'à la vente de la totalité du vaisseau, et regarde les barques et autres petits bâtimens comme les grands navires (*Valin*).

(2) *Des créanciers* de toute espèce, privilégiés ou non.

(3) Jusqu'à ce qu'étant de retour, il ait fait un nouveau voyage sous le nom de l'acquéreur.

et vendus par autorité de justice (1), et cette saisie ou vente forcée purge les droits des créanciers même privilégiés, lorsqu'elle a lieu avec les formalités requises à cet effet (*Art.* 197).

D. La saisie d'un navire ne doit-elle pas être précédée de quelque acte?

R. Oui; la saisie doit être précédée d'un commandement de payer, et ne peut avoir lieu que vingt-quatre heures après ce commandement (*Art.* 198).

D. A qui doit être fait le commandement?

R. Ce commandement doit être fait à la personne du propriétaire ou à son domicile, s'il s'agit d'une action générale à exercer contre lui; il peut être fait au capitaine du navire, si la créance est du nombre de celles qui sont susceptibles de privilège sur le navire (*Art.* 199).

D. Quelles sont les énonciations que doit contenir le procès-verbal de saisie?

R. L'huissier énonce (2) dans le procès-verbal de saisie : les noms, profession et demeure du créancier pour qui il agit;

---

(1) Les navires devraient naturellement être saisis-exécutés en la forme ordinaire, puisque la loi les répute meubles. Cependant, à cause de l'importance de leur objet, la saisie et la vente en sont assujetties à des formalités particulières, mais beaucoup plus simples et plus courtes que celles exigées pour la saisie des immeubles. Du reste, la distribution du prix de la vente d'un navire se fait comme celle des sommes purement mobilières, au marc le franc, après le paiement des créanciers privilégiés.

(2) Mais remarquez que la nullité n'est pas prononcée pour le défaut de ces énonciations.

Le titre en vertu duquel il procède;

La somme dont il poursuit le paiement;

L'élection de domicile faite par le créancier dans le lieu où siége le tribunal (1) devant lequel la vente est poursuivie, et dans le lieu où le navire saisi est amarré;

Les noms du propriétaire et du capitaine;

Le nom, l'espèce et le tonnage du bâtiment:

Il fait l'énonciation et la description des chaloupes, canots, agrès, ustensiles, armes, munitions et provisions (2);

Il établit un gardien (*Art.* 200).

D. Dans quel délai le procès-verbal de saisie doit-il être signifié au propriétaire du navire?

R. Si le propriétaire du navire saisi demeure dans l'arrondissement du tribunal devant lequel la vente est poursuivie, le saisissant doit lui faire notifier (3) dans le délai de trois jours (4), copie du procès-verbal de

---

(1) Est-ce le Tribunal civil ou le Tribunal de Commerce? C'est le Tribunal civil (*Avis du Conseil d'État*, approuvé le 17 mai 1809, *Bulletin n.º* 4391). En effet, les Tribunaux de Commerce ne peuvent connaître de l'exécution des jugemens (*Code de Procéd.*, art. 442).

(2) Si ces énonciations et descriptions n'ont pas été faites, doit-il en résulter que les objets dont il s'agit ne seront pas compris dans la saisie? *Valin* (sur l'art. 2, tit. XIV, liv. 1.er), pense qu'ils y seront toujours compris, mais il excepte la chaloupe et le canot. Au contraire, *Émérigon* (*Traité des Assurances*, chap. 6, section 7), ne fait aucune exception. Cette dernière opinion est adoptée par M. *Boulay-Paty*, tome 1.er, sect. 4, page 189, et M. *Delvincourt*, pag 131, note 1.re

(3) A personne ou à domicile.

(4) Ce délai ne commence à courir que du lendemain de la saisie : *Dies termini non computatur in termino.*

saisie, et le faire citer devant le tribunal, pour voir procéder à la vente.

Si le propriétaire du navire saisi n'est pas domicilié dans l'arrondissement du tribunal, les significations et citations lui sont données à la personne (1) du capitaine du bâtiment saisi, ou, en son absence, à celui qui représente le propriétaire ou le capitaine, et le délai de trois jours (2) est augmenté d'un jour, à raison de deux myriamètres et demi (cinq lieues) de la distance de son domicile.

Si le propriétaire est étranger et hors de France, on suit les formalités prescrites, dans ce cas, pour les citations, par le Code de Procédure (3) (*Art.* 201).

D. Que doit-il être fait ensuite dans le cas où la saisie a pour objet un bâtiment dont le tonnage est au-dessus de dix tonneaux?

R. Si la saisie a pour objet un bâtiment dont le tonnage soit au-dessus de dix tonneaux (4), il doit être

---

(1) Mais, selon M. *Boulay-Paty*, elles ne peuvent pas l'être au domicile du capitaine ; cela ne serait pas suffisant.

(2) *Le délai de trois jours est augmenté.* M. *Delvincourt* (page 131, note 4) pense qu'il y a ici une erreur de rédaction, que c'est le délai donné au saisi pour comparaître sur l'assignation qui doit être prolongé en raison de l'éloignement de son domicile. M. *Boulay-Paty* (sect. 5, page 197) embrasse une autre opinion.

(3) C'est-à-dire que les citations sont faites au domicile du Procureur du Roi près le Tribunal où est portée la demande, qui vise les originaux, et envoie la copie au Ministre de la Marine ou au Ministre des affaires étrangères (*Voyez Code de Procéd.*, *art.* 69)

(4) Toutes les formalités précédentes doivent toujours avoir lieu, quelle que soit la capacité du bâtiment saisi.

fait trois criées (1) et publications des objets en vente. Les criées et publications sont faites consécutivement de huitaine en huitaine, à la Bourse et dans les principales places publiques du lieu où le bâtiment est amarré. L'avis en est inséré dans un des papiers publics imprimés dans le lieu où siége le tribunal devant lequel la saisie se poursuit; et, s'il n'y en a pas, dans l'un de ceux qui s'impriment dans le département (*Art.* 202).

D. Quelles formalités doit-on remplir dans les deux jours qui suivent chaque criée?

R. Dans les deux jours qui suivent chaque criée et publication, il est apposé des affiches au grand mât du bâtiment saisi, à la porte principale du tribunal devant lequel on procède, dans la place publique et sur le quai du port où le bâtiment est amarré, ainsi qu'à la Bourse de Commerce (2) (*Art.* 203).

D. Que doivent désigner les criées, publications et affiches?

R. Les criées, publications et affiches doivent désigner les nom, profession et demeure du poursuivant; les titres en vertu desquels il agit; le montant de la somme qui lui est due; l'élection de domicile par lui faite dans le lieu où siége le tribunal, et dans le lieu où le bâtiment est amarré; les noms et domicile du propriétaire du navire saisi; le nom du bâtiment, et s'il est armé ou en armement, celui du capitaine; le

---

(1) La criée est une proclamation où lecture à haute voix de la saisie, qui se fait par l'huissier et dont il doit dresser procès-verbal (M. *Boulay-Paty*).

(2) Si toutefois il y a une bourse dans le lieu.

tonnage du navire; le lieu où il est gissant ou flottant (1); le nom de l'avoué du poursuivant; la première mise à prix; les jours des audiences auxquelles les enchères seront reçues (2) (*Art.* 204).

D. Quelles sont les formalités qui suivent la première criée?

R. Après la première criée, les enchères sont reçues le jour indiqué par l'affiche, et continuent de l'être de huitaine en huitaine, à jour certain fixé par l'ordonnance du juge commis par le tribunal pour la vente (*Art.* 205.)

D. A quelle époque doit avoir lieu l'adjudication définitive?

R. Après la troisième criée, l'adjudication est faite au plus offrant et dernier enchérisseur, à l'extinction des feux, sans autre formalité (*Art.* 206).

D. Le juge peut-il remettre l'adjudication à un autre jour?

R. Oui; le juge peut accorder (3) une ou deux remises (4) de huitaine chacune; elles doivent être publiées et affichées (*Art.* 206).

---

(1) Ce mot indique que l'on peut saisir un bâtiment non amarré, mais flottant sur ses ancres.

(2) M. *Pardessus* (tome 3, n.º 613, page 30) et M. *Boulay-Paty* (tome 1.ᵉʳ, sect. 8) pensent que la nature et l'objet de ces formalités suffisent pour prouver qu'elles sont prescrites à peine de nullité. Cependant le Code est muet à cet égard.

(3) Il peut même les prononcer d'office, pour déjouer la collusion, s'il voit que par un concert entre les enchérisseurs présens, la chose va être vendue beaucoup au-dessous de sa valeur.

(4) Mais il ne peut pas en accorder plus de deux (M. *Deloin-court* et M. *Boulay-Paty*).

D. Quelles sont les formalités qui doivent être observées dans le cas où la saisie porte sur des barques, chaloupes et autres bâtimens du port de dix tonneaux et au-dessous?

R. Si la saisie porte sur des barques, chaloupes et autres bâtimens du port de dix tonneaux et au-dessous, l'adjudication est faite à l'audience après la publication sur le quai, pendant trois jours consécutifs, avec l'affiche (1) au mât, ou, à défaut, en autre lieu apparent du bâtiment, et à la porte du tribunal. On doit alors observer un délai de huit jours francs entre la signification de la saisie et la vente (*Art.* 207).

D. Le capitaine continue-t-il l'exercice de ses fonctions après l'adjudication du navire?

R. Non ; l'adjudication du navire fait cesser les fonctions du capitaine, sauf à lui à se pourvoir en dédommagement (2) contre qui de droit (*Art.* 208).

D. Dans quel délai les adjudicataires des navires sont-ils tenus de payer le prix de leur adjudication?

R. Ils sont tenus de le payer dans le délai de vingt-quatre heures, ou de le consigner (3), sans frais, au greffe du Tribunal de Commerce, à peine d'y être contraints par corps; à défaut de paiement ou de consigna-

---

(1) Remarquez que, quoiqu'il y ait trois publications à trois jours divers consécutifs, néanmoins il ne faut qu'une affiche. La loi n'emploie le mot *affiche* qu'au singulier (M. *Delvincourt* et M. *Boulay-Paty*).

(2) Les indemnités que le capitaine peut réclamer contre le propriétaire sont réglées par les articles 252 et 272.

(3) Il paraît exister une antinomie entre l'art. 209, qui oblige l'adjudicataire à payer ou à consigner dans les vingt-quatre heures,

tion, le bâtiment est remis en vente, et adjugé trois jours après une nouvelle publication et affiche unique, à la folle-enchère des adjudicataires (1), qui sont également contraints par corps pour le paiement du déficit, des dommages, des intérêts et des frais (*Art.* 209).

D. A quelle époque doivent être formées les demandes en distraction (2)?

R. Les demandes en distraction (3) doivent être formées et notifiées au greffe du tribunal, avant l'ad-

---

et l'art. 212 qui porte que les oppositions à la délivrance du prix seront reçues pendant trois jours après celui de l'adjudication. M. *Delvincourt* la résout en distinguant entre le paiement et la délivrance du prix. Le paiement, dit-il, se fait par l'adjudicataire quand il vide ses mains en celles de qui de droit ; la délivrance du prix se fait aux créanciers qui ont droit de le recevoir : il ne peut y avoir d'oppositions au paiement ; il peut y en avoir à la délivrance. M. *Boulay-Paty* pense que l'adjudicataire a la faculté de choisir, de payer ou de consigner ; que s'il croit n'avoir point à craindre d'oppositions, il peut payer ; que s'il redoute, au contraire, quelques oppositions, il doit consigner (*Voyez* M. *Delvincourt*, page 134, note 2 ; M. *Boulay-Paty*, tome 1.er, sect. 13, page 223).

(1) On appelle folle-enchère la publication qui se fait de nouveau, aux risques, périls et fortune du dernier enchérisseur (M. *Boulay-Paty*).

(2) Un navire peut appartenir à plusieurs personnes pour des portions égales ou inégales. S'il est saisi pour la totalité sur l'un des copropriétaires, l'autre a le droit de demander que la portion qui lui appartient soit distraite de la saisie et de la vente (M. *Boulay-Paty*).

(3) Soit d'une partie indivise du bâtiment, soit de la chaloupe, soit de quelques-uns des agrès ou apparaux.

judication. Si elles ne sont formées qu'après l'adjudication, elles sont converties, de plein droit, en oppositions à la délivrance des sommes provenant de la vente
(*Art.* 210).

D. Dans quel délai le demandeur en distraction
doit-il fournir ses moyens et le défendeur y répondre ?

R. Le demandeur ou l'opposant a trois jours
pour fournir ses moyens ; le défendeur trois jours pour
contredire. La cause est portée à l'audience sur simple
citation (1) (*Art.* 211).

D. Pendant combien de temps les oppositions à la
délivrance du prix sont-elles reçues ?

R. Les oppositions à la délivrance du prix sont re-
çues pendant trois jours après celui de l'adjudication.
Passé ce temps, elles ne sont plus admises (2)
(*Art.* 212).

D. Dans quel délai les créanciers opposans sont-ils
tenus de produire leurs titres de créance ?

R. Les créanciers opposans sont tenus de produire
au greffe leurs titres de créance dans les trois jours qui

---

(1) Il ne serait pas juste que le demandeur en distraction , par
des délais affectés , retardât une procédure que la loi a voulu
abréger dans l'intérêt du commerce. Cependant ces délais ne sont
pas absolument de rigueur. Quant à l'appel des jugemens rendus
en pareil càs, la loi n'en parlant pas , il faut en conclure qu'ils
sont soumis aux délais et aux formes ordinaires (*Voyez* M. *Boulay-Paty* , tome 1.er , tit. 2 , sect. 15 , page 230).

(2) Mais il faut observer que la déchéance de l'opposant tardif
n'a lieu que dans l'intérêt des autres créanciers, et qu'elle ne
peut être invoquée par le saisi (M. *Boulay-Paty*, M. *Delvincourt*).

suivent la sommation qui leur en est faite par le créancier poursuivant, ou par le saisi (1); faute de quoi il est procédé à la distribution du prix de la vente, sans qu'ils y soient compris (*Art.* 213).

D. Comment la distribution des deniers doit-elle s'opérer entre les créanciers ?

R. Pour les créanciers privilégiés la collocation et la distribution des deniers sont faites dans l'ordre dans lequel ils doivent exercer leurs privilèges. Quant aux créanciers non privilégiés, les deniers leur sont distribués au marc le franc de leurs créances (*Art.* 214).

D. Les créanciers colloqués ne le sont-ils que pour le principal de leurs créances ?

R. Non; ils sont également colloqués pour les intérêts et les frais (*Art.* 214).

D. Un bâtiment prêt à faire voile peut-il être saisi?

R. Non (2); un bâtiment prêt à faire voile (3)

----

(1) L'article dit, *par le tiers saisi;* mais presque tous les auteurs y voient une erreur de rédaction ; c'est particulièrement l'opinion de M. *Delvincourt,* page 135, note 3 ; et de M. *Boulay-Paty,* tome 1.er, page 236, tit. 2, sect. 17. Quelques auteurs pensent que l'article veut dire *par le tiers saisi des fonds.*

(2) L'activité de la navigation, l'intérêt des tiers, la faveur du commerce, ont paru justifier le sacrifice temporaire et léger du droit, quelquefois équivoque, d'un créancier négligent (M. *Bégouen, Exposé des Motifs*).

(3) A plus forte raison, ne peut-on les saisir, s'ils sont en voyage. Je pense néanmoins avec *Émérigon (des Assurances,* chap. 20, sect. 7), que le navire pourrait être saisi en voyage, pour dette contractée dans le lieu même de l'échelle, sauf au capitaine à obtenir main-levée de la saisie en donnant caution (M. *Delvincourt*).

n'est pas saisissable , si ce n'est à raison des dettes contractées pour le voyage qu'il va faire; et même , dans
ce dernier cas, le cautionnement de ces dettes empêche
la saisie (*Art.* 215).

D. Quand est-ce que le bâtiment est censé prêt à
faire voile ?

R. Le bâtiment est censé prêt à faire voile, lorsque
le capitaine est muni de ses expéditions (1) pour son
voyage (*Art.* 215).

TITRE III.

Des Propriétaires de Navires (2).

D. Le propriétaire d'un navire est-il responsable des
faits du capitaine ?

R. Oui; tout propriétaire de navire est civilement
responsable des faits du capitaine pour tout ce qui est
relatif au navire et à l'expédition ; mais il peut faire
cesser cette responsabilité par l'abandon du navire et
du frêt (3) (*Art.* 216).

---

(1) On appelle ainsi les papiers dont le capitaine doit être
muni, et qui sont : le congé, les acquits à caution ou de paiement des douanes, le rôle d'équipage arrêté , les procès-verbaux
de visite, etc. (M. *Delvincourt*).

(2) *Voyez*, relativement à l'administration, à la police et au
droit public M. *Boulay Paty*, tom. 1.er pag. 247 , tit. 3 ; et
M. *Vincens*, tom. 3 , liv. 12, chap. 2, pag. 96 à 116; et chap. 17
et 18 , pag. 308 à 367.

(3) *Voyez* dans M. *Boulay–Paty*, tom. 1.er , pag. 263, tit. 3 ,
sect. 1.re , une discussion savante et approfondie de cet article.

D. Les propriétaires des navires équipés en guerre sont-ils également responsables des délits et déprédations commis en mer par les gens de guerre qui sont sur leurs navires, ou par les équipages?

R. Les propriétaires de ces navires ne sont responsables de ces délits et déprédations que jusqu'à concurrence (1) de la somme pour laquelle ils ont donné caution (2), à moins qu'ils n'en soient participans ou complices (3) (*Art.* 217).

D. Le propriétaire du navire peut-il congédier le capitaine?

R. Oui, le propriétaire peut congédier le capitaine (4), et dans le cas où il use de ce droit il n'y a pas lieu à indemnité, s'il n'y a convention par écrit (5) (*Art.* 218).

---

(1) On a fait une exception pour ce cas, parce que, dans ces sortes de circonstances, il est beaucoup plus facile à l'équipage de commettre des actes de violence, et beaucoup plus difficile aux armateurs de les prévoir et de les prévenir; et que d'ailleurs on est obligé d'apporter moins de soin dans le choix des équipages (M. *Delvincourt*).

(2) Quiconque arme un navire en guerre, est obligé de donner une caution au Gouvernement. Le montant de cette caution varie suivant l'importance du navire; elle a pour but de prévenir ou de servir à réparer les abus, malversations, dilapidations qui peuvent être commis en mer par les armateurs ou leurs gens; c'est de cette caution que l'article 217 veut parler.

(3) Auquel cas, ils sont tenus de tout le dommage.

(4) Et sans donner de motifs.

(5) En ces deux points, le capitaine est plus maltraité que le simple matelot (*Voy.* art. 270). Comme l'armateur a un très-grand intérêt d'avoir un bon capitaine, et de le conserver quand il en a trouvé un, on a pensé qu'il ne se déterminerait à le con-

D. Le capitaine congédié n'a-t-il pas un droit particulier dans le cas où il est copropriétaire du navire?

R. Si le capitaine congédié est copropriétaire du navire (1), il peut (2), dans ce cas, renoncer à la copropriété et exiger le remboursement du capital qui la représente (*Art.* 219).

D. Comment est déterminé le montant de ce capital?

R. Le montant de ce capital est déterminé par des experts convenus ou nommés d'office (*Art.* 219).

D. Comment se décident les questions relatives à l'intérêt commun des propriétaires du navire?

R. En tout ce qui concerne l'intérêt commun des propriétaires d'un navire, on suit toujours l'avis de la majorité (*Art.* 220).

D. Comment se détermine la majorité?

R. La majorité se détermine par une portion d'intérêt dans le navire, excédant la moitié de sa valeur (*Art.* 220).

------

gédier que pour des raisons graves, et on n'a pas voulu l'obliger à les faire connaître, d'un côté, pour ménager la réputation du capitaine, et de l'autre, pour ne pas exposer l'armateur à une demande en réparation, ou en dommages-intérêts (M. *Delvincour*, M. *Pardessus*, M. *Boulay-Paty*).

(1) Pour moitié ou moins. Car s'il l'était pour plus de moitié, je pense que, d'après l'article 210, il ne pourrait être congédié; puisque, s'il n'était pas le capitaine, il aurait le droit de le nommer à lui seul (M. *Delvincourt*).

(2) *Il peut.* C'est une faculté qui lui est accordée, et qu'il peut exercer ou ne pas exercer à sa volonté. En conséquence, on ne peut le forcer de recevoir son remboursement. Au surplus, cette disposition est fondée sur ce que l'on ne veut pas qu'il soit obligé de rester en communauté avec des personnes qui lui ont fait une espèce d'injure (M. *Delvincourt*).

D. Faut-il également que la majorité le demande pour que le navire soit licité?

R. Non, mais cependant la licitation du navire ne peut être accordée que sur la demande des propriétaires, formant ensemble la moitié de l'intérêt total dans le navire, à moins qu'il n'y ait, par écrit, convention contraire (*Art.* 220).

TITRE IV.

Du Capitaine.

D. Qu'est-ce qu'on entend par capitaine ?

R. Le capitaine, maître ou patron, est, en général, celui qui commande le bâtiment (1) (M. *Delvincourt*).

D. Par qui est nommé le capitaine ?

R. Le capitaine est nommé par le propriétaire, ou s'il y en a plusieurs, par la majorité des propriétaires du navire, eu égard à l'intérêt dans le navire (M. *Delvincourt*).

D. Peut-on nommer toute personne capitaine du navire?

R. Non, on est obligé de choisir un capitaine parmi ceux qui ont les qualités requises, d'après les réglemens de la marine.

D. Quelle est, en général, la responsabilité du capitaine?

R. Tout capitaine, maître ou patron, chargé de la

______

(1) Lorsque le bâtiment est destiné à un voyage de long cours, le commandant a le titre de *capitaine*; sinon, il se nomme *maître* dans l'Océan, et *patron* dans la Méditerranée.

conduite d'un navire ou autre bâtiment, est garant de ses fautes, même légères, dans l'exercice de ses fonctions (1) (*Art.* 221).

D. Le capitaine n'est-il pas également responsable des marchandises dont il se charge ?

R. Oui, le capitaine est responsable des marchandises dont il se charge (2); pour constater cette responsabilité, il remet de ces marchandises une reconnaissance nommée *connaissement* (3) (*Art.* 222).

D. Par qui est formé l'équipage du navire ?

R. Il appartient au capitaine de former l'équipage du vaisseau, et de choisir et louer les matelots et autres gens de l'équipage (4); mais lorsqu'il est dans le lieu

———

(1) Le capitaine est le maître absolu de sa conduite sur les mers ; la fortune de tous les intéressés au navire et à son chargement, le salut, la vie de l'équipage et de tous les passagers lui sont confiés. D'un autre côté, il est le mandataire des propriétaires qui l'ont nommé. Sous ce double rapport, il était juste qu'il fût garant des fautes, même légères, qu'il peut commettre dans l'exercice de ses fonctions.

(2) Remarquez que cette responsabilité commence du moment que les marchandises lui ont été remises, même sur le rivage, et continue jusqu'à ce qu'il les ait remises à quai, au lieu de la destination. *Quid*, s'il ne représente pas tous les objets portés au connaissement? Il est tenu de payer la valeur de ceux non représentés au prix du lieu de la décharge, déduction faite du frêt entier. *Quid*, s'il les represente avariés? S'il ne peut pas prouver la force majeure, il est tenu des dommages-intérêts. Ses obligations sont à-peu-près les mêmes que celles du voiturier (M. *Delvincourt*, M. *Boulay-Paty*, M. *Pardessus*).

(3) Et sur la Méditerranée, *police de chargement*.

(4) Le choix de l'équipage doit être déféré au capitaine, puisqu'il répond des gens qui le composent (M. *Jaubert*). Il est plus capable que personne de juger de la capacité de ceux qu'il s'associe, de leur humeur, de leurs bonnes et mauvaises qualités.

de la demeure (1) des propriétaires, il doit le faire de concert (2) avec eux (3) (*Art.* 223).

D. Le capitaine n'est-il pas tenu, avant de prendre charge, de remplir quelques formalités?

R. Oui, le capitaine est tenu, avant de prendre charge, de faire visiter son navire, aux termes et dans les formes prescrits par les réglemens (4) (*Art.* 225).

D. Comment se constate cette visite?

R. La visite se constate par un procès-verbal qui est déposé au greffe du Tribunal de Commerce, et dont il est délivré extrait au capitaine (*Art.* 225).

D. Quels sont les papiers que le capitaine est tenu d'avoir à bord?

R. Le capitaine est tenu d'avoir à bord (5) l'acte de

----

(1) Ce mot *demeure* doit être entendu ici suivant le droit commun : on est censé présent lorsque l'on est domicilié dans le même arrondissement (M. *Boulay-Paty*).

(2) Ces mots *de concert* signifient que le capitaine est obligé de présenter au propriétaire les noms des individus dont il a fait choix, et que le propriétaire peut les rejeter (M. *Locré*).

(3) Mais si le maître avait manqué de consulter les propriétaires, le contrat ne laisserait pas d'être valable entre lui et ceux avec qui il aurait contracté, et il ne pourrait leur refuser le prix convenu ; mais les propriétaires pourraient critiquer ce prix, et en demander la réduction, pour peu qu'il parût cher (*Pothier, Louage des Matelots,* n.° 164).

(4) Les capitaines français doivent remplir ces formalités en pays étranger, suivant les usages du lieu (M. *Pardessus*).

(5) L'obligation dans laquelle le capitaine se trouve de faire un fréquent usage de ces pièces au cours de la navigation, et surtout, pour éviter, en temps de guerre, la légitimité de la prise, montre assez l'importance de ces formalités. Mais l'exécution littérale de ces obligations ne dispenserait pas toutefois le capitaine de remplir celles que lui imposeraient des lois spéciales sur les douanes et sur la police de la navigation (M. *Pardessus*).

propriété du navire, l'acte de francisation (1), le rôle d'équipage (2), les connaissemens et chartes-parties, les procès-verbaux de visite, les acquits de paiement. et à caution des douanes (3) (*Art.* 226).

D. Le capitaine est-il toujours libre de quitter son bord?

R. Non, le capitaine est tenu d'être en personne dans son navire, à l'entrée et à la sortie des ports, hâvres ou rivières (4) (*Art.* 227).

D. Le capitaine ne doit-il pas rendre compte de tous les événemens qui peuvent lui arriver pendant son voyage?

R. Oui, le capitaine doit tenir un registre coté et

---

(1) C'est l'acte constatant que le navire est français.

(2) C'est l'état de toutes les personnes embarquées sur le bâtiment, avec leurs qualités, etc. (M. *Delvincourt*).

(3) Voici ce que l'on entend par *acquit à caution*. Il y a des marchandises pour lesquelles il est dû à la douane un droit de sortie. Ce droit est plus fort quand elles doivent être exportées à l'étranger, que quand elles sont expédiées d'un port de France à un autre port de France. Si l'on n'exerçait pas une surveillance exacte à cet égard, l'on sent qu'il serait fort aisé de frauder le droit, en déclarant une fausse destination pour un port de France, tandis que l'on exporterait réellement à l'étranger. Pour prévenir l'abus, quand une marchandise sujette aux droits est déclarée à la destination d'un port de France, on exige que le chargeur donne caution jusqu'à concurrence du driot qui serait dû pour l'exportation réelle ; laquelle caution est poursuivie en paiement dudit droit, si elle ne justifie pas, dans un délai déterminé, de la perte des marchandises, ou de leur arrivée dans le port déclaré. Le permis délivré en conséquence de l'engagement de la caution, se nomme *acquit à caution* (M. *Delvincourt*).

(4) Ce sont les endroits les plus dangereux, et qui exigent une plus active surveillance.

paraphé par l'un des juges du Tribunal de Commerce, ou par le maire ou son adjoint, dans les lieux où il n'y a pas de Tribunal de Commerce. Il doit inscrire sur ce registre les résolutions prises pendant le voyage, la recette et la dépense concernant le navire, et généralement tout ce qui concerne le fait de sa charge, et tout ce qui peut donner lieu à un compte à rendre ou à une demande à former (*Art.* 224).

D. Si le capitaine n'a pas soin de tenir ce registre, s'il ne fait pas visiter son navire avant de prendre charge, s'il n'a pas à son bord tous les papiers voulus par la loi, s'il quitte son navire à l'entrée ou à la sortie des ports, etc., de quelle peine est-il passible?

R. Dans tous ces cas, il est responsable de tous les événemens envers les intéressés au navire et au chargement (1) (*Art.* 228).

D. Le capitaine peut-il charger des marchandises sur le tillac de son vaisseau?

R. Non, s'il charge des marchandises sur le tillac (2) de son vaisseau (3), sans le consentement par

---

(1) Le capitaine est également responsable, si, le chargement étant terminé, il tarde trop à sortir; si le navire est trop chargé, mal lesté ou mal arrimé; s'il n'a pas pris un équipage suffisant; s'il n'a pas embarqué de chats (*Voyez* M. *Delvincourt et* M. *Boulay-Paty*).

(2) Le tillac est le plus haut pont d'un navire (M. *Boulay-Paty*).

(3) On comprend que des marchandises chargées sur le tillac courent trop de risques dans une longue navigation, et même dès que le navire est obligé de prendre le large, ne pouvant plus ranger les côtes (*Valin*).

écrit du chargeur, il répond de tout le dommage (1) qui peut arriver à ces marchandises (*Art.* 229).

D. Cette disposition est-elle applicable à toute sorte de navigation?

R. Non, cette disposition n'est point applicable au petit cabotage (2) (*Art.* 229).

D. Le capitaine répond-il des événemens de force majeure ?

R. Non ; mais pour que sa responsabilité cesse, il faut qu'il prouve que les obstacles résultent de force majeure (*Art.* 230).

D. Peut-on arrêter pour dettes civiles un capitaine ou quelqu'un faisant partie d'un équipage, lorsqu'ils sont à bord, ou lorsque, sur les chaloupes, ils se rendent à bord?

R. Non, le capitaine et les gens qui font partie de l'équipage, qui sont à bord, ou qui, sur les chaloupes, se rendent à bord pour faire voile, ne peuvent être arrêtés pour dettes civiles (3), si ce n'est à raison de celles

----

(1) Même arrivé par cas fortuit ou force majeure. *Secùs,* si les marchandises sont sous le pont.

(2) La navigation au petit cabotage est celle qui a pour but d'aller de cap en cap, ou de port en port, sur une même côte, ou sur des côtes voisines. Les limites du petit cabotage sont fixées, dans l'Océan depuis Bayonne jusqu'à Dunkerque, et dans la mer Méditerranée, d'après une Ordonnance du Roi du 12 février 1815 (*Bulletin, n.°* 679), depuis le cap Créuz jusques et y compris Naples, du côté de l'Est ; et jusques et compris Malaga du côté de l'Ouest.

(3) *Secùs,* pour un délit, ou pour une dette provenant d'un délit commis par lui, même pour les dépens en matière criminelle (M. *Delvincourt*).

qu'ils ont contractées pour le voyage (1), et même, dans ce dernier cas, ils ne peuvent être arrêtés, s'ils donnent caution (*Art.* 231).

D. Le capitaine peut-il, sans autorisation, faire réparer le navire, le fréter ou emprunter dessus?

R. Non, lorsqu'il est dans le lieu de la demeure des propriétaires ou de leurs fondés de pouvoir, le capitaine ne peut, sans leur autorisation, faire travailler au radoub du bâtiment, acheter des voiles, cordages et autres choses pour le bâtiment, prendre à cet effet de l'argent sur le corps du navire, ni fréter le navire (2) (*Art.* 232).

D. Lorsque le bâtiment est frété du consentement des propriétaires (3), si quelques-uns d'eux (4) font refus de contribuer aux frais nécessaires pour l'expédier, que peut faire le capitaine?

R. Dans ce cas, le capitaine peut (5), vingt-quatre

______

(1) Par exemple, pour nourriture fournie au capitaine lui-même, ou à l'équipage d'après ses ordres.

(2) Lorsque l'armateur est absent, et n'a pas pris la précaution de donner ses pouvoirs à quelqu'un, il est présumé s'en être rapporté au capitaine, et l'avoir autorisé à faire les dépenses qu'il jugerait nécessaires, même dans le lieu de l'embarquement et avant le voyage commencé. Du reste, cette distinction n'est importante que dans les rapports du capitaine et de son commettant. Quant à ceux avec qui il aurait traité, l'engagement n'en est pas moins valable (M. *Pardessus*, n.° 630).

(3) Ou de la majorité d'entre eux seulement. C'est principalement pour ce cas que l'article est fait (M. *Delvincourt*).

(4) Même quand ce serait la majorité. Elle pouvait ne pas fréter; mais une fois qu'elle a frété, elle est obligée de contribuer aux dépenses (*Emérigon*, M. *Delvincourt*).

(5) Quoique la loi ne parle ici que du capitaine, cela s'applique également aux propriétaires eux-mêmes : ils ont aussi

heures après sommation faite aux refusans de fournir leur contingent, et avec la permission du juge, emprunter à la grosse pour leur compte sur leur portion d'intérêt dans le navire (*Art.* 233).

D. Si, pendant le cours du voyage, il y a nécessité de radoub ou d'achat de victuailles, que peut faire le capitaine ?

R. Si, pendant le cours du voyage, il y a nécessité de radoub ou d'achat de victuailles (1), le capitaine , après l'avoir constaté par un procès-verbal signé des principaux (2) de l'équipage (3), peut , en se faisant autoriser en France par le Tribunal de Commerce, ou, à défaut, par le juge de paix; chez l'étranger, par le Consul Français, ou, à défaut, par le magistrat des lieux, emprunter (4) sur le corps et quille du vaisseau, mettre en gage ou vendre des marchandises, jusqu'à concurrence de la somme que les besoins constatés exigent (*Art.* 234).

---

droit de prendre à la grosse sur la part du refusant (M. *Boulay-Paty*).

(1) Le capitaine doit agir de même pour toutes autres nécessités du navire auxquelles il est urgent de pourvoir (M. *Pardessus*).

(2) On entend sous ce nom les officiers et les principaux matelots qui sont ordinairement les plus expérimentés.

(3) Cette formalité est de nécessité absolue. Celui qui prêterait de l'argent à un capitaine qui n'aurait point fait constater les besoins de son navire, et qui ne se serait pas fait autoriser à emprunter, serait réputé n'avoir prêté qu'au capitaine, et non pas au navire : il n'aurait point d'action contre les armateurs (*Voyez* M. *Boulay-Paty*, titre 4, sect. 14, tome 2, page 62).

(4) *Emprunter*, soit à la grosse, soit purement et simplement. Dans ce dernier cas, il est d'usage que le capitaine tire une lettre de change sur l'armateur, auquel il en donne avis, afin que ce

D. Comment est-il tenu compte aux chargeurs des marchandises ainsi vendues?

R. Les propriétaires du navire ou le capitaine qui les représente, doivent tenir compte des marchandises ainsi vendues, d'après le cours des marchandises de même nature et qualité dans le lieu de la décharge du navire, à l'époque de son arrivée (*Art.* 234).

D. Avant de repartir pour le lieu de son armement, le capitaine n'est-il pas tenu de faire connaître sa situation aux propriétaires du navire?

R. Oui; avant son départ d'un port étranger ou des colonies françaises pour revenir en France, le capitaine est tenu d'envoyer à ses propriétaires ou à leurs fondés de pouvoir un compte signé de lui, contenant l'état de son chargement, le prix des marchandises de sa cargaison, les sommes par lui empruntées, les noms et demeures des prêteurs (1) (*Art.* 235).

D. Quelle est la peine du capitaine qui emprunte sur le navire, qui vend des marchandises sans nécessité, ou qui porte dans ses comptes des dépenses ou des avaries supposées?

D. Le capitaine qui a, sans nécessité, pris de l'argent sur le corps, avitaillement ou équipement du navire, engagé ou vendu des marchandises ou des vic-

---

dernier puisse prendre des mesures convenables pour le paiement (M. *Delvincourt*).

(1) C'est afin que les propriétaires puissent prendre leurs mesures, faire assurer s'ils le veulent; et de plus, pour empêcher les fraudes qui pourraient être commises en route par des substitutions de marchandises, par des antidates de contrats à la grosse, etc.

tuailles, ou qui a employé dans ses comptes des avaries et des dépenses supposées, est responsable envers l'armement (1), et personnellement tenu (2) du remboursement de l'argent, ou du paiement des objets, sans préjudice de la poursuite criminelle, s'il y a lieu (3) (*Art.* 236)

D. Le capitaine peut-il vendre le navire ?

R. Non, hors le cas d'innavigabilité légalement constatée (4), le capitaine ne peut, à peine de nullité de la vente, vendre le navire sans un pouvoir spécial des propriétaires (*Art.* 237).

D. Si les victuailles du bâtiment manquent pendant le voyage, et que quelque passager ait des vivres en particulier, le capitaine a-t-il le droit de s'en servir?

R. Oui, si les victuailles du bâtiment manquent pendant le voyage, le capitaine, en prenant l'avis des principaux de l'équipage, peut contraindre ceux qui ont des vivres en particulier de les mettre en commun, à la charge de leur en payer la valeur (5) (*Art.* 249).

---

(1) Ces mots prouvent que l'armateur est tenu, quoique l'emprunt ait été fait sans nécessité. Mais il faut pour cela que le prêteur soit de bonne foi, et que toutes les formalités requises aient été remplies (M. *Delvincourt*).

(2) Donc, de droit commun, le capitaine n'est pas tenu personnellement de l'emprunt.

(3) Il y a différens degrés dans les fautes : le Code de Commerce, en n'admettant la poursuite criminelle que s'il y a lieu, permet de faire les distinctions que la justice exige (M. *Locré*).

(4) Il faut que le navire ne puisse achever son voyage, et qu'il soit jugé incapable de faire son retour; il faut qu'il ne puisse être raccommodé et qu'il soit hors d'état de naviguer (M. *Boulay-Paty*).

(5) Cela est fondé sur le droit naturel et sur la nécessité. Il est

D. Le capitaine qui navigue à profit commun sur le chargement, peut-il faire un commerce pour son compte particulier?

R. Non, le capitaine qui navigue à profit commun (1) sur le chargement (2), ne peut faire aucun trafic, ni commerce pour son compte particulier, à moins qu'il n'y ait eu convention contraire (3) (*Art.* 239).

D. A quoi s'expose le capitaine qui contrevient à cette prohibition?

R. Si le capitaine contrevient à cette prohibition, les marchandises embarquées pour son compte particulier sont confisquées au profit des autres intéressés (*Art.* 240).

D. Le capitaine d'un navire peut-il l'abandonner dans le cours du voyage?

R. Non; tout capitaine de navire, engagé pour un voyage, est tenu de l'achever (4), à peine de tous dé-

---

contre le droit naturel que les uns meurent de faim, tandis que les autres ont des vivres au-delà du besoin. (M. *Delvincourt*).

(1) C'est-à-dire, qui est associé avec les chargeurs pour les bénéfices ou pertes à résulter du chargement.

(2) Il en est autrement de celui qui navigue à profit commun sur le fret. Il peut charger tout ce qu'il veut dans son navire, en en payant le fret (M. *Locré*, M. *Delvincourt*, M. *Boulay-Paty*).

(3) Le motif de cette disposition est que le capitaine, dans ce cas, ferait tort à la société, 1.º en augmentant la quantité des marchandises apportées dans l'endroit, ce qui en fait diminuer le prix; et 2.º parce qu'il est probable qu'il donnerait plus d'attention à ses propres effets qu'à ceux de la société; qu'il en soignerait mieux la vente, etc. (M. *Delvincourt*, M. *Boulay-Paty*).

(4) Remarquez que le voyage n'est pas censé achevé quand le navire est arrivé au lieu de sa destination; mais quand il est re-

pens , dommages-intérêts envers les propriétaires et les affréteurs (*Art.* 238).

D. Le capitaine ne peut-il pas abandonner le navire, lorsqu'il y a péril ?

R. Il ne peut l'abandonner pour quelque danger que ce soit (1), sans l'avis des officiers et principaux de l'équipage (2), et, en ce cas, il est tenu de sauver avec lui l'argent et ce qu'il peut des marchandises les plus précieuses de son chargement (3), sous peine d'en répondre en son nom. Mais si les objets ainsi tirés du navire sont perdus par quelque cas fortuit, le capitaine en demeure déchargé (*Art.* 241).

D. Le capitaine en arrivant dans son port, ne doit-il pas remplir quelques formalités ?

R. Oui, le capitaine est tenu, dans les vingt-quatre heures de son arrivée, de faire viser son registre et de faire son rapport (4) (*Art.* 242).

---

venu au port du départ, sauf convention contraire. Ainsi un navire, parti de Bordeaux pour la Martinique, n'a fini son voyage que quand il est de retour à Bordeaux.

(1) L'agitation violente des eaux, l'effort des vents, l'orage ou la foudre, peuvent engloutir le navire ou le fracasser de manière qu'il n'en subsiste plus que des débris ; c'est ce qui s'appelle faire *naufrage.* Le navire peut aussi donner ou passer sur un fonds où il reste engravé ; ce qu'on nomme *échouement :* il peut heurter contre une côte, un rocher ; ce qu'on nomme *bris :* un accident quelconque peut le faire enfoncer dans la mer, où il est englouti ; ce qu'on appelle *sombrer* (M. *Pardessus*).

(2) Alors il n'en doit sortir que le dernier, après avoir fait tout ce que la prudence et le courage exigeaient pour le salut de l'équipage et de la cargaison (M. *Pardessus*).

(3) Ainsi que les connaissemens et les papiers du navire.

(4) Les vaisseaux français ne sont pas les seuls assujettis à la formalité du rapport ; les navires étrangers y sont également

D. Que contient ce rapport?

R. Ce rapport doit énoncer : le lieu et le temps du départ du navire, la route qu'il a tenue, les hasards qu'il a courus, les désordres arrivés dans le bâtiment, et toutes les circonstances remarquables de son voyage (1) (*Art.* 242).

D. Où se fait ce rapport?

R. Ce rapport se fait au greffe devant le **Président** du Tribunal de Commerce. Dans les lieux où il n'y a pas de Tribunal de Commerce, le rapport est fait au juge de paix de l'arrondissement; et ce juge de paix est tenu de l'envoyer, sans délai, au Président du Tribunal de Commerce le plus voisin. Dans tous les cas, le dépôt de ce rapport est fait au greffe du Tribunal de Commerce (*Art.* 243).

D. Que doit faire le capitaine qui aborde dans un port étranger?

R. Si le capitaine aborde dans un port étranger, il est tenu de se présenter au Consul de France, de lui faire un rapport, et de prendre un certificat constatant l'époque de son arrivée et de son départ, l'état et la nature de son chargement (*Art.* 244).

D. Si, pendant le cours du voyage, le capitaine est obligé de relâcher dans un port français ou étranger, quelles formalités doit-il remplir?

R. Si, pendant le cours du voyage, le capitaine est

---

obligés (M. *Delvincourt*, M. *Pardessus*, M. *Boulay-Paty*). Sur la Méditerranée, ces rapports se nomment *consulats*. On dit *faire son consulat*, au lieu de *faire son rapport*.

(1) Toutes ces énonciations ont pour objet d'éclairer, ou la conduite du capitaine, ou l'intérêt de l'Etat, ou celui de la navigation (M. *Locré*).

obligé de relâcher dans un port français , il est tenu de déclarer les causes de sa relâche au Président du Tribunal de Commerce du lieu ; et dans les lieux où il n'y a pas de Tribunal de Commerce , au juge-de-paix du canton. Si la relâche forcée a lieu dans un port étranger , la déclaration est faite au Consul de France , ou , à son défaut, au magistrat du lieu (1) (*Art.* 245).

D. Si le capitaine fait naufrage , quelles formalités doit-il remplir ?

R. Le capitaine qui a fait naufrage , et qui s'est sauvé, seul ou avec partie de son équipage , est tenu de se présenter devant le juge du lieu, ou à défaut de juge , devant toute autre autorité civile ; d'y faire son rapport (2) , de le faire vérifier par ceux de son équipage qui se sont sauvés et se trouvent avec lui, et d'en lever expédition (*Art.* 246).

D. Comment le juge vérifie-t-il le rapport du capitaine ?

R. Pour vérifier le rapport du capitaine , le juge

----

(1) Le capitaine doit se rendre à sa destination le plutôt possible ; s'il alonge son voyage, il prévarique ; et il est passible des dommages-intérêts. Cependant, comme le capitaine échappe à cette responsabilité, quand il n'y a pas faute de sa part, et que la relâche a été forcée, il doit déclarer les causes de sa relâche devant la première autorité compétente, afin que les faits étant en quelque sorte vérifiés sur les lieux, on puisse, à son retour, porter un jugement plus assuré de sa conduite (*Voyez* M. *Boulay-Paty* , tit. 4, sect. 23 , tome 2, page 127 et suiv).

(2) Ce rapport doit-il être fait dans les vingt-quatre heures ? M. *Delvincourt* (page 143, note 3) pense que non ; que cette obligation n'est imposée au capitaine que dans le cas de relâche volontaire ; et il cite en sa faveur un arrêt de Cassation. Cependant M. *Boulay-Paty* soutient fortement l'opinion contraire (tit. 4, sect. 24 , tome 2, page 135).

reçoit l'interrogatoire des gens de l'équipage, et, s'il est possible des passagers, sans préjudice des autres preuves (1) (*Art.* 247).

D. Quelle est la force des rapports non vérifiés?

R. Les rapports non vérifiés ne sont point admis à la décharge du capitaine (2), et ne font point foi en justice (3), excepté dans le cas où le capitaine naufragé s'est sauvé seul dans le lieu où il a fait son rapport. La preuve des faits contraires est toujours réservée aux parties (*Art.* 247).

D. Le capitaine peut-il commencer son déchargement avant d'avoir fait son rapport?

R. Non, hors les cas de péril imminent, le capitaine ne peut décharger aucune marchandise avant d'avoir fait son rapport, à peine de poursuites extraordinaires contre lui (4) (*Art.* 248).

---

(1) Le capitaine aura la faculté, si le rapport est contesté, de l'appuyer des procès-verbaux qu'il aura faits à bord, et qui seront signés des principaux de son équipage, ou de produire d'autres témoins que ceux qui sont indiqués par la loi (M. *Locré*, M. *Delvincourt*).

(2) Donc, ils sont admis à sa charge; c'est-à-dire, qu'ils font foi contre lui, mais non en sa faveur.

(3) Donc, ceux vérifiés font foi en faveur du capitaine, jusqu'à preuve contraire.

(4) Remarquez que la poursuite extraordinaire a lieu uniquement pour le défaut de rapport, et qu'elle est indépendante des peines prononcées par le Code des Douanes pour l'introduction frauduleuse des marchandises (M. *Delvincourt*).

TITRE V.

De l'Engagement et des loyers des Matelots et Gens de l'équipage.

D. Qu'entend-on par matelots et gens de l'équipage ?

R. On entend en général, par matelots et gens de l'équipage, tous les individus employés à la manœuvre du vaisseau, et même le capitaine (M. *Delvincourt*).

D. Quel nom prend le contrat de louage qui a lieu entre les matelots et autres gens de l'équipage, et l'armateur agissant, soit par lui-même, soit par le ministère du capitaine ?

R. Le traité fait à ce sujet se nomme *engagement* (M. *Delvincourt*).

D. Comment sont constatées les conditions d'engagement ?

R. Les conditions d'engagement du capitaine et des hommes de l'équipage d'un navire sont constatées par le rôle d'équipage (1), ou par les conventions des parties (2) (*Art.* 250).

D. De combien de manières peut avoir lieu l'engagement des matelots ?

R. L'engagement des matelots peut avoir lieu de

---

(1) Nous avons déja dit ce qu'on entend par *rôle d'équipage*; c'est le nom qu'on donne à un état dressé par le Commissaire des classes, contenant les noms, prénoms, domiciles, professions, etc. des personnes qui montent le navire, même des passagers, quelles que soient leur condition et profession (M. *Pardessus*, n.º 633).

(2) A défaut de rôle d'équipage, et relativement à la manière de prouver les conventions des parties, il faut s'en rapporter à l'usage des lieux (M. *Locré*).

quatre manières : au voyage, au mois, au profit et au fret (1).

D. Quand est-ce que l'engagement est *au voyage?*

R. L'engagement est fait au voyage quand le matelot loue ses services pour un voyage, à la charge, par le maître, de lui payer une somme quelconque pour tout le voyage, quel qu'il soit.

D. Quand est-ce que l'engagement est *au mois?*

R. L'engagement est fait au mois, lorsqu'il est fait pour tout le voyage, mais à la charge d'une somme quelconque, par chaque mois que durera le voyage.

D. Quand est-ce que l'engagement est *au profit?*

R. L'engagement au profit a lieu, lorsque le maître s'oblige de donner au matelot, pour lui tenir lieu de loyer, une part quelconque dans les profits de l'expédition.

D. Quand est-ce que l'engagement est *au fret?*

R. L'engagement est dit au fret lorsque le maître s'oblige de donner au matelot, pour lui tenir lieu de loyer, une part quelconque dans le fret du navire.

D. Quel est, sur cette matière, le principe général?

R. Le principe général sur cette matière, est que le maître doit au matelot le loyer convenu en entier, lorsqu'il a rendu, pendant tout le temps du voyage, tous les services qu'il s'était obligé de rendre.

D. Quels sont les droits du matelot qui n'a pas rendu ces services pendant tout le temps du voyage?

---

(1) L'engagement au voyage est fort rare. L'engagement au profit n'a lieu ordinairement que pour l'armement en course et pour la pêche. L'engagement au fret n'est usité que dans la navigation au cabotage. L'engagement au mois est donc le plus commun.

R. Ces droits varient selon les causes qui interrompent le voyage ou le service du matelot (1).

D. Si le voyage est rompu par force majeure (2) avant le départ, quels sont les droits des matelots ?

R. Si le voyage est rompu avant le départ, par force majeure, il n'est dû aucun loyer aux matelots ; mais seulement le prix des journées qu'ils ont employées à équiper le navire, s'ils sont au mois ou au voyage (*Art.* 253). S'ils sont au profit ou au fret, ils ne peuvent pas même exiger le paiement des journées (3) (*Art.* 257).

D. Si la rupture a lieu pendant le cours du voyage, qu'est-il payé aux matelots ?

R. Si la rupture a lieu pendant le cours du voyage,

---

(1) Le matelot peut avoir aussi, dans certains cas, rendu plus de services qu'il ne s'était engagé à en rendre. Ces divers cas sont au nombre de sept : 1.º rupture du voyage ; 2.º retardement, raccourcissement ou prolongation du voyage ; 3.º prise, bris ou naufrage ; 4.º captivité ; 5.º congé ; 6.º maladie ; 7.º mort.

(2) Comme par arrêt de Prince, interdiction de commerce. L'interdiction de commerce est la défense qu'un Gouvernement fait à ses sujets de se rendre dans certains ports, ou le refus qu'il fait de laisser entrer dans ses ports les navires appartenant aux sujets d'une autre puissance. On appelle arrêt de Prince, arrêt par ordre de puissance, ou *embargo*, l'obstacle que, par des motifs naturellement présumés être fondés sur l'intérêt public, un souverain apporte au départ de tous ou quelques-uns des navires qui se trouvent dans les ports de sa domination, sans distinguer s'ils appartiennent à ses sujets ou à des étrangers, dans la vue, soit d'empêcher des communications avec les ennemis, soit d'employer les navires arrêtés à son service ; quelquefois l'arrêt est fait en pleine mer (M. *Pardessus*, n.º 640, 641).

(3) Dans ces deux cas, ils sont associés, ils doivent courir tous les risques.

les matelots sont payés à proportion du temps qu'ils ont servi (1) (*Art.* 254).

D. Si le voyage est rompu par le fait des propriétaires, capitaine ou affréteurs, avant le départ du navire, quels sont les droits des matelots ?

R. Les matelots loués au voyage ou au mois, sont payés des journées par eux employées à l'équipement du navire ; ils retiennent pour indemnité (2) les avances reçues, et si les avances ne sont pas encore payées, ils reçoivent pour indemnité un mois de leurs gages convenus (3) (*Art.* 252).

D. Si la rupture volontaire (4) arrive après le voyage commencé, comment sont indemnisés les matelots ?

---

(1) Ce calcul est fort aisé, quand les matelots sont engagés au mois. Mais *quid*, s'ils sont engagés au voyage ? Je pense que, dans ce cas, on doit arbitrer quelle devait être la durée ordinaire et commune du voyage projeté, répartir la somme fixée, sur chaque mois de cette durée, et payer les matelots à raison du nombre de mois pendant lesquels ils ont été employés. Ainsi, un matelot a été loué à raison de 200 fr. pour un voyage dont la durée ordinaire est de dix mois ; il est censé avoir été loué à raison de 20 fr. par mois ; s'il a servi quatre mois, on lui paiera 80 francs (M. *Delvincourt*).

(2) Remarquez que l'indemnité est due aux matelots, quand même la rupture du voyage ne leur causerait aucun préjudice, *putà* s'ils étaient loués de suite pour un autre voyage. C'est une espèce de forfait ; s'il en résultait pour eux un plus grand dommage, ils ne pourraient pour cela rien demander de plus (M. *Delvincourt*).

(3) Si les matelots sont loués au voyage, il faut encore appliquer ici ce que nous avons dit note (1).

(4) C'est-à-dire résultant du fait de l'armateur, du capitaine ou de l'affréteur. La rupture du voyage ne peut jamais provenir du fait des gens de mer ; de la part de chacun d'eux, l'inexécution

R. Les matelots loués au voyage, sont payés en entier au terme de leur convention (1). Les matelots
loués au mois reçoivent leur loyer pour le temps qu'ils
ont servi, et en outre, pour indemnité, la moitié de
leurs gages pour le reste de la durée présumée du
voyage pour lequel ils étaient engagés (2) ; les uns et
les autres reçoivent encore leur conduite de retour
jusqu'au lieu du départ du navire, à moins que les propriétaires, capitaine ou affréteurs, ou l'officier d'administration, ne leur procurent leur embarquement
(3) sur un autre navire revenant au lieu de leur départ (*Art.* 252).

D. Si, dans le même cas de rupture volontaire, les
matelots sont engagés au profit ou au fret, quelle est
leur indemnité ?

R. Ils ont part aux indemnités qui sont adjugées au

---

volontaire ou forcée de l'engagement qu'il a contracté, n'est point
considérée comme rupture de voyage ; elle se juge d'après d'autres
règles (M. *Pardessus*).

(1) Et alors ils n'ont pas de journées à réclamer. L'usage est,
que le matelot qui reçoit tous ses loyers, est obligé de travailler à
l'équipement pour sa seule nourriture.

(2) Pourquoi ceux-ci n'ont-ils que la moitié de leurs gages, tandis que ceux loués au voyage ont tous leurs loyers? C'est que ces
derniers étant convenus d'une somme unique, elle est due dès que le
voyage est commencé, quelle qu'en soit la durée : et le propriétaire ne peut, par son seul fait, se libérer de cette obligation.
Mais, quand les matelots sont au mois, c'est la durée du voyage
qui règle le loyer : ils ne peuvent donc réclamer à ce titre que les
loyers du temps qu'ils ont servi ; c'est par forme de dommages-
intérêts qu'on leur accorde le surplus (M. *Delvincourt*).

(3) Comme matelots. Car s'ils étaient obligés de revenir comme
passagers , il n'y a pas de doute qu'ils ne pussent réclamer leurs
frais de passage.

navire, lorsque la rupture provient du fait des chargeurs ou affréteurs. Ces indemnités sont partagées entre l'armateur et les gens de l'équipage, dans la même proportion que le profit ou le fret. Si la rupture provient du fait du capitaine ou de l'armateur, ils sont seuls tenus de l'indemnité due aux matelots (1) (*Art.* 257).

D. Lorsque le voyage commencé est retardé par force majeure (2), en résulte-t-il quelque changement dans le loyer des matelots?

R. Il n'en résulte aucun changement dans le loyer des matelots engagés au voyage. Mais s'ils sont au mois, leur loyer ne court que pour moitié pendant le temps de l'arrêt (*Art.* 254).

D. Si le voyage est prolongé, le prix des loyers des matelots engagés au voyage, est-il augmenté?

R. Oui, si le voyage est prolongé (3), le prix des loyers des matelots engagés au voyage (4) est augmenté à proportion de la prolongation (*Art.* 255).

D. Si la décharge du navire se fait volontairement (5) dans un lieu plus rapproché que celui qui est désigné par l'affrétement, leur est-il diminué quelque chose ?

---

(1) Les indemnités sont alors réglées par experts (M. *Delvincourt*).

(2) Comme interdiction de commerce ou arrêt de Prince.

(3) Il ne faut pas entendre ici une prolongation de temps, mais de distance, c'est-à-dire, si la décharge se fait dans un port plus éloigné que celui où elle devrait se faire.

(4) Il était inutile de s'occuper des matelots loués au mois. L'augmentation, pour eux, résulte du fait seul de la prolongation.

(5) Il faut que ce soit *volontairement.*

R. Non, il ne leur est fait aucune diminution (1) (*Art.* 256).

D. Si les matelots sont engagés au profit ou au fret, leur est-il dû quelque dédommagement pour le retard ou la prolongation du voyage?

R. Il ne leur est dû aucun dédommagement, si le retard ou la prolongation du voyage sont occasionnés par force majeure (2); ils ne peuvent pas même réclamer leurs journées. Mais si le retard ou la prolongation proviennent du fait des chargeurs, ils participent aux indemnités adjugées au navire dans la même proportion qu'au fret ou au profit; si l'empêchement arrive par le fait du capitaine ou des propriétaires, ce sont eux qui sont tenus des indemnités dues aux matelots (*Art.* 257).

D. En cas de prise, bris ou naufrage, avec perte entière du navire et des marchandises, les matelots peuvent-ils prétendre quelque loyer?

R. Non, en cas de prise, bris ou naufrage, avec perte entière du navire et des marchandises, les matelots ne peuvent prétendre aucun loyer; mais ils ne sont point tenus de restituer les avances qui leur ont été faites (3) (*Art.* 258).

D. Si quelque partie du navire est sauvée, comment sont payés les matelots engagés au voyage ou au mois?

R. Si quelque partie du navire est sauvée, les matelots engagés au voyage ou au mois, sont payés de

---

(1) Mais, s'il y a force majeure, leurs loyers subissent une diminution proportionnelle.

(2) Ils sont associés, ils doivent courir toutes les chances.

(3) Ces avances sont presque toujours consommées par les matelots avant leur départ.

leurs loyers échus (1) sur les débris du navire qu'ils ont sauvés (2). Si les débris ne suffisent pas, ou s'il n'y a que des marchandises sauvées, ils sont payés de leurs loyers subsidiairement sur le fret (*Art.* 259).

D. Comment sont payés, dans le même cas, les matelots engagés au fret ?

R. Les matelots engagés au fret sont payés de leurs loyers seulement sur le fret, à proportion de celui que reçoit le capitaine (3) (*Art.* 260). Mais de quelque manière que les matelots soient loués, ils sont payés des journées par eux employées à sauver les débris et les effets naufragés (4) (*Art.* 261).

D. Si un matelot est pris dans le navire et qu'il soit fait esclave, que peut-il réclamer ?

R. Il peut réclamer ses loyers jusqu'au jour où il a été pris, mais il ne peut rien demander pour son rachat (*Art.* 268).

----

(1) Il est évident qu'ils n'ont rien à prétendre pour les loyers à échoir.

(2) Déduction faite néanmoins des frais de sauvetage, qui sont privilégiés avant tout, *quia salvam fecerunt causam pignoris.* Il paraît, au surplus, résulter de ces mots *qu'ils ont sauvés*, que les matelots qui ont refusé de travailler au sauvetage, sont privés de leur privilège (M. *Delvincourt*).

(3) *Quid*, de ceux engagés au profit? Ils n'ont rien à prétendre, puisque la navigation a été malheureuse, et qu'il y aura plutôt perte que profit. Cependant, s'il y avait assez de marchandises sauvées pour donner des bénéfices, il n'y a pas de doute que les matelots ne pussent réclamer la part convenue dans les profits.

(4) Par le fait du naufrage, l'engagement des matelots est anéanti. Par conséquent, les services qu'ils rendent postérieurement au naufrage, doivent leur être payés séparément : aussi les matelots au profit et au fret, jouissent à cet égard du même privilège pour leurs journées, que ceux engagés au mois ou au voyage.

D. Si un matelot, ayant été envoyé en mer ou à terre pour le service du navire, est pris et fait esclave, n'est-il pas traité plus favorablement ?

R. Oui, si ayant été envoyé en mer ou à terre pour le service du navire, un matelot est pris et fait esclave, il a droit à l'entier paiement de ses loyers, et, en outre, à une indemnité pour son rachat (1), si le navire arrive à bon port (*Art.* 267).

D. De combien est cette indemnité ?

R. Cette indemnité est fixée à six cent francs (2) (*Art* 269).

D. Par qui est due cette indemnité ?

R. Cette indemnité est due par le navire seul, si le matelot a été envoyé en mer ou à terre pour le service du navire, et par le navire et le chargement, si c'est pour le service du navire et du chargement (*Art.* 268).

D. Le capitaine peut-il congédier un matelot?

R. Dans aucun cas le capitaine ne peut congédier le matelot en pays étranger; et même en France, ou dans les pays soumis à la domination française, il ne peut le congédier, lorsqu'une fois le rôle d'équipage est clos (3), sans une cause valable (4) (*Art.* 270).

____

(1) On suppose que le navire n'a pas été pris ; autrement le matelot ne pourrait réclamer ni indemnité, ni même aucun loyer (*Art.* 258).

(2) Le recouvrement et l'emploi de cette somme doivent être faits suivant les formes déterminées par le Gouvernement, dans un règlement relatif au rachat des captifs (*Art.* 269).

(3) Dans l'usage, c'est la clôture du rôle d'équipage, qui forme le contrat entre le capitaine et le matelot.

(4) Et qui provienne des faits du matelot; *putà*, s'il ne sait pas son métier, s'il est voleur, mutin, violent, perturbateur. Mais que lui est-il dû, s'il est congédié pour cause valable? Je pense

D. Quels sont les droits du matelot congédié sans cause valable?

R. Le matelot congédié sans une cause valable a droit à une indemnité égale au tiers de ses loyers, si le congé a lieu avant le voyage commencé. Si c'est pendant le cours du voyage, le matelot a droit à la totalité de ses loyers, et aux frais de retour (*Art.* 270).

D. A la charge de qui est cette indemnité?

R. Dans tous les cas, l'indemnité, quand elle est due, est à la charge personnelle du capitaine, qui ne peut en répéter le montant contre l'armateur (1) (*Art.* 270).

D. Le matelot malade ou blessé est-il toujours payé de ses loyers?

R. Oui, si le matelot tombe malade pendant le voyage, ou s'il est blessé en remplissant son service, il continue à être payé de ses loyers; il est de plus traité et pansé (*Art.* 262).

D. Par qui sont payés les frais de traitement et de pansement?

R. Il faut distinguer : en cas de maladie naturelle, ou de blessures reçues au service du navire, le matelot est traité et pansé aux dépens du navire (*Art.* 262). Mais s'il a été blessé en combattant les ennemis ou les pirates, les traitemens et pansemens sont aux frais du navire et du chargement (*Art.* 263).

D. En est-il de même lorsque le matelot a été blessé à terre, après y être descendu sans autorisation?

que si c'est pendant le voyage, il lui est dû son loyer pour le temps qu'il a servi, sans aucun frais de retour; et seulement ses journées, si le congé a eu lieu avant le départ (M. *Delvincourt*).

(1) Bien entendu qu'il faut en excepter le cas où, l'armateur étant sur les lieux, c'est de concert avec lui que le matelot a été congédié.

R. Non ; si le matelot est blessé à terre (1), après y être descendu sans autorisation, les frais de traitement et de pansement sont à sa charge. Il peut même être congédié par le capitaine (2), et dans ce cas, ses loyers ne lui sont dus qu'à proportion du temps qu'il a servi (*Art.* 264).

D. En cas de mort d'un matelot pendant le voyage, qu'est-il dû de ses loyers ?

R. Lorsque le matelot est tué en défendant le navire (3), ses loyers sont dus en entier, et pour tout le voyage, si le navire arrive à bon port (4).

Si le matelot meurt naturellement ou s'il périt autrement qu'en défendant le navire, ses loyers sont dus jusqu'au jour de son décès, s'il est engagé au mois. S'il est engagé au voyage, la moitié de ses loyers est due s'il meurt en allant, ou au port d'arrivée ; et le total, s'il meurt en revenant.

S'il est engagé au profit ou au fret, sa part entière est due, s'il meurt après le voyage commencé (*Art.* 265).

D. Le capitaine et les gens de l'équipage peuvent-ils, sans permission, charger dans le navire quelque marchandise pour leur compte ?

---

(1) Soit qu'il y ait ou non, de sa faute ; cela est indifférent. Il est en faute, par cela seul qu'il est descendu à terre sans autorisation.

(2) Pourvu que ce soit en France, et non pas dans l'étranger.

(3) *Valin,* (sur l'article 15, tit. 4, Liv. 3, de l'Ordonnance), pense qu'il en doit être de même, si le matelot s'est tué en faisant le service de la manœuvre, pendant le combat. M. *Delvincourt* et M. *Boulay-Paty* embrassent cette opinion, parce que, disent-ils, les manœuvres sont beaucoup plus promptes, plus fréquentes, et plus périlleuses pendant le combat.

(4) C'est un motif bien juste d'encouragement.

R. Non, le capitaine et les gens de l'équipage ne peuvent, sous aucun prétexte, charger dans le navire aucune marchandise pour leur compte (1), sans la permission (2) des propriétaires (3) et sans en payer le fret, s'ils n'y sont autorisés par l'engagement (4) (*Art.* 251).

D. Les dispositions concernant les loyers, pansement et rachat des matelots, ne sont-elles applicables qu'à eux seuls?

R. Ces dispositions sont communes aux officiers et à tous autres gens de l'équipage (*Art.* 272).

D. Quels sont les objets spécialement affectés à payer les loyers des matelots?

R. Le navire et le fret sont spécialement affectés aux loyers des matelots (*Art.* 271).

---

(1) Aucun d'eux ne peut porter avec lui sur le navire aucune marchandise, sans en payer le fret, si ce n'est ce qui peut tenir dans son coffre (*Pothier*, Louage des Matelots, n.º 225).

(2) Il faut la permission du propriétaire, parce que celui-ci a pu compter sur l'emplacement total et libre de son navire (M. *Boulay-Paty*).

(3) *Des propriétaires*. La permission d'un propriétaire isolé ne mettrait pas le capitaine et les gens de l'équipage à l'abri de la confiscation (M. *Locré*).

(4) Mais il arrive presque toujours que le capitaine et les officiers stipulent avec l'armateur, ce qu'on appelle un *port permis*, qui consiste dans la liberté que l'armateur accorde à chacun d'eux de charger une certaine quantité de marchandises, avec exemption de fret, soit pour l'aller seulement, soit pour l'aller et le retour (*Voyez* sur cette matière M. *Boulay-Paty*, tit. 5, sect. 2, tome 2, page 188).

TITRE VI.

Des Chartes-parties, Affrétemens ou Nolissemens.

D. Qu'entend-on par *charte-partie*, *affrétement* ou *nolissement*?

R. On appelle *charte-partie*, *affrétement* ou *nolissement*, toute convention pour louage d'un vaisseau (1) (*Art.* 273).

D. Cette convention peut-elle être verbale?

R. Non, elle doit être redigée par écrit (2) (*Art.* 273).

D. Que doit-elle contenir?

R. Elle doit énoncer le nom et le tonnage (3) du

—————

(1) Le contrat de charte-partie est, en d'autres termes, le contrat de louage des navires et bâtimens de mer. Il se nomme aussi *affrétement*, et sur les côtes de la Méditerranée, *nolissement*. On peut le définir : un contrat par lequel un navire est loué à une personne en tout ou en partie, pour un usage convenu et moyennant un prix stipulé. Ce prix se nomme *fret* (M. *Delvincourt*).

(2) Ce n'est pas cependant qu'une charte-partie soit toujours indispensable pour faire, entre les contractans, preuve de leurs conventions : elles peuvent être établies par de simples lettres de voitures, lorsqu'il s'agit de chargemens faits sur des barques ou petits navires ; lorsqu'on remet au capitaine des objets d'une valeur modique, on se contente d'une déclaration sur le livre de bord ; enfin la preuve peut être faite par les divers moyens énoncés par l'article 109, excepté la preuve testimoniale (M. *Pardessus*, n.° 708).

(3) C'est-à-dire le port en tonneaux. La force des bâtimens de mer, destinés au commerce, s'estime par le nombre de tonneaux ; et l'on entend par tonneau de mer un espace égal à celui que peuvent occuper quatre barriques de Bordeaux, c'est-à-dire en-

navire, le nom du capitaine, les noms du fréteur et de l'affréteur, le lieu et le temps convenu pour la charge et pour la décharge, le prix du fret ou nolis, si l'affrétement est total ou partiel, enfin l'indemnité convenue pour les cas de retard (1) (*Art.* 273).

D. Qu'appelle-t-on fréteur et affréteur?

R. On appelle fréteur celui qui donne le navire à loyer, et affréteur celui qui le prend.

D. Comment se règle le temps de la charge et de la décharge, s'il n'est pas fixé par la convention?

R. Si le temps de la charge et de la décharge n'est pas fixé par les conventions des parties, il est réglé suivant l'usage des lieux (2) (*Art.* 274).

D. Lorsque le navire est frété au mois, de quel jour court le fret?

R. Lorsque le navire est frété au mois, le fret court du jour où le navire a fait voile, à moins qu'il n'y ait convention contraire (*Art.* 275).

D. Que deviennent les conventions faites, si avant le départ du navire, il y a interdiction de commerce avec le pays pour lequel il était destiné?

R. Si, avant le départ du navire, il y a interdiction de commerce avec le pays pour lequel il était destiné (3), les conventions sont résolues sans dommages-

---

viron 42 pieds cubes. Ainsi, on dit un navire de 200 tonneaux. On dit aussi que le tonneau de mer pèse ordinairement 2,000 liv.; mais les marchandises étant d'inégale pesanteur, on s'arrête moins au poids qu'au volume (M. *Delvincourt*).

(1) C'est ce qu'on appelle, en termes de marine, *frais de surestarie.*

(2) C'est ordinairement quinze jours, que l'on appelle *jours de planche.*

(3) *Secùs,* si c'est avec d'autres pays, quand même la naviga-

interêts de part ni d'autre (1). Le chargeur est tenu des frais de la charge et de la décharge de ses marchandises (*Art* 276).

D. En est-il de même si la force majeure n'empêche que pour un temps la sortie du navire.

R. Non ; s'il existe une force majeure qui n'empêche que pour un temps la sortie du navire, les conventions subsistent, et il n'y a pas lieu à dommages-intérêts à raison du retard. Elles subsistent également, et il n'y a lieu à aucune augmentation de fret, si la force majeure arrive pendant le voyage (2) (*Art.* 277).

D. Le chargeur peut-il décharger ses marchandises pendant l'arrêt du navire ?

R. Oui , le chargeur peut , pendant l'arrêt du navire , faire décharger ses marchandises à ses frais , à condition de les recharger ou d'indemniser le capitaine (3) (*Art.* 278).

---

tion en serait devenue plus dangereuse, comme si le capitaine était obligé de passer devant les ports de cette autre puissance avec laquelle on serait en état d'hostilité, et se trouverait ainsi exposé à des risques non prévus lors de la convention (MM. *Locré, Delvincourt, Boulay-Paty*).

(1) C'est une force majeure dont personne ne peut être tenu. Chacun doit supporter la perte qui en résulte pour sa chose.

(2) La force majeure a ici, comme dans l'article précédent, l'effet précis qu'elle doit avoir suivant la diversité des circonstances. Si elle fait naître un obstacle absolu qui empêche indéfiniment d'exécuter la convention, la convention est rompue. Si l'obstacle, de sa nature, ne rend l'exécution de la convention impossible que pour un temps, la convention n'est que suspendue (M. *Locré*, M. *Boulay-Paty*).

(3) L'indemnité sera des frais de retard, si le chargeur tarde à recharger, et du demi-fret, s'il ne charge pas du tout (*Valin*, M. *Locré*, M. *Delvincourt*).

D. Que doit faire le capitaine, si le port pour lequel le navire est destiné se trouve bloqué?

R. Dans le cas de blocus du port pour lequel le navire est destiné, le capitaine est tenu, s'il n'a des ordres contraires, de se rendre dans un des ports voisins de la même puissance où il lui sera permis d'aborder (*Art.* 279).

D. Quels sont les objets spécialement affectés à l'exécution des conventions des parties?

R. Le navire, les agrès et apparaux, le fret et les marchandises chargées, sont respectivement affectés (1) à l'exécution des conventions des parties (2) (*Art.* 280).

TITRE VII.

Du Connaissement.

D. Qu'appelle-t-on connaissement?

R. On appelle connaissement (3) une reconnaissance que le capitaine du navire donne des marchandises que l'affréteur a chargées sur le navire, et du transport desquelles le capitaine se charge (4) (M. *Boulay-Paty*).

---

(1) Et il importe peu pour le privilège que l'affrétement ait été fait avec le propriétaire ou le capitaine, même dans le lieu de la demeure du propriétaire, et sans son consentement, s'il ne l'a pas désavoué, parce que le propriétaire est responsable des faits du capitaine (M. *Boulay-Paty*). Quant au rang de ce privilège Voyez l'article 191, ci-dessus, page 127.

(2) C'est-à-dire que les marchandises répondent au capitaine du paiement du fret, et que le navire, les agrès et apparaux répondent au chargeur de la remise de ses effets (M. *Locré*).

(3) Et sur la Méditerranée, *police de chargement.*

(4) La charte-partie ne dispense pas des connaissemens; la

D. Quelle est la forme du connaissement ?

R. Le connaissement doit exprimer la nature et la quantité, ainsi que les espèces ou qualités des objets à transporter (1). Il indique le nom du chargeur, le nom et l'adresse de celui à qui l'expédition est faite, le nom et le domicile du capitaine, le nom et le tonnage du navire, le lieu du départ et celui de la destination. Il énonce le prix du fret. Il présente en marge les marques et numéros des objets à transporter. Enfin, il peut être à ordre, au porteur (2), ou à personne dénommée (*Art.* 281).

---

charte-partie n'est que la convention de charger et de recevoir les marchandises sur le bâtiment. Le connaissement est le titre qui justifie que les marchandises ont réellement été chargées.

(1) Il ne faut pas croire pour cela que le capitaine réponde de la qualité des marchandises. On lui donne des ballots ou des futailles; il n'est tenu de rien plus que de les remettre en même nombre, bien conditionnés. Mais le connaissement ne fait point foi qu'on a donné au capitaine de la toile de fil ou de la toile de coton, de l'indigo bleu ou de l'indigo cuivré. Du reste, pour éviter toute difficulté sur ce point, la plupart des capitaines ajoutent à leur signature, au bas des connaissemens, ces mots : *sans approuver* ou *que dit être.* L'effet de cette clause est que le capitaine n'est garant, ni du poids ni de la mesure (*Voyez* M. *Delvincourt*, page 146, note 2; M. *Boulay-Paty*, tit. 7, sect. 1.re, tome 2, page 302; M. *Locré, sur l'article* 181, tome 3, page 215).

(2) L'usage a fait admettre les connaissemens à ordre et au porteur; ils offrent de grandes facilités, et présentent peu d'inconvéniens. L'expéditeur est le maître de disposer de la marchandise qu'il embarque dans un navire. Cependant il n'a pas de correspondant dans le lieu où il en fait l'expédition, ou bien il veut se réserver l'initiative de la consignation, jusqu'à ce qu'il ait des renseignemens certains sur la solvabilité et la moralité de ceux à qui il doit adresser son expédition. Il fait des connaissemens à ordre ou au porteur; et sans perdre l'avantage de l'époque favo-

D. En combien d'originaux doit être fait chaque connaissement ?

R. Chaque connaissement est fait en quatre originaux au moins : un pour le chargeur, un pour celui à qui les marchandises sont adressées, un pour le capitaine, un pour l'armateur du bâtiment (1) (*Art.* 282).

D. De qui les connaissemens sont-ils signés ?

R. Les quatre originaux sont signés par le chargeur et par le capitaine (2), dans les vingt-quatre heures après le chargement (3) (*Art.* 282).

D. Les connaissemens ne doivent-ils pas être accompagnés d'autres actes ?

---

rable à l'expédition qu'il a faite, il se réserve le droit de confier ses intérêts à celui qui lui fera les meilleures conditions (M. *Locré*).

(1) Il est juste que chaque partie intéressée au connaissement en ait un double. Le chargeur, pour être en état de convaincre le capitaine qu'il lui a confié les effets qui y sont énoncés ; celui auquel les marchandises sont adressées, afin qu'il puisse les réclamer à l'arrivée du navire ; le capitaine, pour demander le paiement du frêt stipulé (*Valin*) ; l'armateur, pour savoir ce qui doit lui revenir pour le fret, et pouvoir régler, en conséquence, ses comptes avec le capitaine.

(2) *Quid*, si le chargement est pour le compte du capitaine ? Le connaissement doit être signé par deux des principaux de l'équipage (*art.* 344). *Quid*, s'il est pour le compte d'un de ses parens ? M. *Delvincourt* (page 146, note 10) pense qu'il serait prudent de le faire signer de même. *Voyez* M. *Boulay-Paty*, tit. 7, sect. 1.re, tome 2, page 304.

(3) Il est de l'intérêt du capitaine de n'être pas obligé de retarder son départ, pour attendre des pièces et des expéditions que les chargeurs doivent lui remettre. Il est de l'intérêt des chargeurs d'avoir le plus tôt possible le connaissement, soit pour stipuler des assurances, soit pour l'envoyer à ceux auxquels ils envoient les marchandises et pouvoir tirer sur eux (M. *Locré*)

R. Oui, le chargeur est tenu de fournir au capitaine, dans le même délai, les acquits (1) des marchandises chargées (*Art.* 282).

D. Entre quelles personnes le connaissement régulier fait-il foi ?

R. Le connaissement régulièrement rédigé fait foi entre toutes les parties intéressées au chargement, et entre elles et les assureurs (2) (*Art.* 283).

D. En cas de diversité entre les connaissemens d'un même chargement, quel est celui qui fait foi ?

R. En cas de diversité entre les connaissemens d'un même chargement, celui qui est entre les mains du capitaine fait foi (3), s'il est rempli de la main du chargeur, ou de celle de son commissionnaire (4) ; et celui qui est présenté par le chargeur ou le consignataire est suivi, s'il est rempli de la main du capitaine (5) (*Art.* 284).

---

(1) De la douane, soit de paiement, soit à caution.

(2) Il est hors de doute que les tiers qui ne sont point parties dans le connaissement, ont le droit de le débattre et d'en prouver la fausseté ou l'inexactitude par toutes sortes de moyens. Mais, en général, aucune pièce privée ne saurait prévaloir au connaissement (M. *Boulay-Paty*).

(3) Entre les mêmes personnes que ci-dessus.

(4) Ou son commis.

(5) *Quid*, s'il se trouvait opposition entre deux doubles, l'un représenté par le capitaine, rempli de la main du chargeur ; l'autre représenté par le chargeur, rempli de la main du capitaine ? Cela n'arrivera presque jamais, parce que c'est toujours la même main qui écrit les quatre originaux ; mais le cas serait embarrassant. M. *Delvincourt* pense qu'il faudrait préférer le défendeur ; M. *Boulay-Paty*, qu'il faudrait se décider par les renseignemens, les circonstances, etc. (*Voyez* M. *Delvincourt*, page 147, note 4 ; M. *Boulay-Paty*, tit. 7, sect. 2, tome 2, page 317).

D. Le capitaine a-t-il le droit d'exiger un reçu des marchandises mentionnées dans les connaissemens et qu'il livre?

R. Oui, tout commissionnaire ou consignataire qui reçoit les marchandises mentionnées dans les connaissemens ou chartes-parties, est tenu d'en donner reçu au capitaine qui le demande, à peine de tous dépens, dommages-intérêts, même de ceux de retardement (*Art.* 285).

TITRE VIII.

Du Fret ou Nolis.

D. Qu'appelle-t-on *fret* ou *nolis*?

R. On appelle *fret* ou *nolis* (1), le prix du loyer d'un navire ou autre bâtiment de mer (*Art.* 286).

D. Comment le fret est-il réglé et constaté?

R. Le fret est réglé par les conventions des parties; il est constaté par la charte-partie ou par le connaissement.

D. De combien de manières peut-on louer un navire?

R. On peut louer un navire en totalité ou pour partie.

D. De combien de manières peut-on louer un navire en totalité?

R. Un navire peut être loué en totalité de deux manières : au voyage ou au mois.

D. Quand est-ce que le navire est loué au voyage?

R. Le navire est loué au voyage lorsque l'on con-

____

(1) *Fret*, sur l'Océan; *nolis*, sur la Méditerranée.

vient d'une certaine somme pour le fret du navire, pour tout le voyage, quelle que soit sa durée (1).

D. Quand est-ce que le navire est loué au mois?

R. Le navire est loué au mois (2), lorsque le fret est fixé à raison de tant par chacun des mois que durera le voyage.

D. De combien de manières le navire peut-il être loué en partie?

R. Le navire peut être loué en partie, de trois manières : à forfait, au quintal ou au tonneau.

D. Quand est-ce que le navire est loué à forfait?

R. Le navire est loué à forfait lorsque le fret est fixé à raison de telle somme, pour le transport de telle partie de marchandises, soit que le poids ou l'encombrement soit désigné, ou non.

D. Quand est-ce que le navire est loué au quintal?

R. Le navire est loué au quintal, lorsque le fret est fixé à raison de tant, par chacun des quintaux que pèseront les marchandises transportées (3).

D. Quand est-ce que le navire est loué au tonneau?

R. Le navire est loué au tonneau, lorsque la fixation est faite à raison de l'espace en tonneaux qu'occuperont les marchandises chargées (4).

---

(1) Il peut être loué aussi pour un temps limité ; par exemple, pour six mois ; pendant ce temps, l'affréteur peut faire du navire l'usage qu'il juge convenable.

(2) Cette espèce d'affrétement est très-rare. Il est tombé en désuétude, parce qu'il dépendait du capitaine d'alonger le voyage à sa volonté.

(3) Le Conseil d'Etat a déclaré qu'il s'agissait du quintal métrique. L'ancien quintal était de 100 livres pesant.

(4) Comme nous l'avons déjà dit (page 173, note (3)) le tonneau de mer est un espace de 42 pieds cubes.

D. Le louage d'un navire en partie ne peut-il pas se faire encore de deux manières ?

R. Oui, le louage de partie d'un navire peut encore se faire de deux manières : *purement et simplement,* ou *à la cueillette.*

D. Quelle différence y a-t-il entre ces deux manières ?

R. Il y a cette différence, que, quand le louage est pur et simple, le capitaine est obligé, sauf le cas de force majeure, de partir au temps convenu, que son chargement soit complet ou non ; au lieu que le louage *à la cueillette* est toujours censé fait sous la condition que le fréteur trouvera, dans un certain temps, d'autres affréteurs pour compléter le chargement, ou à peu-près ; lequel temps passé, si le chargement n'est pas complet, il est libre aux parties d'annuller le contrat (M. *Delvincourt*).

D. Si le navire est loué en totalité, et que l'affréteur ne lui donne pas toute sa charge, le capitaine peut-il prendre d'autres marchandises ?

R. Non ; si le navire est loué en totalité et que l'affréteur ne lui donne pas toute sa charge, le capitaine ne peut prendre d'autres marchandises sans le consentement de l'affréteur (1). L'affréteur profite du fret des marchandises qui complètent le chargement du navire qu'il a complètement affrété (*Art.* 287).

D. L'affréteur qui n'a pas chargé la quantité de marchandises portée par la charte-partie, est-il tenu de payer le fret en entier ?

______

(1) Mais le capitaine peut exiger, dans ce cas, que l'affréteur charge assez de marchandises pour répondre du fret (*Pothier,* De la Charte-partie, n.° 20).

R. Oui, l'affréteur qui n'a pas chargé la quantité de marchandises portée par la charte-partie (1), est tenu de payer le fret en entier, et pour le chargement complet auquel il s'est engagé (2). Si cependant l'affréteur, sans avoir rien chargé, rompt le voyage avant le départ, il paiera en indemnité, au capitaine, la moitié du fret convenu par la charte-partie pour la totalité du chargement qu'il devait faire ; si le navire a reçu une partie de son chargement, et qu'il parte à non charge, le fret entier est dû au capitaine (*Art.* 288).

D. Si l'affréteur charge une quantité de marchandises plus grande que celle portée dans la charte-partie, paie-t-il le fret de l'excédant ?

R. Oui, si l'affréteur charge une quantité de marchandises plus grande que celle portée dans la charte-partie, il paie le fret de l'excédant (3) sur le prix réglé par cette charte-partie (*Art.* 288).

D. Si le capitaine a déclaré un navire de plus grand port qu'il n'est (4), que peut faire l'affréteur ?

---

(1) *Secùs*, s'il n'a rien chargé du tout. Car alors il y a rupture de voyage, et l'affréteur ne doit que le demi-fret. La raison de différence, c'est que quand il n'y a rien de chargé, le maître peut disposer de son navire comme il juge convenable, aller où il veut ; ce qui ne peut avoir lieu quand il y a chargement partiel (M. *Delvincourt*).

(2) Mais si le capitaine a trouvé des marchandises en quantité suffisante pour compléter le chargement de son vaisseau, il n'a plus rien à demander à l'affréteur (*Valin*).

(3) L'affréteur n'a pas le droit de forcer le capitaine à recevoir des marchandises au-delà de la quantité exprimée dans la convention (M. *Locré*).

(4) *Quid,* si le navire est plus grand ? Il faut distinguer : si l'affréteur a loué le navire entier, il ne doit aucune augmentation ; s'il l'a loué au quintal ou au tonneau, il doit autant de fret

R. L'affréteur peut exiger (1) du capitaine (2) des dommages-intérêts (3) (*Art.* 289).

D. Est-il reputé y avoir erreur dans la déclaration du tonnage du navire, toutes les fois que cette déclaration n'est pas rigoureusement exacte ?

R. Non, il n'est pas reputé y avoir erreur, si l'erreur n'excède pas un quarantième, ou si la déclaration est conforme au certificat de jauge (4) (*Art.* 290).

D. Lorsque le navire est chargé à cueillette (5), soit

---

qu'il occupe de tonneaux, ou qu'il a placé de quintaux (*Pothier*, De la Charte-partie, n.° 44).

(1) Si toutefois le capitaine a loué son navire en entier; ou si, le louant au tonneau ou au quintal, il l'a loué pour plus de tonneaux ou de quintaux qu'il n'en peut contenir. Il en serait de même, quand il aurait fait une déclaration exacte, si, en louant à la cueillette, il s'est engagé à prendre plus de marchandises que le bâtiment n'en peut porter (M. *Delvincourt*).

(2) L'article ne distingue pas entre le capitaine de bonne foi qui se trompe, et le capitaine de mauvaise foi qui veut tromper. Il y a du moins de la part du premier une faute de négligence qui ne doit retomber que sur lui-même, et dont l'affréteur ne doit pas souffrir (M. *Locré*).

(3) Dommages-intérêts qui doivent être réglés par experts, d'après les circonstances (M. *Boulay-Paty*, M. *Locré*).

(4) Le capitaine est présumé avoir été le premier trompé.

(5) Mais pourquoi cette disposition n'a-t-elle lieu que quand le chargement est à cueillette? C'est que, dans ce cas, le capitaine n'est pas obligé de partir à jour fixe, mais seulement quand il a trouvé de quoi compléter son chargement ou à-peu-près : il lui est donc plus facile de trouver un autre chargeur. D'ailleurs le chargement à cueillette est plus onéreux au chargeur, puisqu'il court le risque de faire un chargement inutile. On a établi par là une espèce de compensation (M. *Locré*, M. *Delvincourt*, M. *Boulay-Paty*, M. *Pardessus*).

au quintal, au tonneau ou à forfait, le chargeur peut-il retirer ses marchandises?

R. Oui; mais s'il les retire avant le départ du navire, il doit payer le demi-fret; et si c'est pendant le voyage, le fret en entier (1): il doit aussi dans les deux cas supporter les frais de charge, ainsi que ceux de décharge et de rechargement des autres marchandises qu'il faudrait déplacer, et ceux du retardement. Mais si les marchandises sont retirées pour cause des faits ou des fautes du capitaine (2), celui-ci est responsable de tous les frais (3) (*Art.* 291 et 293).

D. Si le capitaine trouve dans son navire des marchandises qui ne lui ont point été déclarées, est-il obligé de les garder?

R. Non; le capitaine peut faire mettre à terre dans le lieu du chargement (4), les marchandises trouvées dans son navire, si elles ne lui ont point été déclarées, ou en prendre le fret au plus haut prix qui sera payé dans le même lieu pour les marchandises de même nature (*Art.* 292).

D. L'affréteur a-t-il le droit de retarder le navire?

---

(1) La raison en est simple; c'est qu'ici on ne peut pas présumer que le maître trouvera un autre chargement.

(2) Par exemple, si le navire est déclaré innavigable pour cause de vétusté, etc.

(3) Et, dans ce cas, il n'est dû aucun fret (M. *Locré*, M. *Delvincourt*, M. *Pardessus*).

(4) Mais après le départ du navire, le capitaine n'a plus droit de décharger les marchandises; à moins que son navire n'en soit surchargé, auquel cas il peut les faire mettre à terre ou même les faire jeter à la mer, sans encourir aucune responsabilité. Cependant il est prudent de consulter l'équipage, etc. (M. *Locré*, M. *Boulay-Paty*).

R. Non, si le navire est arrêté au départ, pendant la route, ou au lieu de sa décharge, par le fait de l'affréteur, les frais du retardement sont dus par lui (1) (*Art.* 294).

D. Si le navire frété pour l'aller et le retour, revient sans chargement, le fret est-il dû en entier?

R. Oui, si ayant été frété pour l'aller et le retour, le navire fait son retour sans chargement ou avec un chargement incomplet, le fret entier est dû au capitaine (2), ainsi que l'intérêt du retardement s'il y en a eu (*Art.* 294).

D. Si le capitaine retarde le navire, l'affréteur peut-il s'en plaindre?

R. Oui, si le navire a été retardé au départ, pendant sa route, ou au lieu de sa décharge, par le fait du capitaine, le capitaine est tenu des dommages-intérêts envers l'affréteur (*Art.* 295).

D. Comment se règlent ces dommages-intérêts?

---

(1) Les retards qui proviennent de l'affréteur préjudicient au capitaine, comme ceux qui proviennent du capitaine nuisent à l'affréteur. Il est donc juste qu'il y ait réciprocité, et que, dans les deux cas, celui qui a causé le dommage indemnise l'autre partie (M. *Locré*).

(2) L'affréteur qui ne charge pas, ou qui ne remplit qu'une partie du chargement au retour, ne contrevient pas moins à la charte-partie que celui qui ne l'exécute pas pour l'aller. Il doit donc, dans les deux cas, être passible des mêmes dommages-intérêts. Mais le chargeur à cueillette n'a pas pour le retour la faculté que l'article 291 lui donne avant le départ. Il ne peut pas déclarer qu'il retire ses marchandises, se soustraire ainsi au paiement du fret entier, et ne donner que le demi-fret (M. *Pardessus*). *Voyez* page 185, note (1).

R. Ces dommages-intérêts sont réglés par des experts (1) (*Art.* 295).

D. Si le navire a besoin d'être radoubé pendant le voyage, l'affréteur est-il tenu d'attendre ?

R. Oui, si le capitaine est contraint de faire radouber le navire pendant le voyage, l'affréteur est tenu d'attendre, ou de payer le fret en entier (2) (*Art.* 296).

D. Si le navire ne peut pas être radoubé, que doit faire le capitaine ?

R. Dans le cas où le navire ne peut pas être radoubé, le capitaine est tenu (3) d'en louer un autre. Si le capitaine n'a pu louer un autre navire (4), le fret n'est dû qu'à proportion de ce que le voyage est avancé (*Art.* 296).

D. Ce fret est-il dû même lorsque l'affréteur prouve que lorsque le navire a fait voile, il était hors d'état de naviguer.

R. Non, le capitaine (5) perd son fret et répon 1

---

(1) Remarquez que les dommages-intérêts dûs par le capitaine à l'affréteur sont réglés par des experts ; mais que les dommages-intérêts dûs par l'affréteur au capitaine sont réglés par les tribunaux, qui ne nomment d'experts qu'autant qu'ils en sentent le besoin ; dans le premier cas, ils ne peuvent s'en passer (*Voyez* sur la raison de cette différence, M. *Locré* sur l'art. 295, tome 3, page 271 ; M. *Boulay-Paty*, titre 8, sect. 7, tome 2, page 393).

(2) *Quid,* si pour radouber le navire on est obligé de décharger ? aux frais de qui seront la décharge et le rechargement ? Ici, il y a cas fortuit ; ils seront aux frais du chargeur (*Valin,* M. *Delvincourt*).

(3) Ce n'est pas une faculté, c'est un devoir.

(4) Par exemple, lorsqu'il n'y a pas de navires sur les lieux, ou lorsqu'on ne veut pas les louer ; mais non pas quand on a seulement voulu les louer trop cher.

(5) La loi ne distingue pas entre le capitaine de bonne foi,

des dommages-intérêts de l'affréteur, si celui-ci prouve (1) que lorsque le navire a fait voile, il était hors d'état de naviguer. Cette preuve est admissible nonobstant et contre les certificats de visite au départ (2) (*Art.* 297).

D. Le fret est-il dû pour les marchandises que le capitaine a vendues pour subvenir aux nécessités du navire ?

R. Oui, le fret est dû pour les marchandises que le capitaine a été contraint de vendre pour subvenir aux victuailles, radoub et autres nécessités pressantes du navire, en tenant par lui compte de leur valeur au prix que le reste ou autre pareille marchandise de même qualité a été vendue au lieu de la décharge, si le navire arrive à bon port (3) (*Art.* 298).

D. Si le navire se perd, le capitaine doit-il tenir compte de ces marchandises ?

---

qui n'a pas connu le mauvais état de son vaisseau, et le capitaine de mauvaise foi qui l'a dissimulé. Une telle distinction serait impossible (M. *Locré*, M. *Boulay-Paty*).

(1) Si toutefois le navire a été visité avant le départ; autrement, le vice du navire est présumé sans qu'il soit nécessaire de le prouver ; et le capitaine est responsable de tous les événemens envers l'affréteur (*Art.* 225 et 228).

(2) Cette visite n'a pas été faite contradictoirement avec l'affréteur. Mais *quid*, si le capitaine prouvait que l'affréteur avait connaissance de l'état du navire lorsqu'il a mis à la voile? Le capitaine ne serait tenu à aucuns dommages-intérêts envers le chargeur, parce qu'on n'est pas censé avoir reçu de dommage, quand on l'a souffert par sa faute (M. *Pardessus*, M. *Boulay-Paty*).

(3) Puisque l'affréteur reçoit la valeur des marchandises au prix qu'elles auraient été vendues dans le lieu de la décharge, il tire de son expédition tout le bénéfice qu'il pouvait en espérer, et dès-lors il est juste qu'il paie le fret (M. *Locré*).

R. Si le navire se perd, le capitaine doit tenir compte de ces marchandises sur le pied qu'il les a vendues, en en retenant également le fret porté aux connaissemens (1) (*Art.* 298).

D. S'il arrive interdiction de commerce avec le pays pour lequel le navire est en route, et qu'il soit obligé de revenir avec son chargement, le fret est-il dû ?

R. Il n'est dû que le fret de l'aller, quoique (2) le vaisseau ait été affrété pour l'aller et le retour (*Art.* 299).

D. Si le vaisseau est arrêté dans le cours de son voyage par l'ordre d'une puissance, le fret en est-il augmenté ?

R. Non, il n'est dû aucun fret pour le temps de la détention du navire, s'il est affrété au mois; ni augmentation de fret, s'il est loué au voyage. La nourriture et les loyers de l'équipage pendant la détention du navire sont réputés avaries (*Art.* 300).

D. Le capitaine est-il payé du fret des marchandises jetées à la mer pour le salut commun, à la charge de contribution ?

R. Oui, le capitaine est payé du fret des marchan-

---

(1) Cette question était autrefois très-controversée.

(2) Ce mot *quoique* prouve que, quand bien même l'affrétement n'aurait été fait que pour l'aller, le fret serait dû également au capitaine pour ce voyage de l'aller seulement; et cela, parce qu'il s'agit d'un voyage commencé, dont l'interruption procède d'une cause extraordinaire et indépendante des périls maritimes ordinaires; à raison de quoi il ne s'agit point de régler le fret à proportion de ce que le voyage est avancé. D'ailleurs, outre le chemin déjà fait pour aller au lieu de sa destination, il y a celui du retour du navire pour revenir au lieu de son départ (*Valin*, sur l'art. 15, liv. 3, tit. 3 de l'Ordonnance de 1681).

dises jetées à la mer pour le salut commun, à la charge de contribution (*Art.* 301); mais il n'est dû aucun fret pour les marchandises perdues par naufrage ou échouement, pillées par des pirates, ou prises par les ennemis. Le capitaine est même tenu de restituer le fret qui lui aurait été avancé, s'il n'y a convention contraire (*Art.* 302).

D. Si le navire et les marchandises sont rachetés, ou si les marchandises sont sauvées du naufrage, le capitaine est-il payé du fret?

R. Le capitaine est payé du fret jusqu'au lieu de la prise ou du naufrage. Il est payé du fret entier en contribuant au rachat (1), s'il conduit les marchandises au lieu de leur destination (2) (*Art.* 303).

D. Comment se fait la contribution pour le rachat?

R. La contribution pour le rachat se fait sur le prix courant des marchandises au lieu de leur décharge (3), déduction faite des frais (4), et sur la moitié du na-

---

(1) Quelquefois les navires pris se rachètent. Ce rachat a lieu ordinairement au moyen d'une lettre de change que le capitaine du bâtiment pris tire sur son armateur, au profit du capteur. Il est fait, en outre, un acte double qui contient les conditions du rançonnement, et qui se nomme *billet de rançon*. Enfin, il est ordinairement d'usage qu'un des officiers du bâtiment pris soit donné en ôtage pour sûreté du paiement (M. *Delvincourt*).

(2) Ce qu'il est obligé de faire autant que possible.

(3) C'est-à-dire, au lieu où les marchandises sont déchargées pour y rester définitivement. Il est possible, en effet, que le navire décharge, attendu son état d'innavigabilité; mais que le capitaine trouve un autre navire pour conduire le chargement à sa destination. Il est évident que, dans ce cas, le port intermédiaire n'est pas le lieu de la décharge dans le sens de notre article (M. *Delvincourt*).

(4) C'est-à-dire du fret; car, les marchandises étant estimées ce

viré et du fret. Les loyers des matelots n'entrent point en contribution (1) (*Art.* 304).

D. Si le consignataire refuse de recevoir les marchandises, que peut faire le capitaine ?

R. Si le consignataire refuse de recevoir les marchandises, le capitaine peut (2), par autorité de justice (3), en faire vendre pour le paiement de son fret, et faire ordonner le dépôt du surplus (4); s'il y a insuffisance pour le payer, il conserve son recours contre le chargeur (*Art.* 305).

---

qu'elles valent au lieu de la décharge, elles n'ont cette valeur que par ce qu'elles y ont été transportées, c'est-à-dire, parce qu'elles ont payé le fret. Quant aux frais de sauvetage, il ne doit point en être fait déduction, puisque les deux parties y contribuent : savoir, le chargeur, pour la valeur des marchandises au lieu de la décharge, et le capitaine, pour la moitié du navire et du fret (M. *Delvincourt*).

(1) On a assimilé ce cas au cas de jet.

(2) Le paiement du fret ne peut pas être retardé par des démêlés entre le consignataire et le chargeur : ils sont étrangers au capitaine, qui, n'ayant traité qu'avec le chargeur, et ayant exécuté de sa part la convention, doit avoir le droit d'exiger que, de son côté, le chargeur remplisse aussi ses engagemens (M. *Locré*, M. *Boulay-Paty*).

(3) Si le refus était motivé sur ce que le consignataire prétendrait que les marchandises sont en mauvais état, et que le capitaine doit en répondre, le devoir du juge serait d'ordonner la visite et la vérification (M. *Locré*, M. *Delvincourt*).

(4) Les parties peuvent convenir à l'amiable du lieu du dépôt et du choix du dépositaire ; mais s'il y a contestation à cet égard entre le capitaine et le consignataire dûment appelé, le Tribunal du lieu fera la désignation d'un négociant connu et bien famé, entre les mains duquel les marchandises seront déposées (M. *Boulay-Paty*, M. *Pardessus*).

D. Le capitaine peut-il retenir les marchandises dans son navire, faute de paiement du fret?

R. Non, le capitaine ne peut retenir les marchandises dans son navire faute de paiement de son fret (1); mais il peut, dans le temps de la décharge, demander le dépôt en mains-tierces jusqu'au paiement de son fret (*Art.* 306).

D. Le capitaine n'a-t-il pas un privilège pour son fret, sur les marchandises de son chargement?

R. Le capitaine est préféré, pour son fret, sur les marchandises de son chargement, pendant quinzaine après leur délivrance (2), si elles n'ont pas passé en mains-tierces (3) (*Art.* 307). En cas de faillite des chargeurs ou réclamateurs avant l'expiration de la quinzaine, le capitaine est privilégié sur tous les créanciers pour le paiement de son fret et de toutes les avaries qui lui sont dues (4) (*Art.* 308).

D. Le chargeur peut-il, sous quelque prétexte, demander une diminution de fret?

---

(1) Le capitaine, avant de pouvoir exiger son paiement, est tenu d'extraire les marchandises de son navire, et de les livrer à quai. Il ne peut donc les retenir dans le navire jusqu'au paiement (M. *Pardessus*).

(2) Ceci est pour le cas où il n'y a pas dépôt en mains tierces; car, si ce dépôt existe, il y a un séquestre qui conserve au capitaine son privilège, jusqu'à ce qu'il soit levé, ou de plein gré, ou par un jugement (M. *Locré*).

(3) Il ne suffirait pas qu'elles fussent vendues, si elles n'étaient pas livrées (M. *Pardessus*, M. *Boulay-Paty*).

(4) Cet article étant la suite de l'article précédent, il est clair qu'il ne donne pas la préférence au capitaine sur tous les biens des chargeurs et des réclamateurs; mais seulement sur les objets que l'article précédent affecte à son privilège, c'est-à-dire, sur le chargement (M. *Locré*).

R. Non, le chargeur ne peut, en aucun cas, demander de diminution sur le prix du fret (*Art.* 309).

D. Le chargeur peut-il abandonner les marchandises détériorées pour le fret ?

R. Non, le chargeur ne peut abandonner pour le
fret les marchandises diminuées de prix ou détériorées (1) par leur vice propre ou par cas fortuit. Si toutefois des futailles contenant du vin, de l'huile, du
miel, ou d'autres liquides, ont tellement coulé, qu'elles
soient vides ou presque vides, on peut abandonner ces
futailles pour le fret (2) (*Art.* 310).

TITRE IX.

Des Contrats à la grosse.

CHAPITRE PREMIER.

*Du Contrat à la grosse, et des choses qui sont de
l'essence de ce contrat.*

D. Qu'est-ce qu'on entend par *prêt à la grosse aven-
ture*, ou plus simplement par *prêt ou contrat à la
grosse*?

----

(1) La dépréciation est une diminution de prix résultant des
circonstances, et indépendante de l'état de la chose. La détérioration est un accident survenu à la chose, qui en altère la substance ou la qualité. Une chose ne peut guère être détériorée sans
être dépréciée : elle peut être dépréciée sans être détériorée.

(2) La raison de cette exception est que les marchandises liquides ne coulent ordinairement que par la faute du capitaine,
qui n'a pas fait donner aux futailles les soins particuliers qu'elles
exigent, et qui ne sont pas nécessaires pour les marchandises
sèches (M. *Locré*).

R. C'est celui dans lequel une personne prête sur certains objets, exposés à des risques maritimes, et consent la perte de la somme prêtée, si la chose sur laquelle le prêt a été fait vient à périr par fortune de mer, et en stipule le remboursement avec un profit convenu, si la chose arrive à bon port.

(M. DELVINCOURT.)

R. On nomme contrat à la grosse un prêt fait sur des objets exposés à des risques maritimes, avec convention que si ces objets arrivent heureusement, le prêteur, ordinairement appelé *donneur*, sera payé de son capital, et d'une somme déterminée pour *profits maritimes*, ou que si, par les accidens de la navigation, ces objets périssent ou sont détériorés, il ne pourra rien demander au-delà de ce qu'ils se trouveront valoir (1).

(M. PARDESSUS, N.º 887)

D. Combien y a t-il de choses de l'essence du contrat à la grosse ?

R. Quatre choses sont de l'essence du prêt à la grosse ; 1º. une somme prêtée, 2.º une ou plusieurs choses sur lesquelles le prêt soit fait, 3º. des risques auxquels ces choses soient exposées, et dont le prêteur

---

(1) Le contrat de prêt à la grosse a de grands rapports avec l'assurance maritime. Dans l'un, le prêteur est chargé des risques, et dans l'autre, c'est l'assureur. Dans l'un, *le profit*, et dans l'autre, *la prime*, sont le prix des risques maritimes qui sont supportés d'après les mêmes principes, et peuvent être modifiés de la même manière. Le taux de cette prime ou de ce profit est plus ou moins élevé selon la volonté des parties, etc., etc. Mais si l'on rencontre cette conformité entre ces deux contrats, on doit aussi remarquer plusieurs différences. Dans le contrat à la grosse, le prêteur fournit réellement une certaine somme. Dans celui d'assurance, l'assureur ne fournit rien. Dans le prêt à la grosse, il faut des choses corporelles et susceptibles d'être la matière d'un gage ; dans l'assurance, il suffit de pertes possibles, etc., etc. (*Voyez* M. *Pardessus*, n.ºˢ 887, 888, 889).

se charge; 4°. enfin un profit pour le prêteur, au-delà
du capital, en cas d'heureuse arrivée (1).

SECTION I.re

Des choses sur lesquelles peut être fait le prêt à la grosse (2).

D. Quelles sont les choses sur lesquelles on peut
emprunter à la grosse?

R. On peut emprunter à la grosse sur le corps et
quille du navire, sur les agrès et apparaux (3), sur
l'armement (4) et les victuailles (5), sur le chargement;
sur la totalité de ces objets conjointement, ou sur une
partie déterminée de chacun d'eux (6) (*Art.* 315).

----

(1) Le premier objet, *la somme prêtée*, n'est susceptible d'aucun développement; nous traiterons des trois autres dans les trois sections suivantes.

(2) Il est de principe que le prêt à la grosse ne peut jamais être pour l'emprunteur un moyen de gagner, mais seulement de ne pas perdre. De là, il suit que l'on ne peut emprunter que sur ce que l'on a, et que l'on court risque de perdre. Il est donc de l'essence de ce contrat que les choses sur lesquelles l'emprunt est fait soient acquises à l'emprunteur au moment du contrat (M. *Delvincourt*).

(3) C'est-à-dire, les mâts, voiles, cordages, vergues, poulies, et autres ustensiles du navire.

(4) Ce qui comprend les canons, armes, munitions de guerre; les avances faites à l'équipage, et tous les frais faits jusqu'au départ.

(5) Ce qui comprend toutes les munitions de bouche.

(6) Mais remarquez que dans l'usage, et à moins que le contraire ne résulte évidemment de la convention ou des circonstances, le prêt sur corps et quille affecte les agrès, apparaux, armement et victuailles (*Emérigon*, *Traité des Contrats à la*

D. Peut-on emprunter sur le fret à faire, ou sur le profit espéré des marchandises?

R. Non, tous emprunts sur le fret à faire du navire et sur le profit espéré des marchandises sont prohibés (1). En cas de contravention, le prêteur n'a droit qu'au remboursement du capital, sans aucun intérêt (2) (*Art.* 318).

D. Peut-on prêter à la grosse aux matelots sur leurs loyers?

R. Non, nul prêt à la grosse ne peut être fait aux matelots ou gens de mer sur leurs loyers ou voyages (3) (*Art.* 319).

----

grosse, chap 5, sect. 1.re, § 1er). Cela paraît confirmé par la manière dont est rédigé l'article 320 (M. *Delvincourt*).

(1) Le motif pour lequel il n'est pas permis de prendre à la grosse sur le fret à faire, c'est que le prêteur serait, comme l'observe *Valin*, à la discrétion du preneur, qui ne s'embarrasserait que fort peu d'un fret dont il ne devrait plus profiter. À l'égard du profit espéré des marchandises, c'est qu'il n'y a encore rien de réel qui puisse servir de base au prêt, cette espérance pouvant être imaginaire et s'évanouir par le fait même du marchand chargeur (M. *Boulay-Paty*).

(2) Il n'est pas dû ici d'intérêt, parce que les deux parties sont en faute. Elles sont en conséquence toutes deux punies; l'emprunteur par l'obligation de rembourser le capital, quand même il y aurait perte entière; et le prêteur, parce qu'il perd non seulement le profit maritime, mais encore le simple intérêt de son argent, quand même le navire reviendrait à bon port (M. *Delvincourt*).

(3) C'est toujours la même raison. La crainte de perdre leurs loyers attache les matelots à la conservation du navire. S'ils avaient emprunté à la grosse une somme égale à leurs loyers, alors ils n'auraient plus d'intérêt (M. *Delvincourt*).

Section II.

Des Risques.

D. Quels sont les risques à la charge du prêteur à la grosse ?

R. Les risques à la charge du prêteur à la grosse sont tous les cas fortuits maritimes ; ainsi les avaries de toute espèce sont à la charge du prêteur, même les avaries simples (1) s'il n'y a convention contraire (2) (*Art.* 330).

D. En est-il de même des pertes qui arrivent par le vice de la chose et des dommages causés par le fait de l'emprunteur ?

R. Non, les déchets, diminutions et pertes qui arrivent par le vice propre de la chose (3), et les dom-

---

(1) Nous verrons au titre XI, article 397 , ce qu'on entend par avaries simples et avaries communes.

(2) Ces mots , *s'il n'y a convention contraire,* ne se rapportent qu'aux avaries simples. Il n'y a que les avaries de cette espèce que l'on peut convenir n'être pas à la charge du prêteur.

(3) Ces mots, *le vice propre de la chose,* ne bornent point , comme on le voit, les dispositions de la loi au cas où , par l'effet d'une conformation vicieuse, la chose porte en elle-même un germe de destruction. Cette disposition s'applique non seulement à ce cas , mais elle embrasse aussi le cas où la chose a été dégradée ou perdue par un des accidens auxquels la nature la rendait sujette ; par exemple, la rupture d'un cable qui s'use à force de servir (M. *Boulay-Paty*). Mais si la violence des coups de vent ou de mer, ayant obligé de filer le câble, en causait la rupture , emportait une voile, une vergue, et que le tout fût constaté par un procès-verbal dûment affirmé , ce serait un accident de force majeure , une fortune de mer dont répondrait le prêteur (M. *Pardessus*).

mages causés par le fait de l'emprunteur (1) ne sont point à la charge du prêteur (2) (*Art.* 326).

D. Quel est le temps pendant lequel les risques sont à la charge du prêteur?

R. Quand le temps des risques est déterminé par le contrat, il faut s'en tenir à la convention. S'il n'y a rien de stipulé à cet égard, les risques sont à la charge du prêteur, savoir: à l'égard du navire, des agrès et apparaux, armement et victuailles, du jour que le navire a fait voile (3), jusqu'au jour où il est ancré ou amarré au port (4) ou lieu de sa destination (5); et à l'égard des marchandises, du jour qu'elles ont été chargées dans le navire ou dans les gabarres pour être portées au navire, jusqu'au jour où elles sont délivrées à terre (6) (*Art.* 328).

---

(1) Par exemple, si les marchandises ont été confisquées, et pour cause de contrebande.

(2) Remarquez que le prêteur n'est jamais tenu que des risques maritimes. Si donc les marchandises une fois déchargées à terre, elles sont pillées ou incendiées, ces risques ne sont point à la charge du prêteur.

(3) Donc, s'il n'a pas fait voile, même par le fait de l'emprunteur, le risque n'a pas eu lieu, et il n'est dû que l'intérêt de terre (M. *Delvincourt*).

(4) Lorsque le navire, avant d'entrer au port, est obligé de s'arrêter pour les visites de santé ou *la quarantaine*, les risques sont toujours à la charge du prêteur (M. *Pardessus*, M. *Boulay-Paty*).

(5) Le port ou lieu de destination, quand le prêt à la grosse est pour *l'aller* seulement, ou *le retour* seulement, est celui où se rend le navire. Si le prêt est fait pour *l'aller et le retour*, c'est le port où le navire a pris son congé (M. *Pardessus*).

(6) Le navire ne pouvant s'avancer jusqu'au rivage ou jusqu'à quai, il faut y suppléer au moyen de petits bâtimens, et alors

D. Si les marchandises sont chargées sur un navire autre que celui désigné au contrat, le prêteur à la grosse qui a prêté sur ces marchandises, supporte-t-il les risques?

R. Non, le prêteur à la grosse sur marchandises chargées dans un navire désigné au contrat, ne supporte pas la perte des marchandises, même par fortune de mer, si elles ont été chargées sur un autre navire (1), à moins qu'il ne soit légalement constaté que ce chargement a eu lieu par force majeure (*Art.* 324).

SECTION III.

Du Profit maritime.

D. L'intérêt du prêt à la grosse ou profit maritime est-il fixé par la loi ?

R. Non, la loi laisse aux parties la plus grande latitude relativement à la fixation de ce profit, et elles

---

ces chaloupes, gabarres, bateaux, sont censés faire partie du navire qui est en déchargement. Mais il faut que le transport par gabarres, se fasse du port même, ou de la rade où le vaisseau est ancré; car, s'il s'agissait de remonter ou de descendre une rivière, je crois qu'il faudrait un pacte spécial (*Emérigon*).

(1) Mais le prêteur conservera-t-il le profit? Le texte de l'article ne permet pas d'en douter; car, en se bornant à décharger le prêteur des risques, il indique la partie du contrat à laquelle il entend ôter sa force ; et par cela même il le confirme dans toutes les autres parties. On demandera peut-être comment le prêteur peut avoir droit au profit maritime, lorsqu'il ne court plus les risques dont ce profit est le prix. Je réponds qu'il ne prend plus cette somme comme profit maritime, mais comme indemnité à raison de l'inexécution du contrat de la part de l'emprunteur (M. *Locré*).

peuvent le déterminer au taux qu'elles jugent convenable (1).

CHAPITRE II.

Des Obligations de l'Emprunteur.

D. Lorsque les effets sur lesquels le prêt à la grosse a eu lieu sont perdus, la somme prêtée peut-elle être réclamée?

R. Non, si les effets sur lesquels le prêt à la grosse a eu lieu sont entièrement perdus (2), et que la perte soit arrivée par cas fortuit (3), dans le temps et dans le lieu des risques (4), la somme prêtée ne peut être réclamée (*Art* 325).

D. Suffit-il de la perte du navire et du chargement, pour libérer ainsi celui qui a emprunté à la grosse sur des marchandises?

R. Non, il faut de plus qu'il justifie qu'il y avait, pour son compte, des effets jusqu'à la concurrence de la somme empruntée (5) *Art.* 329).

---

(1) Comme dans le prêt à la grosse le prêteur prend sur lui les risques des objets sur lesquels il a prêté, il est juste qu'il puisse stipuler un profit supérieur à l'intérêt légal. Or, comme les chances de perte peuvent être plus ou moins fortes, la loi n'a pas dû fixer le taux de ce profit.

(2) Est-ce au donneur à prouver que les objets sont arrivés, ou à l'emprunteur à prouver qu'ils sont perdus? C'est au donneur, comme demandeur, à prouver l'événement qui donne lieu à la demande, c'est-à-dire l'heureuse arrivée (M. *Delvincourt*).

(3) Si donc la perte vient de la faute du capitaine, elle tombe sur l'emprunteur; et même les cas fortuits ne libèrent l'emprunteur qu'autant qu'ils n'ont pas été précédés de faute (M. *Locré*).

(4) Ainsi, lorsque le capitaine fait fausse route, la perte des effets n'éteint pas les droits du prêteur (M. *Locré*).

(5) En ordonnant à l'emprunteur à la grosse de justifier du

D. Si l'emprunteur ne peut faire cette preuve, que devient le contrat de prêt?

R. Il faut distinguer s'il est prouvé (1) qu'il y a eu fraude de la part de l'emprunteur, ou s'il n'y a pas eu de fraude.

S'il est prouvé qu'il y a eu fraude de sa part lors du contrat, l'emprunt peut être déclaré nul en entier, sur la demande du prêteur (2), auquel l'emprunteur est tenu alors de rembourser la somme totale (3), nonobstant la perte ou la prise, mais sans profit maritime (4).

S'il n'y a point eu de fraude, le contrat est valable

---

chargé, la loi a voulu prévenir les fraudes et les vols qui pourraient avoir lieu. Par exemple, un homme emprunterait 50,000 fr., il ne chargerait rien, ou ne chargerait des marchandises que pour 25,000 fr.; puis il ferait périr le chargement, et aurait par là un bénéfice de 25,000 fr. ou de 50,000 fr. (M. *Boulay-Paty*).

(1) La fraude ne se présume jamais; c'est à celui qui prétend qu'elle existe à le prouver (*Code Civil, article* 1116).

(2) Et non de l'emprunteur qui ne peut arguer de sa propre fraude; *nemo ex delicto suo debet consequi actionem.* Il résulte de là que, dans le cas d'heureuse arrivée, le prêteur se gardera bien de demander la nullité, parce qu'il perdrait le profit maritime qu'il est en droit d'exiger. Si, au contraire, il y a perte, il demandera la nullité, afin de pouvoir exiger le remboursement de son capital, qui, sans la fraude de l'emprunteur, se fût trouvé perdu. Comme ici l'emprunteur est supposé en fraude, la loi a mis toutes les chances contre lui (M. *Delvincourt*).

(3) Ainsi, le contrat n'est pas même valable jusqu'à concurrence de la valeur du chargement; *secùs*, quand il n'y a pas fraude.

(4) Mais le prêteur peut-il, en cas de perte, réclamer au moins l'intérêt de terre? *Emérigon* soutient l'affirmative et *Valin* la négative. M. *Delvincourt* est de ce dernier avis (*Voyez Emérigon*, chap. 6, sect. 2, §. 2; *Valin* sur l'art. 3, tit. 5, liv. 3 de l'Ordonnance: M. *Delvincourt*, page 202, note 4, *in fine.*

jusqu'à concurrence de la valeur réelle des objets affectés à l'emprunt (1), d'après estimation faite ou convenue (2) : le surplus est remboursé avec les intérêts au cours de la place (3) (*Art.* 316 *et* 317).

D. Si les objets sur lesquels le prêt a été fait sont arrivés, soit en bon état, soit détériorés par cas fortuit, quelles sont les obligations des parties?

R. Dans le premier cas, l'emprunteur est tenu de rembourser la somme prêtée, et de payer en outre le profit maritime convenu. Dans le second, le prêteur doit essuyer une perte proportionnée à la détérioration de la chose (4). Si donc il y a naufrage, par exemple (5),

---

(1) **Et chargés dans le navire.** Car, pour qu'il y ait prêt à la grosse, il faut qu'il y ait risque. Or, il n'y a risque qu'autant que les objets sont chargés. — *Quid*, si le chargement n'a pas eu lieu ? Le contrat est annullé, et il y a lieu au *ristourne*, c'est-à-dire, au remboursement de la somme prêtée, avec l'intérêt de terre seulement; et ce, quand même le défaut de chargement serait du fait de l'emprunteur (M. *Delvincourt*).

(2) Cette estimation doit avoir pour base le prix courant des objets au lieu du chargement, et non pas celui qu'ils auraient, en les supposant arrivés à bon port. Car, on ne peut emprunter à la grosse sur le profit espéré (*Art.* 318).

(3) *Avec les intérêts,* etc., du jour du prêt, et cela quand même le navire viendrait à se perdre.

(4) C'est-à-dire que si les objets affectés au prêt ont essuyé un dommage qui les ait réduits à la moitié de leur valeur, le prêteur ne peut exiger que la moitié de la somme prêtée, etc. Mais il faut, comme nous l'avons vu, que la détérioration provienne d'un cas fortuit, et d'un cas fortuit maritime.

(5) *Par exemple :* j'ai ajouté ces mots, parce que le cas de naufrage n'est pas le seul dans lequel on doive appliquer la disposition de cet article. Il en est de même, dans tous les cas désignés par les auteurs sous le nom de *sinistres majeurs*, et qui sont rap-

le paiement des sommes empruntées à la grosse est réduit à la valeur de ceux des objets affectés au prêt, qui
ont été sauvés, déduction faite des frais de sauvetage
(*Voy. art.* 327).

D. Le prêteur à la grosse n'a-t-il pas un privilège
pour tout ce qu'il a droit de répéter?

R. Oui, le prêteur à la grosse a, pour tout ce qu'il
a droit de répéter, un privilège sur les objets affectés
à l'emprunt.

D. Quels sont les objets affectés aux emprunts à la
grosse?

R. Le navire, les agrès et apparaux, l'armement
et les victuailles, même le fret acquis (1), sont affectés
par privilège, au capital et intérêts de l'argent donné
à la grosse sur le corps et quille du vaisseau. Le chargement (2) est également affecté au capital et aux intérêts de l'argent donné à la grosse sur le chargement.
Enfin, si l'emprunt a été fait sur un objet particulier
du navire ou du chargement, le privilège a lieu sur cet
objet, mais il n'a lieu que sur cet objet, et dans la
proportion de la quotité affectée à l'emprunt (*Art.* 320).

---

portés dans l'article 359 , c'est-à-dire , la prise , l'échouement
avec bris , l'innavigabilité, l'arrêt (M. *Delvincourt*).

(1) Ainsi, quoiqu'on ne puisse emprunter à la grosse sur le
fret à faire, le fret acquis n'en est pas moins le gage du donneur, et avec raison; car il tient lieu de la moins value que le
voyage a occasionné au navire. Si donc il y a naufrage, mais
que le chargement soit sauvé, l'emprunteur sur corps et quille
n'est libéré du prêt qu'en abandonnant le fret des objets sauvés
(M. *Delvincourt*).

(2) Et de même le chargement de retour, quand le prêt a été
fait pour l'aller et le retour (*Pothier, Contrat à la grosse,*
n.º 34, M. *Boulay-Paty*).

D. La portion d'un propriétaire dans lě navire, peut-elle être affectée à l'emprunt auquel il n'a pas consenti ?

R. Oui, c'est ainsi que sont affectées aux sommes empruntées, même dans le lieu de la demeure des intéressés, pour radoub et victuailles, les parts et portions des propriétaires qui n'ont pas fourni leur contingent pour mettre le bâtiment en état , dans les vingt-quatre heures de la sommation qui leur en est faite (*Art.* 322).

D. S'il y a eu plusieurs emprunts successifs sur le même objet, quel est celui qui est préféré ?

R. C'est toujours le dernier (1) : ainsi, l'emprunt fait pour le dernier voyage, est préféré à celui fait pour un précédent, quand même il aurait été dit lors du second voyage, que les sommes prêtées pour le premier étaient laissées par continuation ou renouvellement (2) ; de même, l'emprunt fait pendant le voyage, est préféré à celui fait avant le départ ; et s'il y a plusieurs emprunts faits pendant le même voyage, le dernier est préféré à ceux qui l'ont précédé (3) (*Art.* 323).

---

(1) Parce que l'on présume toujours que le dernier prêt à contribué à conserver le gage commun ; *salvam fecit pignoris causam.* Il faut cependant excepter le cas où il aurait été fait plusieurs prêts avant le départ sur le même chargement. Ils prennent tous la date du départ ; en conséquence, ils sont en concours, et nul n'est préféré. On ne peut pas dire que l'un a contribué à conserver le gage de l'autre (M. *Delvincourt*).

(2) *Quid*, si au lieu de renouveler le prêt fait pour un premier voyage, celui qui veut prêter encore pour un second, fait un nouveau contrat, et quittance le premier ? Si l'on peut prouver le fait, on appliquera les dispositions de notre article (*Valin*, M. *Delvincourt*, M. *Locré*).

(3) Il faut excepter également ici le cas où plusieurs emprunts

D. Le privilège est-il également acquis au prêteur lorsque l'emprunt est fait par le capitaine, dans le lieu de la demeure des propriétaires du navire (1), sans leur autorisation authentique ou leur intervention dans l'acte?

R. Non, dans ce cas, le prêt ne donne action et privilège que sur la portion que le capitaine peut avoir au navire et au fret (*Art.* 321).

D. S'il y a prêt à la grosse et assurance sur le même navire ou sur le même chargement (2), et qu'il y ait naufrage, comment se partage le produit des objets sauvés?

R. Le produit des objets sauvés est partagé, au marc le franc, entre le prêteur, pour son capital seulement (3), et l'assureur pour les sommes assurées (4) (*Art.* 331).

---

ont été faits pendant le voyage, mais dans la même échelle. Par exemple, un capitaine relâche, forcé par le mauvais état de son navire. Il a besoin de 20,000 fr. pour le radouber. Il fait plusieurs emprunts successifs pour compléter cette somme. Tous ces emprunts viennent au même rang, de même que tous les emprunts faits avant le départ (M. *Delvincourt*).

(1) Ou de leurs fondés de pouvoirs.

(2) Comme d'après l'article 347 on ne peut faire assurer les sommes empruntées à la grosse, c'est-à-dire les objets affectés au paiement de ces sommes, il en résulte que cet article doit être entendu du cas où le chargeur, ayant emprunté une somme moindre que la valeur de son chargement, a fait assurer le surplus (M. *Delvincourt*).

(3) Dès qu'il est question de partager au marc le franc, c'est qu'il y a déconfiture, par conséquent sinistre; et dès-lors le profit maritime ne peut être demandé.

(4) Sans préjudice des privilèges établis à l'article 191 (*Art.* 331).

CHAPITRE III.

De la Forme du Contrat à la grosse.

D. Dans quelle forme doit être passé le contrat à la grosse ?

R. Le contrat à la grosse peut être passé devant notaires ou sous seing-privé (1).

D. Que doit énoncer cet acte ?

R. Cet acte doit énoncer (2) le capital prêté (3) et la somme convenue pour le profit maritime (4), les objets sur lesquels le prêt est affecté, les noms du navire et du capitaine, ceux du prêteur et de l'emprunteur, si le prêt à lieu pour un voyage, pour quel voyage et pour

------

(1) Cette disposition est-elle tellement impérative, que s'il n'y a point d'acte écrit d'un prêt à la grosse, on ne puisse admettre la preuve testimoniale ? Les auteurs sont divisés : *Voyez* pour l'affirmative, *Valin*, sur l'art. 1.er, tit. 5, liv. 3 ; M. *Locré*, sur l'art. 311, tome 3, page 322, M. *Boulay-Paty*, tit. 9, sect. 2, tome 3, page 38 ; MM. *Mongalvy* et *Germain*, tome 2, page 3 : pour la négative, *Emérigon*, chap. 2, sect. 1.re, § 2 ; *Pothier*, *Contrat à la grosse*, n.º 27 ; M. *Delvincourt*, page 200, note 1. M. *Pardessus* (n.º 898, tome 3, page 471) pense que la preuve testimoniale ne pourrait être admise qu'autant qu'il y aurait un commencement de preuve par écrit.

(2) Mais ce n'est pas à peine de nullité, à moins que l'omission ne soit telle qu'elle détruise l'acte dans son essence, ou qu'elle en empêche l'exécution (*Voyez* M. *Locré*).

(3) On pourrait cependant prêter à la grosse autre chose que de l'argent.

(4) Peut-on convenir qu'en cas d'heureuse arrivée, le prêteur aura, pour profit maritime, une part dans les bénéfices ? Oui ; mais ce serait alors une société, plutôt qu'un prêt à la grosse (M. *Delvincourt*, M. *Locré*).

quel temps (1), l'époque du remboursement (2) (*Art.* 311).

D. L'acte de prêt peut-il être fait à ordre ?

R. Oui, l'acte de prêt peut être fait à ordre, et alors le prêteur peut le négocier par la voie de l'endossement. Cette négociation a les mêmes effets, et produit les mêmes actions en garantie que celle des autres effets de commerce (*Art.* 313), sauf que la garantie ne s'étend pas au profit maritime (3), à moins de stipulation expresse (*Art.* 314).

D. L'acte de prêt à la grosse ne doit-il pas être enregistré ?

R. Oui, tout acte de prêt à la grosse fait en France, doit être enregistré, dans les dix jours de sa date, au greffe du Tribunal de Commerce, à peine pour le prêteur de perdre son privilège (4) (*Art.* 312).

---

(1) Cela prouve que l'on peut stipuler que le temps des risques ne courra pas pour le prêteur pendant tout le temps du voyage.

(2) *Quid,* si l'emprunteur ne paie pas au temps convenu, et que le profit maritime soit stipulé à tant par mois, ce profit continuera-t-il de courir ? Non ; ce profit doit cesser avec les risques. L'emprunteur doit seulement l'intérêt de terre du jour de la demande. Mais doit-il cet intérêt, même sur le profit maritime ? *Pothier,* n.º 51, pensait que non. *Emérigon* (chap. 3, sect. 4, § 2) était de même avis ; mais il convenait cependant que la jurisprudence était contraire.

(3) Quel est le motif de cette disposition ? On n'en trouve pas de bien positif (*Voyez* M. *Locré* sur l'*art.* 314, tome 3, page 345 ; et M. *Delvincourt,* page 200, note 11).

(4) Cette disposition a eu pour but de prévenir les fraudes qui pourraient préjudicier à des tiers. Un négociant de mauvaise foi, à la veille de faire faillite, ferait des billets à la grosse, antidatés, aux profits de personnes apostées, qui par là acquerraient un privilège, et se trouveraient préférées aux créanciers légitimes (M. *Locré*).

D. Si l'emprunt à la grosse est fait par le capitaine dans l'étranger, ne doit-il pas observer quelques formalités ?

R. Si le prêt est fait dans l'étranger, il est ordonné sous la même peine, d'en faire constater la nécessité par un procès-verbal signé des principaux de l'équipage, et d'obténir, en outre, l'autorisation du Consul Français, ou, à défaut, du magistrat du lieu (*Art.* 312 *et* 234).

TITRE X.

Des Assurances.

D. Qu'est-ce qu'on entend par assurance ou contrat d'assurance en général ?

R. Le contrat d'assurance est, en général, celui par lequel l'une des parties, moyennant une somme qui lui est donnée ou promise, se charge du risque des cas fortuits auxquels une chose est exposée, et s'oblige en conséquence d'indemniser l'autre, de la perte que ces cas fortuits pourraient lui faire essuyer (1).

(M. Delvincourt.)

R. L'assurance, dans le sens le plus étendu, est un contrat par lequel un homme s'engage à indemniser le propriétaire d'une chose quelconque, des accidens qui peuvent arriver à cette chose.

(M. Boulay-Paty.)

D. Comment peut-on définir le contrat d'assurance maritime en particulier ?

____

(1) La définition du contrat d'assurance ainsi conçue, peut convenir à toutes les espèces d'assurances, telles que celles contre les incendies, la grêle, etc. Mais, dans ce titre, il n'est question que du contrat d'assurance maritime.

R. On peut définir le contrat d'assurance maritime, celui par lequel l'un des contractans, au moyen d'une somme qui lui est payée ou promise, promet à une personne qui a un intérêt dans un navire ou dans un chargement, de la garantir de toutes pertes et dommages qui arriveront, par fortune de mer (1), à la chose dans laquelle elle est intéressée (2).

(M. Delvincourt).

R. L'assurance maritime est une convention par laquelle l'un des contractans s'oblige envers l'autre, moyennant un prix convenu, à réparer les pertes ou dommages qu'éprouveront sur mer des choses exposées aux dangers de la navigation, et à la conservation desquelles ce dernier a intérêt.

(M. Pardessus, N.º 756).

D. Qu'appelle-t-on *assureur, assuré, prime d'assurance, police d'assurance?*

R. La personne qui se charge des risques se nomme *l'assureur;* celle envers qui elle s'en charge, se nomme *l'assuré;* la somme promise à l'assureur pour le prix du risque, se nomme *prime d'assurance;* et l'acte qui renferme les conventions des parties, se nomme *police d'assurance.*

Section première.

De la Forme et de l'Objet du Contrat d'Assurance (3).

D. Comment est rédigé le contrat d'assurance?

---

(1) On a étendu cela au cas où le dommage proviendrait de la faute ou de la prévarication du capitaine ou de l'équipage, si toutefois l'assureur s'est chargé de la *baraterie de patron,* comme cela est d'usage dans les polices (M. *Delvincourt*).

(2) Il résulte de cette définition que trois choses sont essentielles au contrat d'assurance, 1.º une chose assurée; 2.º des risques auxquels cette chose soit exposée et dont l'assureur se charge; 3.º une prime d'assurance.

(3) On peut voir des formules de police d'assurance dans *Emé-*

14

R. Le contrat d'assurance est rédigé par écrit (1);
il est daté du jour auquel il est souscrit; il y est énoncé
si c'est avant ou après midi (2); il peut être fait sous
signature privée; il ne peut contenir aucun blanc
(*Art.* 332).

D. Quelles sont les choses qu'exprime le contrat
d'assurance?

R. Le contrat d'assurance exprime le nom et le domicile de celui qui fait assurer (3), sa qualité de propriétaire ou de commissionnaire (4), le nom (5) et la

---

rigon, *Traité des Assurances*, chap. 2, sect. 3; et dans M. *Boulay-
Paty*, tit. 10, sect. 1.re, tome 3, pages 268 et suiv.

(1) Ici se reproduisent les questions que nous avons traitées
sur l'article 311. Nous nous contenterons de renvoyer à la
page 206, note (1). Il faut appliquer à la police d'assurance tout
ce que nous avons dit relativement à l'acte de prêt à la grosse.
Voyez M. *Pardessus*, n.° 792, tome 3, page 295; M. *Boulay-
Paty*, tit. 10, sect. 1.re, tome 3, page 246; M. *Delvincourt*,
page 222, note 2; M. *Locré*, sur l'article 332, tome 4, page 4.

(2) On a inséré cette disposition afin de pouvoir mieux apprécier, si au moment de l'assurance, l'assuré connaissait la perte du
navire, ou l'assureur son heureuse arrivée (*Voyez art.* 366).

(3) Autrefois on pouvait faire assurer *pour compte de qui il
appartiendra*. M. *Delvincourt*, M. *Boulay-Paty* pensent qu'on
pourrait encore en faire de même aujourd'hui.

(4) Mais remarquez que dans l'usage du commerce, l'assureur
n'est censé, sauf convention contraire, connaître que celui qui
intervient au contrat, commissionnaire ou non; soit qu'il ait dit
ou non, la personne pour qui il a agi (M. *Delvincourt*).

(5) « Mais tous nos auteurs conviennent qu'on ne doit pas poin-
tillersur le nom du navire, pourvu que l'erreur qui s'y est
glissée n'empêche pas d'en reconnaître l'identité » (*Émérigon*).

désignation (1) du navire (2) ; le nom du capitaine (3) ;
le lieu où les marchandises ont été ou doivent être
chargées ; le port d'où le navire a dû ou doit partir ;
les ports ou rades dans lesquels il doit charger ou décharger ; ceux dans lesquels il doit entrer (4) ; la nature
et la valeur ou l'estimation des marchandises ou objets
que l'on fait assurer (5) ; les temps auxquels les risques
doivent commencer et finir ; la somme assurée (6) ; la

---

(1) Il faut dire si c'est un *trois mats*, un *brick*, une *goelette*,
une *félouque*, une *pinque*. *Quid*, s'il y a erreur dans la désignation du navire ? Si elle est de nature à diminuer l'idée du risque ,
elle vicie le contrat ; si elle ne peut avoir cet effet, elle devient
indifférente (*Voyez* M. *Boulay-Paty*, titre 10, sect. 2, tome 3,
page 319).

(2) *Quid*, si l'on n'a pas parlé du tout du navire ? L'assureur est
censé s'en être rapporté à l'assuré sur le choix du bâtiment
(M. *Locré*, M. *Boulay-Paty*).

(3) Il peut y avoir moins de risques avec tel capitaine qu'avec
tel autre. Du reste, pour éviter les discussions, après le nom du
capitaine , on a coutume d'ajouter *ou tout autre pour lui*.

(4) Toutes ces énonciations sont prescrites, 1.º parce que
l'assureur doit connaître l'étendue des risques dont il se charge :
2.º parce que l'assureur est déchargé des risques en cas de changement de route ou de voyage. Si elles sont omises, l'assureur
est censé s'être référé au droit commun ; si elles sont erronées ,
elles ne vicient le contrat qu'autant qu'elles ont empéché l'assureur de connaître l'étendue des risques ; si elles sont frauduleuses,
elles l'anéantissent indistinctement (M. *Locré*).

(5) On peut se contenter de dire qu'on fait assurer telle somme
sur les facultés de tel navire. Il suffit alors qu'au moment du sinistre, il y ait une pareille valeur en marchandises ou même en
argent, chargée sur le navire , pour le compte de l'assuré
(M. *Delvincourt*).

(6) Si l'énonciation de la somme assurée était omise, le contrat ne serait pas nul, mais l'assureur serait tenu de payer la valeur des choses assurées d'après l'estimation dont il est parlé plus
haut (*Locré*, M.).

prime ou le coût de l'assurance (1) ; la soumission des parties à des arbitres, en cas de contestation, si elle a été convenue (2) ; et généralement toutes les autres conditions dont les parties sont convenues (3) (*Art.* 332).

D. La même police peut-elle contenir plusieurs assurances ?

R. Oui, la même police peut contenir plusieurs assurances, soit à raison des marchandises, soit à raison du taux de la prime, soit à raison des différens assureurs (*Art.* 333).

D. Quels sont les objets qu'on peut faire assurer ?

R. L'assurance peut avoir pour objet le corps et quille (4) du vaisseau, vide ou chargé, armé ou non armé

---

(1) *La prime.* On l'appelle ainsi, parce que anciennement elle se payait lors de la signature de la police, *primò, avant tout.* Elle peut cependant se payer au retour. On fait aussi des billets que l'on appelle *billets de prime*, et qui n'opèrent point novation, c'est-à-dire que l'assureur conserve pour le paiement de ces billets le même privilège qu'il aurait eu pour le paiement de la prime, pourvu toutefois que la police porte *quittance en un billet.*

La prime peut consister, soit dans une somme d'argent, soit dans tout autre objet (M. *Delvincourt*; M. *Boulay-Paty*, tit. 10, sect. 11, tome 3, page 338).

(2) Mais l'arbitrage n'est pas forcé comme dans les sociétés de commerce.

(3) Autrefois on pouvait faire les polices d'assurance à ordre ; le pourrait-on aujourd'hui ? M. *Delvincourt* et M. *Boulay-Paty* le pensent ; ils se fondent sur ce que le Code le permet expressément pour les billets à la grosse.

(4) Si dans le cours du voyage, il est fait des dépenses extraordinaires pour le navire, l'armateur peut-il faire assurer ce surcroît ? Oui (*Valin et Emérigon*). Et la véritable raison en est que ce surcroît de dépense peut, en cas de sinistre, se trouver aux risques de l'armateur. Supposons, en effet, un navire de va-

(1), seul ou accompagné (2); les agrès et apparaux (3), les armemens, les victuailles, les sommes prêtées à la grosse (4); les marchandises du chargement (5) et autres choses ou valeurs estimables à prix d'argent (6), sujettes aux risques de la navigation (*Art.* 334).

---

leur de 90,000 fr., et assuré pour cette somme. Le capitaine est obligé, par fortune de mer, de relâcher en route, et de faire un radoub montant à 6,000 fr. Si le navire arrive à bon port, l'armateur aura à la vérité, l'action d'avarie contre son assureur pour être remboursé de ces 6,000 fr. Mais si le vaisseau vient à périr postérieurement au radoub, certainement l'armateur ne pourra toujours demander à son assureur que la somme primitive de 90,000 fr. Il sera donc en perte des 6,000 fr. employés au radoub. Or, cette chance suffit pour lui donner le droit de faire assurer (M. *Delvincourt*, M. *Boulay-Paty*).

(1) Il est évident que ce n'est pas indifférent, surtout en temps de guerre.

(2) Il est encore évident qu'un navire court plus de risques quand il marche seul. Si l'assurance est faite pour un navire marchant sous escorte, et qu'il marche seul volontairement, l'assurance est nulle dans l'intérêt de l'assureur qui gagne néanmoins la prime : *secùs*, si le navire a été séparé de l'escorte par coup de vent.

(3) Ce qui comprend la chaloupe (*Valin et Emérigon*)

(4) Il est simple que le prêteur puisse faire assurer les sommes prêtées à la grosse, puisqu'il court risque de les perdre. Il n'en est pas de même de l'emprunteur.

(5) C'est ce qu'on appelle *assurance sur facultés.* Cette assurance, ainsi conçue, comprend-t-elle les marchandises chargées sur le navire pendant le voyage? Non, à moins que la police ne contienne la clause de faire échelle (M. *Delvincourt*).

(6) Peut-on faire assurer la liberté des personnes? Oui, car c'est une chose estimable à prix d'argent. Si donc la personne dont la liberté a été assurée est prise par des pirates, les assureurs doivent la somme nécessaire pour sa rançon. — Peut-on faire assurer la vie des hommes? D'abord, il est hors de doute qu'on peut faire assurer celle des esclaves, puisque leur vie est estimable à

D. De combien de manières l'assurance peut-elle être faite sur ces objets ?

R. L'assurance peut être faite de diverses manières ; elle peut être faite sur le tout ou sur une partie de ces objets, conjointement ou séparément (1); elle peut être faite en temps de paix ou en temps de guerre, avant ou pendant le voyage du vaisseau ; elle peut être faite pour l'aller et le retour (2), ou seulement pour

---

prix d'argent (M. *Corvetto*, *Exposé des Motifs*). M. *Boulay-Paty* pense qu'on ne peut faire assurer la vie des personnes libres ; il se fonde sur les lois Romaines : *liberum corpus æstimationem non recipit*, et sur l'Ordonnance, art. 10 ; *défendons de faire aucune assurance sur la vie des personnes*. Mais l'opinion contraire doit l'emporter. C'est celle de MM. *Pardessus, Delvincourt, Dupin jeune, etc.*, Enfin, une Ordonnance Royale n'a-t-elle pas depuis peu autorisé l'établissement d'une compagnie d'assurance sur la vie des hommes ? *Voyez* M. *Boulay-Paty*, tit. 10, sect. 5, tome 4, page 367 et suiv. : M. *Pardessus*, n°. 588 et suivans, tome 2, p. 677 ; M. *Delvincourt*, page 208, note 8.

(1) Comment doit s'imputer l'assurance faite sur le navire et le chargement, ou, en d'autres termes, sur corps et facultés, sans distinction ? Par exemple, un négociant fait assurer une somme de 40,000 fr. sur tel navire, *corps et facultés*. Il ne charge rien dans le navire, mais il est propriétaire d'une portion de ce navire valant 42,000 fr. Le navire périt corps et biens ; si l'assurance doit s'imputer moitié sur le corps et moitié sur les facultés, il est évident qu'elle n'est valable que pour 20,000 fr., c'est-à-dire pour la partie qui porte sur le corps ; mais que pour celle qui porte sur les facultés, elle est nulle, puisque nous supposons que l'assuré n'a aucun intérêt dans le chargement. Il y aurait donc lieu au ristourne pour 20,000 fr. Si, au contraire, dans l'espèce, l'assurance doit s'imputer indistinctement sur l'un ou l'autre des objets, elle est valable pour le tout, et l'assureur est obligé de payer la somme entière assurée. Ce dernier avis est celui d'*Emérigon*, adopté aujourd'hui par M. *Delvincourt*, et M. *Boulay-Paty*.

(2) C'est ce qu'on appelle *à prime liée*.

l'un des deux (1), pour le voyage entier ou pour un temps limité (2). Enfin, elle peut avoir lieu pour tous voyages et transports par mer, rivières ou canaux navigables (*Art.* 335).

D. Peut-on faire assurer les loyers des gens de mer et les profits que l'on espère?

R. Non; le contrat d'assurance est nul s'il a pour objet le fret des marchandises existantes à bord du navire (3), le profit espéré des marchandises (4), les loyers des gens de mer, les sommes empruntées à la grosse, ou les

----

(1) Lorsque les parties ne se sont pas expliquées, l'assurance n'est censée faite que pour l'*aller*, et non pour le *retour*. En matière d'assurance, l'*aller* est compté pour un voyage, et le *retour* pour un autre (*Valin*, M. *Delvincourt*, M. *Boulay-Paty*).

(2) On peut donc faire assurer pour un temps, même sans faire mention du voyage, et alors l'assureur répond de tous les accidens qui arrivent dans tous les voyages faits pendant le temps déterminé. Cette sorte d'assurance a lieu ordinairement pour la pêche et les armemens en course. Elle a cela de particulier que son cours n'est pas interrompu, quoique le navire soit revenu au port du départ; si le temps fixé par la police n'est point fini, le navire peut se remettre à la voile sous la même assurance. Je pense même que dans ce cas l'assureur est tenu des accidens survenus pendant les différens séjours du navire au port du départ (M. *Delvincourt*).

(3) C'est ce qu'on exprime quand on dit qu'on ne peut faire assurer *le fret à faire. Quid*, si le fret a été payé d'avance, avec la clause qu'il ne sera pas restitué en cas de naufrage? Il peut faire la matière d'une assurance, non de la part du capitaine qui l'a gagné, et pour qui il n'est plus en risque; mais de la part du chargeur qui court risque de le perdre s'il y a naufrage (*Voyez* M. *Delvincourt*, page 213, note 8).

(4) Mais non pas le profit acquis. Ainsi, je charge pour Saint-Domingue une valeur de 30,000 fr., que je fais assurer *aller* et *retour*. Arrivée à Saint-Domingue, la cargaison se vend 60,000 fr.; j'achète en retour des marchandises pour cette valeur. Je

profits maritimes de ces mêmes sommes (1) (*Art.* 347).

D. En cas de fraude dans l'estimation des objets assurés, que peut faire l'assureur?

R. En cas de fraude dans l'estimation des effets assurés, en cas de supposition ou de falsification (2), l'assureur (3) peut (4) faire procéder à la vérification et estimation des objets (5), sans préjudice de toutes

---

puis faire assurer les 30,000 fr. d'excédant, parce que ce n'est pas un profit espéré, mais un profit acquis.

(1) Ces prohibitions sont la conséquence de ce principe que l'assurance ne peut jamais être pour l'assuré un moyen de gagner, mais seulement de ne pas perdre. Tous ces objets sont plutôt regardés comme des gains qu'on manque de faire, en cas de perte du navire et de la marchandise, que comme une perte effective et actuelle. Il y a en outre une raison politique, au moins pour ce qui concerne le capitaine, les chargeurs et les matelots, et cette raison n'est pas la moins forte. C'est qu'on a voulu qu'ils eussent toujours intérêt à la conservation du navire et du chargement, et qu'ils n'en auraient plus, si le fret, les profits, ou les loyers étaient assurés (*Voy.* aussi M. *Locré* sur l'article 347, tome 4, page 109).

(2) Si, par exemple, on déclare remplies d'indigo des balles contenant des matières beaucoup moins précieuses.

(3) Il n'y a que l'assureur qui puisse contester l'estimation faite par la police. L'assuré ne le peut jamais, parce que cette estimation est de son fait. Dans l'usage, l'assureur n'y coopère point.

(4) *Peut.* Il était nécessaire que la loi donnât expressément à l'assureur le droit de contester l'estimation faite par la police. On aurait pu le soutenir non recevable comme l'ayant approuvée par sa signature. Mais on a considéré que, dans l'usage, cette estimation est l'ouvrage de l'assuré seul (M. *Delvincourt*). *Quid,* si l'assureur avait renoncé par la police au droit de demander une nouvelle estimation? Cette convention serait nulle, comme tendant à favoriser le dol. *Non valet conventio ne dolus præstetur.* (*Pothier,* n.º 159).

(5) *Quid,* si le montant de la nouvelle estimation est inférieur à celui de l'ancienne? L'assurance est entièrement nulle dans

autres poursuites, soit civiles, soit criminelles (*Art.* 336).

D. Lorsqu'on veut faire assurer un chargement fait dans un lieu éloigné, est-on indispensablement obligé de désigner le navire et le capitaine ?

R. Non, les chargemens faits aux Échelles du Levant, aux côtes d'Afrique et autres parties du monde, pour l'Europe, peuvent être assurés, sur quelque navire qu'ils aient lieu, sans désignation du navire, ni du capitaine (1) (*Art.* 337).

D. Ne peut-on pas également, dans les mêmes cas, se dispenser d'indiquer la nature et l'espèce des marchandises assurées ?

R. Oui, les marchandises elles-mêmes peuvent, dans ce cas, être assurées sans désignation de leur nature et espèce. Mais, à moins qu'il n'y ait convention contraire dans la police d'assurance, on doit y indiquer celui à qui l'expédition est faite ou doit être consignée (*Art.* 337).

D. Comment sont évaluées les marchandises dont le prix est stipulé dans le contrat en monnaie étrangère?

R. Tout effet dont le prix est stipulé dans le contrat en monnaie étrangère, est évalué au prix que la monnaie stipulée vaut en France, suivant le cours à l'époque de la signature de la police (*Art.* 338).

---

l'intérêt de l'assureur, s'il y a dol personnel de la part de l'assuré; sinon, elle est réduite à la valeur réelle de l'objet assuré, et l'assureur reçoit demi pour cent pour le surplus.

(1) C'est ce que les auteurs appellent l'assurance *in quovis*. Celui qui reçoit des marchandises d'un pays aussi éloigné peut, quoique instruit de l'envoi, ignorer sur quel navire elles seront chargées, et cependant il doit pouvoir les faire assurer (M. *Locré*).

D. Si la valeur des marchandises n'est point fixée par le contrat, comment peut-elle être justifiée?

R. Si la valeur des marchandises n'est point fixée par le contrat (1), elle peut être justifiée par les factures ou par les livres (2); à défaut, l'estimation en est faite suivant le prix courant au temps et au lieu du chargement (3), y compris tous les droits payés et tous les frais faits jusqu'à bord (4) (*Art.* 339).

D. Si l'assurance est faite sur le retour d'un pays où

----

(1) Quand la fixation est portée dans la police, cela dispense l'assuré de l'obligation de la constater d'une autre manière ; mais cela n'ôte pas à l'assureur le droit de la contester, quoiqu'il l'ait signée. Si il n'y a pas d'estimation dans la police, c'est au contraire à l'assuré à prouver la valeur.

(2) Point de doute que les parties ne puissent aussi régler cette estimation de gré à gré, ou convenir d'experts qui la fixeront. (M. *Locré*).

(3) Et non pas au lieu de la décharge ; autrement ce serait faire assurer le profit espéré, ce qui est prohibé. Mais en est-il de même à l'égard du navire ? La raison de douter est que les marchandises gagnent ordinairement par le transport, tandis que le navire se détériore par la même cause. Cependant il en faut dire la même chose du navire, sans qu'il en résulte néanmoins de préjudice pour l'assureur ; car, ou il s'agit d'un sinistre majeur qui donne lieu au délaissement ; et alors l'assuré est obligé d'abandonner le fret gagné par le navire, lequel représente la détérioration que le voyage a causé au bâtiment : ou l'assuré intente seulement l'action d'avarie, et alors la valeur donnée au navire est indifférente, puisque l'assureur est seulement obligé de payer la somme nécessaire pour mettre le navire en état (M. *Delvincourt*).

(4) Par conséquent les frais de douanes et autres. En effet, tous ces frais augmentent la valeur de la chose, et l'assureur doit la prendre au prix qu'elle avait au moment où il a commencé à courir les risques.

le commerce ne se fait que par troc (1) , et que l'estimation des marchandises (2) ne soit pas faite par la
police, comment doit-elle être réglée?

R. L'estimation de ces marchandises est réglée sur
le pied de la valeur de celles qui ont été données en
échange, en y joignant les frais de transport (3) (*Art.*
340).

D. Si le contrat d'assurance ne règle point le temps
des risques, quand est-ce que les risques commencent
et finissent?

R. Si le temps des risques n'est point déterminé par
le contrat, il court pour l'assureur comme pour le prêteur à la grosse : à l'égard du navire, des agrès, apparaux, armement et victuailles, du jour que le navire a
fait voile, jusqu'au jour où il est ancré ou amarré au
port ou lieu de sa destination ; et à l'égard des marchandises, du jour qu'elles ont été chargées dans le navire, ou dans les gabarres pour les y porter, jusqu'au
jour où elles sont délivrées à terre (4) (*Art.* 328 *et* 341).

D. Si l'une des parties au contrat d'assurance tombe

---

(1) Il est maintenant bien peu de pays où le commerce se fasse
en pur troc. Presque partout il y a une monnaie, soit réelle, soit
idéale ; on estime ce qu'on donne, on estime ce qu'on reçoit ; et
il y a plutôt une double vente qu'un échange (*Voyez* M. *Boulay-
Paty*, tit 10, sect. 7).

(2) *Des marchandises*, rapportées en retour. Il est bien clair
qu'il ne s'agit pas de celles expédiées au départ, puisque c'est au
contraire la valeur de celles-ci qui sert à déterminer la valeur des
autres.

(3) C'est-à-dire les droits de douane à la sortie, le fret, la
prime d'assurance, les frais de séjour, de déchargement, etc.

(4) Voyez ci-dessus, page 198, les notes sur l'article 328.

en faillite lorsque le risque n'est pas encore fini, que peut faire l'autre partie ?

R. L'autre partie peut demander caution, ou la résiliation du contrat (1) (*Art.* 346).

D. Si dans un contrat d'assurance fait en temps de paix, il a été stipulé une augmentation de prime pour le temps de guerre qui pourrait survenir, et que la quotité de cette augmentation n'ait pas été déterminée, comment est-elle réglée si la guerre survient ?

R. Cette augmentation de prime est réglée par les tribunaux, en ayant égard aux risques, aux circonstances, et aux stipulations de chaque police d'assurance (2) (*Art.* 343).

D. En cas de perte des marchandises assurées et chargées pour le compte du capitaine sur le vaisseau qu'il commande, le capitaine n'est-il pas tenu envers les assureurs d'une justification particulière ?

R. Oui, le capitaine est tenu de justifier aux assureurs de l'achat des marchandises, et d'en fournir un connaissement signé par deux des principaux de l'équipage (3) (*Art.* 344).

---

(1) Cependant, si c'est l'assuré qui tombe en faillite, mais qu'avant cette époque, il ait payé la prime, l'assureur n'a rien à demander.

(2) Mais si les parties ne sont pas convenues d'une augmentation, les tribunaux ne peuvent l'accorder.

(3) Ordinairement le chargement des effets assurés est suffisamment justifié par le connaissement signé du chargeur et du capitaine ; l'on trouve dans le concours de ces deux personnes une assez grande garantie ; mais cette garantie n'existe plus quand c'est le capitaine lui-même qui est le chargeur. Il pourrait, en cas de perte du navire, présenter un connaissement d'objets qu'il n'aurait pas réellement chargés. C'est pour prévenir la possibilité

D. Les hommes de l'équipage et les passagers qui apportent des pays étrangers des marchandises assurées en France, ne sont-ils pas tenus de quelque formalité semblable ?

R. Oui (1), tout homme de l'équipage et tout passager qui apportent des pays étrangers, des marchandises assurées en France (2), sont tenus d'en laisser un connaissement dans les lieux où le chargement s'effectue, entre les mains du Consul de France, ou, à défaut, entre les mains d'un Français notable négociant, ou du magistrat du lieu (3) (*Art*. 345).

D. Quel est l'effet de toute fausse déclaration de la part de l'assuré, ou de toute différence entre le contrat d'assurance et le connaissement, qui tendrait à diminuer l'opinion du risque ?

R. Toute réticence (4), toute fausse déclaration de la part de l'assuré (5), toute différence entre le contrat d'assurance et le connaissement, qui diminuerait l'opinion du risque ou en changerait le sujet, annulle l'as-

---

de semblables fraudes que la loi exige que le connaissement soit signé de deux personnes de l'équipage, et en outre, que le capitaine justifie de l'achat des marchandises (*Voy*. M. *Locré*, sur l'art. 334, tome 4, page 102.).

(1) Pour éviter les collusions qui pourraient avoir lieu entre le capitaine et le chargeur qui est sur son bord.

(2) Si l'assurance n'a pas été faite en France, elle est régie par les lois du pays où elle a été faite (M. *Delvincourt*).

(3) En cas de perte, on annullerait le véritable connaissement, et l'on en fabriquerait un frauduleux, dans lequel on grossirait la quotité ou la valeur du chargement.

(4) Même non frauduleuse.

(5) Quand même cette déclaration roulerait sur des choses que l'assuré n'était pas obligé de déclarer, si toutefois elles ont pu déterminer l'opinion de l'assureur.

surance (1). L'assurance est nulle (2), même dans le cas où la réticence, la fausse déclaration, ou la différence n'aurait pas influé sur le dommage ou la perte de l'objet assuré (3) (*Art.* 348).

D. L'assureur peut-il faire réassurer par d'autres les effets qu'il a assurés ?

R. Oui, l'assureur peut faire réassurer par d'autres (4) les effets qu'il a assurés (5), et l'assuré peut faire assurer le coût de l'assurance (6). La prime de la

---

(1) Dans l'intérêt de l'assureur. Il est évident que l'assuré, en cas de retour heureux, ne peut exciper de son dol ou de sa faute pour se dispenser de payer la prime.

(2) L'assurance est nulle ici par défaut de consentement de l'assureur. Le risque est de la substance de l'assurance. Il y a erreur sur le risque. Or, l'erreur sur la substance de la chose annulle le consentement (*Code Civ.*, *article* 1110) (M. *Delvincourt*).

(3) Le contrat n'ayant pas existé, aucune conséquence, aucun effet, n'en ont pu résulter. Dès-lors il est indifférent, à l'égard de l'assureur, que le navire périsse ou ne périsse pas, ou qu'il périsse par une chance sur laquelle la réticence ou la fausse déclaration n'auraient pas influé (M. *Corvetto*, *Exposé des Motifs*).

(4) L'effet de cette disposition est de garantir l'assureur du risque. Il serait sans doute plus court de se désister de l'assurance. Mais comme pour le désistement il faut le concours des deux parties, on a imaginé la réassurance, au moyen de laquelle, et en payant une prime quelconque, le premier assureur peut se décharger du risque. Si les parties étaient d'accord, elles auraient la pleine liberté d'annuller ou de modifier l'assurance. L'acte qui contient ces nouvelles dispositions se nomme *avenant* (M. *Delvincourt*).

(5) Mais l'assuré n'acquiert par là aucun droit contre le second assureur, même en cas d'insolvabilité du premier (M. *Locré*, M. *Boulay-Paty*).

(6) En effet, il court risque de le perdre sans aucun bénéfice, si le vaisseau vient à périr. Mais peut-on faire assurer le coût de l'as-

réassurance peut être moindre ou plus forte que celle de l'assurance (*Art.* 342).

surance par la même personne qui a assuré le capital? Il semble contraire aux principes que l'assureur assure la prime, puisque par là il s'oblige de la restituer. Mais il faut observer, 1.º qu'il est alloué une seconde prime pour l'assurance de la première ; que, par conséquent, il y a toujours un bénéfice quelconque : 2.º que la prime fait partie des frais de la chose, qu'elle en augmente la valeur. Cet excédant de valeur peut être assuré; et alors, pourquoi ne pourrait-il pas l'être par la même personne qui a assuré la valeur primitive, aussi bien que par une autre? Nous allons ajouter un exemple pour faire mieux connaître quel est l'effet de l'assurance et de l'assurance du coût de la prime.

Pierre fait assurer un capital de 3,000 fr. à dix pour cent. La prime est par conséquent de 300 fr. S'il y a heureux retour, il paie la prime en pure perte ; s'il y a sinistre, il reçoit son capital, déduction faite de la prime ; c'est-à-dire, 2,700 fr. C'est donc toujours 300 fr. qu'il perd. Voilà l'effet de l'assurance. Mais supposons qu'il ait fait assurer la prime au même taux ; c'est une seconde prime de 30 fr. qu'il doit. S'il y a heureuse arrivée, il est tenu à la vérité de payer 330 fr. Mais du moins, s'il y a perte, l'assureur est tenu de lui rendre, savoir : en vertu de la première assurance, 3,000 — 300 = 2,700 fr. ; et, en vertu de la seconde, 300 — 30 = 270 fr. ; en sorte qu'en définitif, il ne perd que 30 fr. Il peut même faire assurer le coût de cette seconde prime, et ainsi à l'infini, tellement qu'en cas de sinistre, l'assureur est tenu de lui rendre son capital entier, sauf la déduction d'une prime infiniment petite. Quant à l'opération à faire pour savoir quelle est la somme à payer pour la prime d'un capital donné, et pour la prime des primes à l'infini, elle est fort simple. Il faut multiplier ce capital par le taux de l'assurance, et diviser le produit par la différence de 100 à ce même taux. Ainsi, soit C le capital, *T* le taux de l'assurance, *X* la somme cherchée, nous aurons la formule générale : *X* ou la valeur de la prime totale,

$$X = \frac{CT}{100 - T}.$$ Alors la somme que l'assureur sera tenu de payer, en cas de sinistre, si toutefois il a touché la prime, sera repré-

SECTION II.

Des Obligations de l'Assureur et de l'Assuré.

D. Quels sont les risques dont les assureurs sont chargés ?

R. Toutes pertes et dommages qui arrivent aux objets assurés, par tempête, naufrage, échouement (1), abordage fortuit, changement forcé de route (2), de voyage ou de vaisseau, par jet (3), feu (4), prise

---

sentée par cette formule : $\frac{C\,T}{100-T} + C$. C'est ainsi que pour assurer 3,000 fr. en capital, et la prime des primes à 10 pour 100, la prime totale $= \frac{3000 \times 10}{100-10} = \frac{30000}{90} = 333$ fr. 33 c.; et la somme entière assurée, est de 3,333 fr. 33 c.

(1) Il y a échouement, quand le vaisseau donne ou passe sur un bas-fonds ou banc de sable, sur lequel il touche et reste arrété, parce qu'il n'y a pas assez d'eau pour le soutenir à flot (M. *Delvincourt*).

(2) Par exemple, celui qui aurait pour cause la juste crainte d'un naufrage ou échouement, ou de tomber entre les mains des ennemis ou des pirates. Le changement serait également forcé, s'il était causé par les vents contraires, et, à plus forte raison, par la tourmente, ou si le navire était incommodé par les coups de mer, de façon à être obligé de gagner un port pour se faire radouber (*Valin*, M. *Delvincourt*, M. *Boulay-Paty*, M. *Pardessus*).

(3) Quand ce sont d'autres marchandises qu'on a jetées à la mer, la contribution dont sont tenus les propriétaires des marchandises sauvées, doit-elle être supportée par leurs assureurs ? Oui ; quoique la perte que cette contribution cause à l'assuré soit une perte qu'il ne souffre pas dans les marchandises mêmes qu'il a fait assurer, il suffit qu'il la souffre par rapport auxdites marchandises, et qu'elle soit causée par une fortune de mer, pour que l'assureur doive supporter cette perte, et qu'il en doive indemniser l'assuré (*Pothier*, M. *Boulay-Paty*).

(4) Même mis exprès par le capitaine, quand il n'y a pas

(1), pillage (2), arrêt par ordre de puissance (3), déclaration de guerre, représailles (4), et généralement, par toutes les autres fortunes de mer (5), sont aux risques des assureurs (*Art.* 350).

---

d'autre moyen d'éviter la prise ; ce qui se présume toujours jusqu'à preuve contraire. *Quid*, si le feu est mis par ordre supérieur, comme pour suspicion de peste ? Les assureurs sont tenus. Mais autrement, et toutes les fois que le feu a été mis sans motif par la faute du capitaine, des chargeurs ou de l'équipage, les assureurs ne sont pas tenus (*Valin*, M. *Locré*, M. *Pardessus*, M. *Boulay-Paty*, etc., etc.).

(1) La prise est juste ou injuste. La prise juste est celle qui est faite par un ennemi déclaré, et suivant les lois de la guerre, *secundùm jus gentium* ; la prise injuste est celle qui est faite contre les règles établies par le droit des gens (M. *Boulay-Paty*). Mais les assureurs sont toujours tenus de la prise, juste ou injuste, par des pirates, des ennemis, des neutres, et même des alliés ; quand même le navire serait ensuite relâché (MM. *Locré*, *Pardessus*, *Boulay-Paty*, etc.).

(2) Le pillage diffère de la prise, en ce qu'il est fait par des pirates, c'est-à-dire par de simples particuliers non munis de lettres de marques (M. *Delvincourt*).

(3) *Quid*, s'il y a confiscation ? Si elle est injuste, les assureurs en sont tenus dans tous les cas. Ils n'en sont pas tenus, si elle a eu lieu par l'effet de quelque faute du capitaine ou des chargeurs (*Voyez* M. *Delvincourt*, page 218, note 9 ; M. *Boulay-Paty*, tit. 10, sect. 16, tome 4 , pages 25 et suiv.).

(4) *Déclaration de guerre, représailles.* Ces deux expressions sont ordinairement synonimes ; cependant elles diffèrent en ce que les représailles n'ont ordinairement lieu que de la part de la puissance attaquée (M. *Delvincourt*).

(5) On désigne ordinairement tous ces cas sous le nom générique de *fortune de mer* ou *sinistre*; et l'on distingue le *sinistre majeur,* dont l'effet est de causer la perte totale des choses exposées aux risques, du *sinistre mineur,* dont le résultat est de diminuer la qualité de ces choses, sans en causer la perte absolue ou presque absolue (M. *Pardessus*, n.° 770).

D. Les pertes provenant du fait de l'assuré, sont-elles à la charge de l'assureur?

R. Non, tout changement de route, de voyage ou de vaisseau, et toutes pertes et dommages provenant du fait de l'assuré, ne sont point à la charge de l'assureur; au contraire, la prime lui est acquise, s'il a commencé à courir les risques (*Art.* 351).

D. L'assureur est-il tenu des fautes du capitaine?

R. Non, l'assureur n'est pas tenu des prévarications et fautes du capitaine et de l'équipage, connus sous le nom de *baraterie* (1) *de patron*, à moins qu'il n'y ait convention contraire (2) (*Art.* 353).

---

(1) On entend, en général, par *baraterie*, le crime dont un capitaine se rend coupable en prévariquant dans ses fonctions. Le mot *baraterie* est un mot barbare, inconnu à l'antiquité; il dérive du mot espagnol *barat*, qui signifie *fourbe, tromperie*. Chez nous, le mot *baraterie* comprend non seulement le cas de dol, mais encore le cas de simple faute (M. *Boulay-Paty*).

(2) *Emérigon*, chap. 12, sect. 3, § 2, prétend que dans le cas où l'assuré est armateur du navire, et a choisi en cette qualité le capitaine, la clause par laquelle l'assureur répondrait de la baraterie de patron est inutile, parce que l'armateur étant lui-même tenu des faits du capitaine, l'assureur pourrait exercer un recours contre lui. Or, dit-il, *cum quem de evictione tenet actio, eumdem agentem repellit exceptio*. Mais cette opinion doit être rejetée. En effet, comme répond fort judicieusement M. *Delvincourt* (page 219, note 3), l'armateur est bien tenu des faits du capitaine à l'égard des tiers auxquels ce dernier a causé du dommage; mais il ne s'ensuit pas de là qu'il ne puisse se faire garantir des pertes que les faits du capitaine peuvent lui occasionner. C'est un véritable cautionnement de la bonne conduite du capitaine que souscrit l'assureur, et pour lequel il ne peut certainement avoir de recours contre l'assuré (*Voyez* aussi *Pothier*, n.° 65). Il faut remarquer qu'*Emérigon* lui-même professe une opinion contraire deux pages plus haut, chap. 12, sect. 2, § 2.

D. L'assureur est-il tenu du pilotage, et des droits imposés au navire ou aux marchandises ?

R. Non, l'assureur n'est point tenu du pilotage (1), touage (2) et lamanàge (3), ni d'aucune espèce de droits imposés sur le navire et les marchandises (4) (*Art.* 354).

D. Si, au nombre des objets assurés, il y en a qui soient sujets par leur nature à détérioration particulière ou à diminution, comme les blés, les sels, et les marchandises susceptibles de coulage (5), les assureurs répondent-ils des dommages ou pertes qui peuvent arriver à ces denrées ?

R. S'il a été fait dans la police d'assurance désignation spéciale de ces marchandises, les assureurs répondent des dommages ou pertes qui peuvent leur arriver (6); mais dans le cas contraire, ils n'en répondent

---

(1) C'est ce qu'on paie aux pilotes côtiers, qui se rendent à bord des navires pour les faire entrer dans les ports, ou les en faire sortir avec sûreté (M. *Delvincourt*).

(2) *Touer* un navire, c'est le traîner sur l'eau à l'aide d'un cordage, soit que le cordage soit tiré par des hommes qui sont sur le rivage, ou par des canots allant à la rame, soit que l'équipage du navire toué tire lui-même sur un cordage attaché à un point fixe. On toue aussi un vaisseau en pleine mer, mais cela s'appelle plus communément le *remorquer* (M. *Delvincourt*).

(3) Le lamanage est le service que rendent à un navire qui veut entrer dans un port ou dans une rivière, les barques ou petits bâtimens qui vont au devant de lui, pour le hâler, diriger sa marche, et lui faire éviter les écueils. Les conducteurs de ces barques sont appelés *lamaneurs ou locmans*. On appelle aussi quelquefois *lamaneurs* les pilotes côtiers (M. *Delvincourt*).

(4) A moins que ces dépenses ne soient l'effet d'un accident extraordinaire.

(5) Cette qualité des marchandises augmente le risque.

(6) Mais même lorsque la nature de ces objets est désignée,

qu'autant que l'assuré a ignoré lui-même la nature du chargement lors de la signature de la police (*Art.* 355).

D. Les diminutions et pertes qui arrivent par le vice propre de la chose, les dommages causés par le fait et faute des propriétaires, sont-ils à la charge des assureurs?

R. Non, les déchets, diminutions et pertes qui arrivent par le vice propre de la chose (1), et les dommages causés par le fait et faute des propriétaires, affréteurs ou chargeurs, ne sont point à la charge des assureurs (*Art.* 352).

D. Si le capitaine a la liberté d'entrer dans différens

---

comme il y a toujours un coulage naturel, on a coutume de passer une certaine quantité aux assureurs. En conséquence, quand le coulage ou la diminution n'excède pas cette quantité, on ne peut rien demander. Cette quantité varie d'après l'espèce de marchandises et la longueur des voyages. Si le coulage réel excède celui accordé par l'usage, l'assureur n'est tenu que de l'excédant.

(1) Par ces mots *vice propre de la chose*, on n'entend pas une composition ou une conformation vicieuse, par l'effet de laquelle une chose porte en elle même le germe d'une destruction qui ne fût pas arrivée si cette composition eût été meilleure; c'est ce qu'on nomme *défectuosité*. Par vice propre, on entend plus particulièrement les détérioration, destruction ou perte qui arrivent par un accident auquel cette chose, même en la supposant de la plus parfaite qualité dans son genre, est sujette par sa nature. Ainsi, le meilleur vin peut aigrir; ainsi, dans les pays où la traite des nègres est permise, on regarderait comme suite d'un vice propre, la mort de ces individus, fût-elle même causée par leur désespoir ou leur révolte (M. *Pardessus*, n° 773). Cependant, si l'équipage se trouvant affaibli par des accidens au point de ne pouvoir contenir les nègres dans le devoir, cette situation avait été la cause de leur révolte, ou de leur mort, les assureurs seraient tenus de la perte (*Emérigon*, M. *Boulay-Paty*).

ports pour compléter son chargement (1), l'assureur est-il tenu des risques que les effets assurés peuvent courir à terre ?

R. Non, l'assureur ne court les risques des effets assurés que lorsqu'ils sont à bord (2), à moins qu'il n'y ait convention contraire (*Art.* 362).

D. Si le voyage est rompu avant le départ du vaisseau , que devient l'assurance ?

R. Si le voyage est rompu avant le risque commencé (3) , même par le fait de l'assuré (4) , l'assurance est

---

(1) C'est ce qu'on appelle *faire échelle* ou *escale*. *Emérigon* atteste que , d'après la jurisprudence constante, cette clause a pour effet que , si le capitaine relâche dans un port, y vend une partie de son chargement, et y achète d'autres marchandises qu'il charge en remplacement, celles-ci sont subrogées aux premières , et sont en conséquence aux risques des assureurs.

(2) L'assureur ne s'est chargé que des risques maritimes.

(3) *Avant le risque commencé.* L'article 349 dit, *avant le départ du vaisseau*, ce qui est un peu différent. Pour s'en convaincre , il faut savoir que l'on distingue en général *le voyage du navire , du voyage assuré. Le voyage du navire* commence du moment où il met à la voile. *Le voyage assuré* ne commence que du moment où les risques sont à la charge de l'assureur. Lorsqu'il n'y a point de convention particulière, le voyage assuré et celui du navire commencent au même moment, quand l'assurance est sur le corps. Quand elle est sur facultés, le voyage assuré commence avant le voyage du navire, puisque les risques sont à la charge de l'assureur, du moment où les marchandises sont chargées dans des gabarres, pour être portées à bord du navire. Mais il est permis aux parties de déroger à ces dispositions (M. *Delvincourt*). Ainsi, un navire part de Bordeaux pour la côte de Guinée et delà pour la Martinique ; on peut ne faire assurer que le voyage de la côte de Guinée à la Martinique.

(4) En général, il n'est pas permis à une partie de dissoudre un contrat sans le consentement de l'autre partie. Mais qui oserait

annulée (1); mais l'assureur reçoit pour indemnité, demi pour cent de la somme assurée (2) (*Art.* 349).

D. Si l'assurance a pour objet des marchandises (3) pour l'aller et le retour (4), et si, le vaisseau étant

---

faire assurer une expédition maritime, s'il se trouvait ensuite dans l'alternative, ou de perdre la prime, ou de consommer son entreprise, quoique les changemens survenus dans les circonstances dussent la lui rendre désavantageuse? De nouveaux aperçus peuvent faire connaître des inconvéniens dont on n'avait pas été frappé d'abord (M. *Locré*).

(1) Pour qu'il y ait assurance, il faut qu'il y ait risque; or, ici il n'y en a pas.

(2) Pourvu toutefois qu'il n'ait pas commencé à courir les risques. Car si, par exemple, dans le cas d'assurance sur facultés, les marchandises avaient été chargées dans les gabarres pour être transportées au navire, depuis ramenées à quai, et qu'ensuite le voyage fût rompu, la prime serait perdue (*Voyez* art. 341 et 351). — Si l'assurance était annulée pour raison d'une clause prohibée, le demi pour cent serait-il également dû aux assureurs? Si le motif qui donne lieu à la nullité était ou devait être connu des assureurs, ils n'ont rien à prétendre : dans le cas contraire, le demi pour cent leur est dû (M. *Boulay-Paty*).

(3) Si l'assurance est sur le corps, la disposition dont il s'agit aura-t-elle lieu? D'abord, si le navire revient, quoique sans chargement, il est certain que l'assurance est valable en totalité. Si le navire ne revient pas, si c'est par innavigabilité causée par fortune de mer, les assureurs sont tenus; dans le cas contraire, ils ne le sont pas; mais ils ont toujours gagné la prime entière, parce qu'ils ont commencé à courir les risques. Si le défaut de retour du navire provient du fait de l'assuré, la prime entière est également due. D'ailleurs, la disposition de cet article est une disposition exceptionelle qui doit être restreinte au cas pour lequel elle est établie (*Voy.* M. *Delvincourt*, page 215, note 5). La rédaction de l'article confirme cette opinion.

(4) Avec une prime unique, ce qu'on appelle, comme nous l'avons dit, *à prime liée.*

parvenu à sa première destination, il ne se fait point de chargement en retour, ou si le chargement en retour n'est pas complet (1), l'assureur a-t-il droit à la totalité de la prime convenue?

R. Non, l'assureur reçoit seulement les deux tiers (2) proportionnels (3) de la prime convenue, à moins

---

(1) Ce qui comprend même le cas où le défaut de retour provient du fait de l'assuré. — *Quid,* si l'assurance est à prime liée, pour le continent d'Amérique, delà à Saint-Dominigue et le retour en France; que le navire aille en Amérique, delà à Saint-Domingue avec un chargement, et qu'il revienne sans chargement? Il n'y a réellement qu'un voyage d'aller à Saint-Domingue, avec la faculté de faire échelle à la côte d'Amérique, et de retour en France. On ne doit que les deux tiers de la prime (*Valin*). — *Quid,* si le navire périt dans l'aller? La prime entière est due. L'assureur a si bien couru les risques, qu'il est obligé de payer la somme entière assurée (M. *Delvincourt*).

(2) Pourquoi les deux tiers? Il semblerait qu'il devrait payer, ou la totalité de la prime, ou seulement la moitié avec demi pour cent de l'excédant. M. *Delvincourt* dit qu'on a voulu dédommager un peu l'assureur. Du reste, cet article a été vivement attaqué, et habilement défendu. *Voyez* principalement M. *Locré*, sur l'art. 356, tom. 4, page 147 et suivantes: M. *Boulay-Paty*, tit. 10, sect. 19, tome 4, page 96 et suivantes.

(3) Ce mot s'applique au cas où il se fait un retour; mais incomplet. Par exemple, la somme assurée est de 40,000 fr.; la prime est à 10 pour 100. Le chargement pour l'aller était de la valeur de 40,000 fr. Mais celui pour le retour ne vaut que 30,000 fr. Si il n'y avait pas eu de retour du tout, l'assureur n'eût pu exiger que les deux tiers de la prime, c'est-à-dire 2,667 fr. Mais dans l'espèce, il faut dire: le chargement est complet pour l'aller et le retour jusqu'à concurrence de 30,000 fr.; ainsi, l'assureur peut d'abord exiger 3,000 fr. de prime. Quant aux autres 10,000 fr., il faut agir comme si cette somme avait été assurée pour l'aller et le retour, et qu'il n'y eût pas eu de retour du tout. Dans ce cas, l'assureur n'eût pu exiger que les deux tiers de la

qu'il n'y ait stipulation contraire (1) (*Art.* 356).

D. Quel est l'effet d'un contrat d'assurance ou de réassurance consenti pour une somme excédant la valeur (2) des effets chargés?

R. Le contrat d'assurance ou de réassurance, est nul (3) à l'égard de l'assuré seulement (4), s'il est

---

prime sur 10,000 fr. ; c'est-à-dire 667 fr. Il ne pourra donc réclamer en tout que 3,667 fr, au lieu de 4,000 fr., qu'il aurait eu si le chargement avait été complet pour le retour.

(1) *Valin* prétend que ces mots doivent s'entendre dans le sens que l'on peut stipuler que l'assureur recevra moins des deux tiers, mais non qu'il recevra davantage ; *Emérigon* soutient qu'on a voulu laisser la plus grande latitude. Cette dernière opinion est celle de M. *Delvincourt*, de M. *Pardessus* et de M. *Boulay-Paty* ; elle est hors de doute.

(2) Valeur réelle ; le prix d'affection ne doit entrer ici pour rien.

(3) Pour deux raisons principales : 1.º ce serait dénaturer le contrat d'assurance et le faire dégénérer en gageure ; 2.º ce serait donner à l'assuré intérêt à ce que le bâtiment périsse : or, c'est contraire à la morale et à la politique.

(4) De ce texte, M. *Delvincourt* (page 210, note 3), conclut que l'assuré ne peut demander la nullité du contrat. Or, dit-il, s'il y a heureuse arrivée, l'assureur ne la demandera certainement pas ; attendu que cela lui ferait perdre la prime : et voilà en quoi consiste la peine infligée à l'assuré. M. *Locré* (sur les art. 257 et 258), et M. *Boulay-Paty* (sect. 20, tome 4, page 112) prétendent au contraire que le contrat est toujours nul, et à l'égard de tous ; et que la somme que l'assureur reçoit lui est adjugée, non à titre de prime, mais à titre d'indemnité.

L'assureur qui demande la nullité peut-il exiger le demi pour cent ? *Valin* prétend que oui ; mais cette opinion est rejetée avec raison par M. *Delvincourt* et M. *Boulay-Paty*. Le législateur accorde bien le demi pour cent dans le cas de l'article suivant; mais c'est précisément pour cette raison que l'on doit penser qu'il n'a pas eu la même intention dans notre article. Et en effet, dit

prouvé (1) qu'il y a dol ou fraude , de sa part (2)
(*Art.* 357). S'il n'y a ni dol, ni fraude , le contrat est
valable jusqu'à concurrence de la valeur des effets
chargés (3), d'après l'estimation qui en est faite ou
convenue ; en cas de perte, les assureurs sont tenus
d'y contribuer chacun à proportion des sommes par
eux assurées (4); quant à l'excédant de valeur, ils n'en
reçoivent point la prime, ils reçoivent seulement l'indemnité de demi pour cent (*Art.* 358).

D. S'il existe plusieurs contrats d'assurance faits sans
fraude, sur le même chargement, et que ces contrats
réunis assurent plus que la valeur des effets chargés,
que deviennent tous ces contrats ?

R. S'il existe plusieurs contrats d'assurance faits sans
fraude sur le même chargement, et que le premier contrat assure l'entière valeur des effets chargés , il sub-

---

M. *Delvincourt*, l'assureur est déjà fort heureux que la fraude de
l'assuré lui donne le droit de réclamer son capital, qui, sans cela ,
eût été perdu.

(1) Le dol ne se présume jamais. Le fait seul d'un chargement
moindre que le montant de l'assurance, ne suffirait donc pas pour
donner lieu à l'application de la peine.

(2) *Quid* s'il y a dol des deux côtés ? il faudra suivre la disposition de la loi romaine : *Cum utriusque turpitudo versatur, cessat
repetitio*. Le contrat serait toujours nul, mais on ne pourrait ré
péter ce qu'on aurait payé.

(3) Il y a pour le surplus ce qu'on appelle *ristorne* ou *ristourne*.
Ce mot signifie, en général, la dissolution de la police d'assurance, hors le cas de fraude.

(4) Pourvu qu'ils soient tous engagés par la même police ; s'il
y avait plusieurs contrats, il en serait différemment. Au surplus ,
pour entendre ceci, et pour connaître la difficulté que l'article
a voulu lever, il faut savoir comment l'on procède dans l'usage.
Un négociant veut faire assurer 30,000 fr. sur les facultés de tel
navire il charge de cette opération un courtier d'assurances. Le

siste seul (1). Les assureurs qui ont signé les contrats subséquens sont libérés (2) ; ils ne reçoivent que demi pour cent de la somme assurée. Si l'entière valeur des effets chargés n'est pas assurée par le premier contrat, les assureurs qui ont signé les contrats subséquens, répondent de l'excédant en suivant l'ordre des dates des contrats (3) (*Art.* 359).

D. S'il y a des effets chargés pour le montant des sommes assurées, en cas de perte d'une partie, par qui est-elle payée ?

---

courtier dresse la police et va chercher des assureurs. Un premier assure pour 10,000 fr. ; un second pour 8,000 fr. ; un troisième pour 7,000 fr. ; et un quatrième pour 5,000 fr. Il se trouve que, sans qu'il y ait fraude de la part de l'assuré, son intérêt dans le chargement ne se monte qu'à 25,000 fr. Il y a donc lieu au ristourne ; mais comment s'opérera-t-il ? La dernière assurance sera-t-elle nulle, ou bien seront-elles toutes diminuées proportionnellement. Notre article décide qu'il y aura diminution proportionnelle, parce que, quoique les différens assureurs n'aient été, dans le fait, engagés que successivement, cependant, comme ils l'ont été par la même police, leur engagement est censé avoir été simultané. Ainsi, dans l'espèce, la diminution sera d'un sixième pour chaque signataire ; et pour ce sixième, ils recevront demi pour cent d'indemnité (M. *Delvincourt*).

(1) On ne peut faire assurer deux fois la même chose, puisqu'on ne peut faire assurer que ce que l'on risque de perdre. Cependant, on pourrait faire assurer la même chose, une première fois pour certains risques, et une seconde fois pour d'autres risques.

(2) *Quid*, si les premiers assureurs sont insolvables? Cela ne fait rien aux suivans.

(3) Faut-il distinguer entre les polices par acte authentique et sous seing privé? Non, dans le commerce tout se fait *ex æquo et bono*. D'ailleurs, il y a toujours une espèce de date certaine, résultant du registre des courtiers, des livres des négocians, etc. (M. *Delvincourt*, M. *Pardessus*).

R. Elle est payée par tous les assureurs de ces effets, au marc le franc de leur intérêt (1) (*Art.* 360).

D. Si l'assurance a eu lieu divisément pour des marchandises qui devaient être chargées sur plusieurs vaisseaux désignés, avec énonciation de la somme assurée sur chacun (2), et si le chargement entier est mis sur un seul vaisseau (3), ou sur un moindre nombre qu'il n'en est désigné dans le contrat, de quelles sommes l'assureur est-il tenu ?

R. L'assureur n'est tenu que de la somme qu'il a assurée sur le vaisseau ou sur les vaisseaux qui ont reçu le chargement (4), nonobstant la perte de tous les vaisseaux désignés (5) ; il reçoit néanmoins demi pour cent des sommes dont les assurances se trouvent annulées (*Art.* 361).

D. Si l'assurance est faite pour un temps limité, et

-----

(1) On peut voir différens exemples et différentes hypothèses, empruntés à *Emérigon*, dans M. *Pardessus*, n.º 881, tome 3, page 445, et dans M. *Boulay-Paty*, tit. 10, sect. 20, tom. 4, page 127.

(2) Autrement, si l'énonciation n'existe pas, l'assurance a son plein et entier effet à l'égard du ou des navires sur lesquels il y a quelque chose de chargé. Il en est de même s'il est dit dans la police *sur tel ou tel navire* (M. *Delvincourt*, M. *Boulay-Paty*).

(3) *Quid*, si des objets tous assurés, mais destinés pour plusieurs navires, sont mis dans une seule gabarre pour être transportés à bord, et que la gabarre vienne à périr ? Les assureurs sont tenus de la totalité (*Emérigon*, *Valin*, M. *Pardessus*, M. *Delvincourt*, M. *Boulay-Paty*).

(4) L'assurance sur les autres vaisseaux est nulle par défaut de chargement ; elle est nulle dans l'intérêt tant de l'assureur que de l'assuré.

(5) Cela prouve combien l'assurance est un contrat de droit strict.

que les risques se prolongent au delà, l'assureur en est-il tenu?

R. Non, lorsque l'assurance est faite pour un temps limité, l'assureur est libre après l'expiration du temps, mais l'assuré peut faire assurer les nouveaux risques (*Art.* 363).

D. Que devient l'assurance, si le voyage est alongé ou raccourci?

R. Si le voyage est alongé, c'est-à-dire, si l'assuré envoie le vaisseau en un lieu plus éloigné que celui qui est désigné par le contrat, quoique sur la même route, l'assureur est déchargé des risques, et la prime lui est acquise. Si le voyage est raccourci, l'assurance a son entier effet (*Art.* 364).

D. L'assurance faite après la perte ou l'arrivée des effets assurés est-elle valable?

R. Toute assurance faite après la perte ou l'arrivée des objets assurés, est nulle, s'il y a présomption légale, qu'avant la signature du contrat, l'assuré a pu être informé de la perte, ou l'assureur de l'arrivée des objets assurés (1) (*Art.* 365).

D. Quand est-ce que cette présomption légale existe?

R. La présomption (2) existe, lorsque, en comptant trois quarts de myriamètre (une lieue et demie) par heure, sans préjudice des autres preuves, il est établi que de l'endroit de l'arrivée ou de la perte du vaisseau,

______

(1) Mais l'assurance ne saurait être annulée par le seul fait que le navire assuré était arrivé ou avait péri, au moment de la signature de la police, s'il était impossible que les parties en eussent connaissance.

(2) C'est une présomption *juris et de jure*, qui dispense de toute preuve celui au profit duquel elle existe, et qui, d'un autre côté, ne peut pas être détruite par la preuve contraire (M. *Pardessus*, M. *Boulay-Paty*).

ou du lieu où la première nouvelle en est arrivée, elle a pu être portée dans le lieu où le contrat d'assurance a été passé, avant la signature du contrat (*Art.* 366).

D. Cette présomption légale est-elle toujours admise?

R. La présomption légale n'est pas admise, lorsque l'assurance a été faite sur bonnes ou mauvaises nouvelles (1). Alors le contrat n'est annullé que sur la preuve (2) que l'assuré savait la perte (3), ou l'assureur l'arrivée du navire, avant la signature du contrat (*Art.* 367).

D. Quelle est la peine de l'assureur qui est convaincu d'avoir connu l'arrivée, et de l'assuré qui est convaincu d'avoir connu la perte, avant la signature du contrat?

R. En cas de preuve contre l'assuré, il paie à l'assureur une double prime ; en cas de preuve contre l'assureur, il paie à l'assuré une somme double de la prime convenue (4). Celui d'entre eux contre qui la preuve est faite (5), est en outre poursuivi correctionnellement (6) (*Art.* 368).

---

(1) On ne fait presque pas d'assurances, sans y insérer cette clause. Elle est devenue de style dans toutes les polices.

(2) Par titres, par témoins, ou même par le serment du défendeur. La fraude peut être prouvée de toutes les manières.

(3) Il ne suffirait pas qu'il la craignît, qu'il eût même de fortes raisons de la craindre. Mais remarquez aussi qu'il suffit d'une certitude morale. Si le fait était connu publiquement dans la ville où demeure l'assuré ou l'assureur, ils sont censés l'avoir connu (M. *Delvincourt*).

(4) Outre la restitution de la prime, s'il l'a reçue (M. *Locré*, M. *Boulay-Paty*, M. *Delvincourt*).

(5) Celui contre qui la preuve n'a pas été faite, mais contre lequel existe seulement la présomption légale n'est passible d'aucune peine (*Pothier*, n.º 24, M. *Delvincourt*, M. *Boulay-Paty*).

(6) Comme coupable de vol et d'escroquerie. Voyez *Code Pénal*, *article* 405.

SECTION III.

Du Délaissement (1).

D. Qu'est-ce qu'on entend par délaissement ?

R. Le délaissement est l'abandon que l'assuré fait à l'assureur, de ce qui reste des choses assurées, et de tous ses droits par rapport auxdites choses, à la charge de payer la somme entière portée, et dans le délai convenu, par la police d'assurance.

(M. DELVINCOURT.)

R. En matière d'assurance, on appelle délaissement, l'acte par lequel l'assuré abandonne à l'assureur la propriété de la chose assurée (2).

(M. PARDESSUS , n.º 836).

---

(1) Les assureurs contractent l'obligation générale d'indemniser les assurés de tout dommage quelconque que ces derniers éprouvent par des événemens de mer. Ce dommage peut se borner à une détérioration partielle et aux frais extraordinaires qu'on a faits pour prévenir les accidens et leurs suites, ou pour les réparer. Il peut aussi consister dans la perte ou dans la détérioration soit entière, soit de la plus grande partie des objets assurés. L'obligation de l'assureur varie suivant ces circonstances : dans le premier cas, il n'y a qu'avarie et l'assureur ne doit que l'indemnité de ce que l'assuré a souffert ou dépensé; dans le second cas, il y a perte, et l'assureur doit en entier la somme assurée (M. *Locré*).

(2) L'objet de l'assurance n'étant que de procurer à l'assuré l'indemnité des pertes ou dommages qu'il éprouve, le délaissement peut paraître inutile et contraire à la nature du contrat, puisque l'assureur n'achète point les choses qu'il assure, mais seulement s'oblige à réparer le dommage qu'elles peuvent éprouver. Il semble répugner à l'équité qu'au lieu de suppléer par une pres-

D. Quand est-ce que l'assuré peut faire à l'assureur le délaissement des objets assurés (1) ?

R. Le délaissement ne peut jamais être fait qu'après le voyage commencé (*Art.* 370) ; en outre , il ne peut être fait que dans le cas de prise (2), de naufrage

---

tation pécuniaire, ce que les accidens dont il répond enlèvent de consistance ou de prix aux choses assurées, il soit forcé d'en devenir propriétaire, quelque inutile ou onéreuse que puisse lui être cette propriété.

Mais l'extrême difficulté de régler, dans certains cas, les droits respectifs ; l'embarras que présenterait le recouvrement des choses qu'on aurait cru péries, pour régler la restitution de ce que l'assureur aurait payé à l'assuré sur la foi de cette perte ; l'objet même de l'assurance, qui, de la part de l'assuré, n'est pas de conserver des débris, des restes informes, mais les choses mêmes, a rendu nécessaire, pour les assurances maritimes, une exception au droit commun, en permettant à l'assuré d'abandonner sa propriété à l'assureur, qui devient obligé de lui payer en entier la somme assurée, ou, s'il n'en a pas été fixé, la valeur desdites choses (M. *Pardessus* , n.º 836).

(1) Il n'eût pas été juste que, pour quelques légers dommages arrivés à l'objet assuré, l'assureur fût tenu de le prendre à son compte, et de payer la somme totale portée dans la police. Le délaissement ne peut donc être fait que dans certains cas expressément désignés par la loi, ou déterminés par les parties (*Voyez* M. *Delvincourt*).

(2) *Quid*, si le navire capturé est ensuite repris par des Français ? Peut-on faire le délaissement ? M. *Boulay-Paty* (tit. 2, sect. 1.ʳᵉ, tome 4, page 226) pense que le fait seul de la prise donne le droit de délaisser, quelqu'événement qui advienne après. M. *Delvincourt* (page 229, note 2), pense que si le navire vient à recouvrer sa liberté, soit par la reprise, appelée en termes de marine *recousse*, soit par les forces de l'équipage, soit par rachat, soit par un jugement qui le relâche, il n'y a point lieu à l'action en délaissement, mais seulement à l'action d'avarie (*Voyez* ci-

(1), d'échouement avec bris (2), d'innavigabilité par fortune de mer (3), d'arrêt d'une puissance étrangère, de perte ou détérioration des objets assurés, si la détérioration ou la perte va au moins à trois quarts (4), ou, en cas d'arrêt de la part du gouvernement après le voyage commencé (5) (*Art.* 369).

---

après, page 262, note (4), et page 263, notes (1) (2)). Enfin, M. *Pardessus* (n.º 838, tome 3, page 362) prétend que, lorsque le navire pris est revenu au pouvoir de l'assuré, celui-ci ne peut plus délaisser ; mais que si le délaissement a été fait antérieurement, il demeure bon et valable.

(1) Quand le navire est englouti ou qu'il se brise sur des bancs ou des rochers.

(2) Il faut que l'échouement soit accompagné du brisement du navire.

Le naufrage ou l'échouement avec bris donne-t-il lieu au délaissement du chargement, s'il n'y a ni perte, ni détérioration des trois quarts? *Emérigon* (chap. 17, sect. 2, § 5), est d'avis de l'affirmative ; *Valin* (sur l'art. 46), est d'avis contraire, mais il avoue que l'usage est opposé à son opinion. M. *Delvincourt* (pag. 229, note 4), pense que l'avis d'*Emérigon* ne doit être suivi que dans le cas où il n'est pas possible de trouver de navire pour recharger les marchandises. M. *Pardessus* (n.º 840, tome 3, page 367) pense qu'on peut toujours délaisser, et qu'en pareille occurrence, un réglement d'avarie ne serait bon qu'à occasionner des procès.

(3) *Secùs,* si c'est par le vice du navire. Mais dans le doute quelle cause présumera-t-on ? Il faut distinguer : s'il y a eu certificat de visite au départ, le cas fortuit est présumé. Dans le cas contraire, on présume le vice du navire (M. *Delvincourt*).

(4) Si, toutefois, la perte ou la détérioration provient d'un accident maritime du nombre de ceux rapportés dans l'article 350. — La perte et la détérioration sont deux genres de sinistres qu'il ne faut pas confondre : la perte concerne la quantité ; la détérioration, la qualité (M. *Boulay-Paty*).

(5) Par le mot *voyage,* il faut entendre le *voyage assuré.* Avant le commencement du voyage, il n'y a pas lieu au délaissement,

D. Comment sont considérés et comment se règlent tous les autres dommages qui peuvent arriver au navire ou aux marchandises ?

R. Tous autres dommages sont réputés avaries (1), et se règlent, entre les assureurs et les assurés, à raison de leurs intérêts (2) (*Art.* 371).

D. Le délaissement peut-il être partiel ou conditionnel ?

R. Non, le délaissement des objets assurés ne peut être ni conditionnel, ni partiel ; mais il ne s'étend qu'aux effets qui sont l'objet de l'assurance et du risque (*Art.* 372).

D. Dans le cas où le délaissement peut être fait, et dans le cas de tous autres accidens aux risques des assureurs, l'assuré n'est-il pas tenu de leur faire connaître les avis qu'il reçoit ?

R. Oui, dans le cas où le délaissement peut être fait, et dans le cas de tous autres accidens aux risques des assureurs (3), l'assuré est tenu de signifier à l'assureur

---

puisque les risques ne sont pas encore commencés (M. *Delvincourt*).

(1) Ils ne donnent lieu qu'à une action dite *action d'avarie*, à l'effet d'être indemnisé par l'assureur du dommage survenu à l'objet assuré.

(2) C'est-à-dire que si, par exemple, il a été assuré 2,000 fr. sur un chargement de 6,000 fr., et que l'objet assuré éprouve pour 1,500 fr. d'avarie, l'assureur en supportera le tiers, et le surplus sera supporté par l'assuré, le tout en prenant pour base la valeur des marchandises au lieu du chargement.

(3) Ainsi la disposition s'étend même au cas où l'assuré ne demande que le paiement de l'avarie (M. *Locré*).

16

les avis qu'il a reçus (1), dans les trois jours de leur réception (2) (*Art.* 374).

D. Dans quel délai le délaissement doit-il être fait aux assureurs?

R. Le délaissement doit être fait aux assureurs dans le terme de six mois, à partir du jour de la réception de la nouvelle de la perte arrivée aux ports ou côtes de l'Europe, ou bien sur celles d'Asie ou d'Afrique, dans la Méditerrannée; ou bien, en cas de prise, de la réception de celle de la conduite du navire (3) dans l'un des ports ou lieux situés aux mêmes côtes;

Dans le délai d'un an après la réception de la nouvelle, ou de la perte arrivée, ou de la prise conduite, aux colonies des Indes Occidentales, aux îles Açores, Canaries, Madère et autres îles, et côtes occidentales d'Afrique et orientales d'Amérique;

Dans le délai de deux ans après la nouvelle des pertes arrivées ou des prises conduites dans toutes les autres parties du monde (4) (*Art.* 373).

---

(1) Même quand ils ne seraient pas certains. Il vaut mieux en signifier de faux que d'en omettre de vrais (M. *Delvincourt*). L'assureur a toujours intérêt de connaître l'état des choses, parce qu'il peut avoir des moyens d'y remédier, ou du moins de diminuer ses pertes (M. *Locré*).

(2) La loi ne prononce aucune peine contre celui qui manque à donner l'avis, ou qui est négligent à le donner. Mais le défaut ou le retard de signification peut donner lieu à des dommages-intérêts (M. *Delvincourt*, M. *Boulay-Paty*). Cependant M. *Pardessus* observe que pour admettre cette action en dommages-intérêts, il faudrait que l'événement eût dû paraître positif et certain (M. *Pardessus*, n.° 846).

(3) Ainsi, ce n'est pas la distance du lieu de la prise que l'on considère, mais celle du lieu où la prise a été conduite.

(4) Pourquoi les délais varient-ils en raison de l'éloignement,

D. Le délaissement peut-il encore être fait après l'expiration de ces délais ?

R. Non , ces délais passés, les assurés ne sont plus recevables à faire le délaissement (*Art.* 373).

D. L'assuré ne peut-il pas, au contraire, faire le délaissement de suite ?

R. Oui, l'assuré peut, en signifiant aux assureurs les avis qu'il a reçus , ou faire le délaissement avec sommation à l'assureur de payer la somme assurée dans le délai fixé par le contrat, ou se réserver de faire le délaissement dans les délais fixés par la loi (1) (*Art.* 378).

---

puisqu'ils ne courent pas du moment où l'événement est arrivé , mais du moment où l'assuré en a reçu la nouvelle ? C'est qu'il n'est pas indifférent pour l'assuré de délaisser, puisqu'en délaissant , il ne recouvre que ses déboursés, et qu'il perd tout ce qu'il aurait pu gagner sur l'objet assuré. Il faut donc qu'indépendamment de la connaissance de la perte , il ait le temps de prendre des renseignemens sur l'état des objets assurés, afin de savoir s'il y a de l'avantage pour lui à délaisser, ou à intenter simplement l'action d'avarie. Or, il est clair que ce temps doit varier en raison de l'éloignement du lieu où la perte est arrivée , ou la prise conduite (M. *Delvincourt*).

(1) Pourquoi donne-t-on à l'assuré le droit de faire cette réserve ? Afin qu'il puisse mieux agir en connaissance de cause : il peut se trouver des cas dans lesquels il serait très-préjudiciable à l'assuré de délaisser. Ainsi, par exemple, un chargement pour l'Inde, valant 30,000 fr. au départ, a été assuré en France pour cette somme. Arrivé dans l'Inde , il vaudra 60,000 fr. Le vaisseau échoue et se brise aux attérages. Si l'assuré délaisse le chargement, l'assureur en deviendra propriétaire en payant la somme assurée, c'est-à-dire 30,000 fr. Cependant, il arrive que tout le chargement est sauvé avec peu d'avarie, tellement que l'assureur en retire 50,000 fr. nets. Il fait donc 20,000 fr. de bénéfice ; tandis que , si l'assuré n'eût pas délaissé, et se fût contenté d'intenter

D. Si, sans connaître positivement la perte du navire, l'assuré reste un certain temps sans recevoir aucune nouvelle, ne peut-il pas délaisser?

R. Oui; si après un an expiré, à compter du jour du départ du navire, ou du jour auquel se rapportent les dernières nouvelles reçues (1), pour les voyages ordinaires, et après deux ans pour les voyages de long cours (2), l'assuré déclare n'avoir reçu aucune nouvelle de son navire, il peut faire le délaissement à l'assureur, et demander le paiement de l'assurance, sans qu'il soit besoin d'attestation de la perte (3) (*Art.* 375).

D. L'assuré peut-il retarder indéfiniment de déclarer s'il veut délaisser?

R. Non; après l'expiration de l'année ou des deux années sans nouvelles, l'assuré est tenu de déclarer s'il entend délaisser, dans les délais établis pour délaisser en cas de perte ou de prise (*Art.* 735).

D. Dans le cas d'une assurance faite pour un temps limité, la perte du navire dont on ne reçoit pas de nouvelle, est-elle présumée être arrivée dans le temps de l'assurance?

---

l'action d'avarie, il aurait vendu son chargement 50,000 fr., au lieu de 30,000 fr. qu'il a reçus de l'assureur; et il se fût fait en outre rembourser les frais d'avaries. Il est donc très-important pour l'assuré de connaître, avant de délaisser, la véritable situation de l'objet (M. *Delvincourt*).

(1) Quand même l'assurance aurait été faite depuis le départ du navire, le délai n'en court pas moins du jour du départ, ou des dernières nouvelles.

(2) Nous avons déjà vu ci-dessus, page 132, quels sont les voyages réputés voyages de long cours (*Voyez art.* 377).

(3) Remarquez que l'assureur ne peut se dispenser de payer, quand même le bâtiment reviendrait avant le paiement, si toutefois le délaissement a été fait valablement dans le principe (*Art.* 385).

R. Oui ; quoiqu'à défaut de nouvelles, il faille attendre l'expiration des délais d'un an et de deux ans pour agir contre l'assureur, néanmoins, dans le cas d'une assurance faite pour un temps limité, et quand même le temps des risques serait expiré, avant celui fixé pour la présomption de naufrage, la perte du navire n'en est pas moins présumée arrivée dans le temps de l'assurance (1). Mais l'assureur ne peut toujours être poursuivi qu'après l'expiration des délais (*Art.* 376).

D. Quel est l'effet du délaissement signifié et accepté, ou jugé valable ?

R. Lorsque le délaissement signifié a été accepté ou jugé valable, les effets assurés appartiennent à l'assureur (2), à partir de l'époque du délaissement (3) (*Art.* 385).

D. Si le navire arrive postérieurement, l'assureur peut-il se dispenser de payer la somme assurée ?

R. Non, l'assureur ne peut, sous prétexte du retour du navire, se dispenser de payer la somme assurée (*Art.* 385).

D. En cas de délaissement du navire, à qui appartient le fret des marchandises sauvées ?

---

(1) *Espèce.* Un chargement expédié pour un voyage de long cours, est assuré pour un an. L'on n'en a point de nouvelles depuis le départ. Quoiqu'il faille attendre deux ans pour faire le délaissement, la perte n'est pas moins censée arrivée dans le temps des risques, c'est-à-dire dans la première année (M. *Delvincourt*).

(2) Et s'ils sont plusieurs assureurs, les objets délaissés leur appartiennent à chacun, en proportion de leur intérêt. D'où il suit que, si la moitié seulement du chargement est assurée, la moitié des effets sauvés continue d'appartenir à l'assuré, qui est censé, dans ce cas, être son propre assureur.

(3) C'est-à-dire que l'acceptation du délaissement, ou le jugement qui le déclare valable, ont un effet rétroactif, au moment de la signification.

R. Le fret des marchandises sauvées (1), quand même il aurait été payé d'avance, fait partie du délaissement du navire, et appartient à l'assureur, sans préjudice des droits des prêteurs à la grosse, de ceux des matelots pour leurs loyers, et des frais et dépenses pendant le voyage (2) (*Art.* 386).

D. Que doit déclarer l'assuré, en faisant le délaissement?

R. L'assuré est tenu, en faisant le délaissement, de déclarer toutes les assurances qu'il a faites ou fait faire (3), même celles qu'il a ordonnées (4), et l'argent qu'il a pris à la grosse, soit sur le navire, soit sur les marchandises (5) (*Art.* 379).

D. Quelle est la peine de l'assuré qui ne fait pas cette déclaration?

---

(1) *Quid*, à l'égard du fret réellement gagné, par exemple, celui des marchandises déchargées en route? Doit-il aussi être abandonné aux assureurs? Voyez, pour l'affirmative, M. *Locré*; sur l'article 386, tome 4, page 283; M. *Delvincourt*, page 237, note 5; M. *Pardessus*, n.° 852, page 392 : pour la négative, une dissertation fort étendue et un arrêt de la Cour de Rennes, dans M. *Boulay-Paty*, tit. 11, sect. 8, tome 4, page 391 à 420.

(2) Ici, les loyers des matelots passent les premiers, ensuite les frais et dépenses, ensuite les prêteurs à la grosse qui concourent avec les assureurs (*Art.* 271, 191, § 6 et 7, 320, 331 combinés).

(3) C'est afin que l'assureur sache si l'assuré n'a point fait assurer au-delà de son intérêt; et si, en conséquence, il n'y a pas lieu à demander le ristourne pour une partie, et même la nullité de toute l'assurance s'il y avait fraude.

(4) Quand même il n'aurait pas la certitude qu'elles ont été effectuées; c'est afin qu'en cas d'assurances excédant la valeur du chargement il ne puisse pas dire qu'elles ont été faites à son insu.

(5) C'est toujours pour la même raison; afin que l'on puisse voir s'il n'a pas fait assurer des objets affectés à des prêts à la grosse, ou *vice versâ*.

R. Faute à l'assuré de faire cette déclaration , le délai du paiement, qui doit commencer à courir du jour du délaissement , est suspendu jusqu'au jour où l'assuré fait notifier cette déclaration , sans qu'il en résulte aucune prorogation du délai établi pour former l'action en délaissement (*Art.* 379).

D. Quelle est la peine de l'assuré qui fait une déclaration frauduleuse?

R. En cas de déclaration frauduleuse, l'assuré est privé des effets de l'assurance : il est tenu de payer les sommes empruntées, nonobstant la perte ou la prise du navire (*Art.* 380).

D. En cas de naufrage ou d'échouement avec bris , l'assuré qui veut délaisser, n'est-il tenu d'aucune obligation relativement au navire naufragé ?

R. En cas de naufrage ou d'échouement avec bris, l'assuré doit (1), sans préjudice du délaissement à faire en temps et lieu (2), travailler au recouvrement des effets naufragés (*Art.* 381).

D. Comment lui sont remboursés les frais de recouvrement ?

R. Les frais de recouvrement lui sont, sur son affirmation (3), alloués jusqu'à concurrence de la valeur des effets recouvrés (4) (*Art.* 381).

---

(1) S'il y avait négligence ou mauvaise volonté de la part de l'assuré, s'il n'avait pas fait tout ce qu'il pouvait humainement faire , il n'y a aucun doute qu'il ne fût passible d'une indemnité quelconque envers les assureurs (M. *Boulay-Paty*).

(2) Si l'assuré délaisse, il est censé avoir travaillé au sauvetage comme *negotiorum gestor* de l'assureur (M. *Delvincourt*).

(3) Mais toujours sauf le cas de fraude alléguée et prouvée (M. *Delvincourt*); l'assuré qui délaisse serait trop souvent exposé à perdre ses frais, si l'on exigeait qu'il en justifiât par des pièces (M. *Locré*).

(4) On donne à l'assuré un grand avantage lorsqu'on se con-

D. En cas d'arrêt de la part d'une puissance, le délaissement des objets arrêtés peut-il être fait de suite?

R. Non, le délaissement ne peut être fait qu'après un délai de six mois de la signification faite à l'assureur de la nouvelle de l'arrêt, si cet arrêt a eu lieu dans les mers d'Europe, dans la Méditerranée, ou dans la Baltique; et qu'après un délai d'un an, si l'arrêt a eu lieu en pays plus éloigné (*Art.* 387).

D. Si les marchandises arrêtées sont périssables, le délaissement ne peut-il pas être fait après de plus courts délais?

R. Dans le cas où les marchandises sont périssables, les délais sont réduits à un mois et demi, lorsque l'arrêt a eu lieu dans les mers d'Europe, et à trois mois quand l'arrêt a eu lieu en pays plus éloigné (*Art.* 387).

D. Les assurés ne sont-ils pas tenus de chercher à obtenir la main-levée des objets arrêtés?

R. Oui, pendant les délais avant lesquels on ne peut délaisser, les assurés sont tenus de faire toutes les diligences qui peuvent dépendre d'eux, à l'effet d'obtenir la main-levée (1) des effets arrêtés (2); de leur côté,

---

tente de son affirmation : il serait à craindre qu'il n'abusât de cette facilité pour exagérer ses frais, s'il pouvait les répéter indéfiniment (M. *Locré*).

(1) C'est la conséquence de ce principe du droit naturel, qu'on doit faire le bien de son prochain toutes les fois qu'on le peut sans se nuire à soi-même. Il y a obligation pour l'assuré. Mais cette obligation n'existe qu'autant qu'il est possible de la remplir. En effet, un marchand de Rouen fait assurer des savons venant de Marseille; le navire est pris par des corsaires barbaresques, il peut bien être impossible au marchand rouennais de faire des diligences à Alger ou à Tunis pour obtenir la main-levée.

(2) *Quid*, si l'assuré obtient la main-levée? si les marchandises

les assureurs peuvent, soit de concert avec les assurés, soit séparement, faire toutes démarches à même fin (*Art.* 388).

D. Le délaissement à titre d'innavigabilité peut-il être fait, lorsque le navire échoué peut être relevé ?

R. Non, le délaissement à titre d'innavigabilité ne peut être fait, si le navire échoué peut être relevé, réparé, et mis en état de continuer sa route pour le lieu de sa destination. Mais, dans ce cas, l'assuré conserve son recours sur les assureurs, pour les frais et avaries occasionnés par l'échouement (*Art.* 389).

D. Lorsque le navire a été déclaré innavigable, l'assuré sur le chargement est-il tenu d'en donner avis à son assureur?

R. Oui, lorsque le navire a été déclaré innavigable, l'assuré sur le chargement est tenu d'en faire la notification dans les trois jours de la réception de la nouvelle (*Art.* 390).

D. Que doit faire le capitaine, lorsque son navire est déclaré innavigable ?

R. Le capitaine (1) est tenu (2), dans ce cas, de faire toutes diligences pour se procurer un autre navire, à l'effet de transporter les marchandises au lieu de leur destination (*Art.* 391).

D. L'assureur court-il les risques des marchandises ainsi chargées sur un autre navire ?

R. Oui, dans ce cas, l'assureur court les risques des

---

ont éprouvé quelque dépréciation ou détérioration, il agira contre l'assureur par l'action d'avarie. Il pourra même agir pour raison du simple retard.

(1) Ainsi que les assurés, s'ils sont présens.
(2) C'est donc une obligation.

marchandises chargées sur un autre navire, jusqu'à leur arrivée et leur déchargement (*Art.* 392).

D. L'assureur est-il tenu aussi des avaries et des frais ?

R. Oui, l'assureur est tenu, en outre, des avaries, frais de déchargement, magasinage, rembarquement, de l'excédant du fret, et de tous les autres frais qui ont été faits pour sauver les marchandises, jusqu'à concurrence de la somme assurée (1) (*Art.* 393).

D. Si dans le délai d'un an ou de deux ans, selon le lieu du sinistre, le capitaine n'a pas pu trouver de navire pour recharger les marchandises, et les conduire au lieu de leur destination, que peut faire l'assuré ?

R. L'assuré peut en faire le délaissement (2) (*Art.* 394).

D. En cas de prise, si l'assuré n'a pu en donner avis à l'assureur, peut-il racheter les effets sans attendre son ordre ?

R. Oui, il peut racheter les effets sans attendre l'ordre de l'assureur (3) ; il est alors tenu de lui signifier la composition qu'il a faite, aussitôt qu'il en a les moyens (*Art.* 395).

----

(1) Cela est tout simple. L'assureur est tenu des risques, pertes et dommages résultant du changement forcé du vaisseau (*Art.* 350).

(2) *Quid*, si le délaissement est fait avant les délais ? Je pense qu'il est nul. Mais comme ces délais sont établis dans l'intérêt de l'assureur seul, je pense aussi qu'il n'y a que lui qui puisse demander la nullité (M. *Delvincourt*).

(3) Quelquefois il arrive que le capitaine capteur se contente d'une rançon, au moyen de laquelle la prise est rendue à son ancien propriétaire ; et le plus souvent cette composition a lieu sans que l'assureur en puisse être instruit.

D. L'assureur est-il obligé de prendre cette composition à son compte ?

R. Non, l'assureur a le choix de prendre la composition à son compte, ou bien d'y renoncer ; mais il est tenu de notifier son choix à l'assuré, dans les vingt-quatre heures qui suivent la signification de la composition (1) (*Art.* 396).

D. Que doit faire l'assureur s'il prend la composition à son compte ?

R. Si l'assureur déclare prendre la composition à son profit, il est tenu de contribuer, sans délai (2), au paiement du rachat dans les termes de la convention, et à proportion de son intérêt (3) ; et il continue de

---

(1) *Quid,* si l'assureur et l'assuré ne demeurent pas dans le même lieu ? Je pense qu'il faudrait ajouter aux vingt-quatre heures un jour par deux myriamètres et demi de distance. C'est l'avis de M. *Delvincourt* et de M. *Pardessus.*

(2) *Sans délai.* Ceci doit s'entendre d'après ce qui suit : *d'après les termes de la convention.* Si l'assuré a un délai, il est clair que l'assureur doit en profiter.

(3) Et d'après le mode déterminé par l'article 304. Pour juger des chances que l'assureur peut avoir à courir, il est nécessaire de présenter une espèce. Une prise est faite et rachetée, corps et facultés, moyennant 50,000 fr. Le chargement est assuré pour 40,000 fr., montant de sa valeur au départ ; mais il vaudra 60,000 fr. au lieu de la décharge. Le navire vaut 100,000 fr. et le fret 20,000 ; ce qui donne pour la moitié du navire et du fret 60,000 fr. Total de la masse qui doit contribuer au rachat, 120,000 fr. Les marchandises assurées, formant la moitié de cette somme, doivent payer la moitié de la contribution. Si donc l'assureur prend la composition à son profit, il sera tenu de payer 25,000 fr. Et si l'on suppose maintenant que le chargement périsse par fortune de mer, postérieurement au rachat, il sera en outre tenu de payer la

courir les risques du voyage, conformément au contrat d'assurance (*Art.* 396).

D. Quelles sont les obligations de l'assureur qui renonce au profit de la composition?

R. Si l'assureur déclare renoncer au profit de la composition, il est tenu au paiement de la somme assurée, sans pouvoir rien prétendre aux effets rachetés (1) (*Art.* 396).

D. Quel parti est censé avoir pris l'assureur qui n'a pas notifié son choix dans le délai des vingt-quatre heures?

R. L'assureur qui n'a pas notifié son choix dans le délai de vingt-quatre heures fixé par la loi, est censé avoir renoncé au profit de la composition (*Art.* 396).

D. A quel terme l'assuré est-il tenu de payer le montant de l'assurance?

R. Si l'époque du paiement n'est point fixée par le contrat, l'assureur est tenu de payer l'assurance trois mois après la signification du délaissement (2) (*Art.* 382).

---

somme entière assurée, montant à 40,000 fr.; total de ce qu'il aura payé dans ce cas, 65,000 fr.

Si, au contraire, l'assureur eût refusé la composition, il eût payé 40,000 fr. Mais aussi, dans la première hypothèse, si le chargement n'eût pas péri, il n'eût eu à payer que 25,000 fr. Il ne paie le surplus que par l'effet d'un accident postérieur et entièrement étranger à la prise. Le premier risque est censé fini au moment de la prise; et un second est censé avoir commencé pour lui, du moment de la déclaration qu'il a faite, qu'il entendait prendre la composition à son profit (M. *Delvincourt*).

(1) Qui dès-lors ne sont plus à ses risques.

(2) Le délai ne peut courir que du jour où l'assuré signifie

D. Avant de pouvoir poursuivre le paiement des sommes assurées, l'assuré n'est-il pas tenu de signifier certains actes à l'assureur?

R. Oui, les actes justificatifs du chargement (1) et de la perte doivent être signifiés à l'assureur avant qu'il puisse être poursuivi pour le paiement des sommes assurées (2) (*Art.* 383).

D. L'assureur est-il admis à faire la preuve contraire?

R. Oui, l'assureur est admis à la preuve des faits contraires (3) à ceux qui sont consignés dans les attestations (4); mais l'admission à la preuve ne suspend pas les condamnations de l'assureur au paiement (5) provisoire (6) de la somme assurée, à la charge par l'assuré de donner caution (*Art.* 384).

---

l'abandon, et non de celui où il signifie l'avis de la perte, fût-ce même avec protestation de faire le délaissement (M. *Locré*).

(1) Le Code n'oblige à justifier que du chargement. En effet, « le navire est un objet réel et n'a pas besoin de preuve ; il ne peut donner matière à discussion que par rapport à l'estimation que l'assuré en aura faite par la police au-delà de sa juste valeur » (*Valin*).

(2) On peut faire le délaissement avant d'avoir signifié ces actes ; mais on ne peut exiger le paiement qu'après les avoir signifiés.

(3) C'est-à-dire qu'il peut être admis à prouver, ou que les objets n'étaient pas chargés dans le navire au moment du sinistre, ou qu'ils n'ont pas éprouvé l'événement pour lequel l'assuré a déclaré faire le délaissement (M. *Delvincourt*).

(4) Il ne s'agit pas ici du connaissement : nous avons vu qu'il fait foi entre les parties, s'il est en bonne forme.

(5) Autrement il dépendrait de l'assureur de retarder le paiement en alongeant la procédure , au lieu que de cette manière il a intérêt de l'accélérer (M. *Locré* , M. *Delvincourt*).

(6) Le juge est-il forcé d'accorder toujours la provision à l'as-

D. Après combien de temps est éteint l'engagement de cette caution ?

R. L'engagement de cette caution est éteint (1) après quatre années révolues, s'il n'y a pas eu de poursuites (*Art.* 384).

TITRE XL

Des Avaries.

D. Qu'appelle-t-on avaries ?

R. On appelle avaries toutes dépenses extraordinaires (2) faites pour le navire et les marchandises, conjointement ou séparement ; tout dommage qui arrive au navire ou aux marchandises, depuis leur char-

---

suré ? Non, l'article l'autorise à l'accorder, mais il ne l'y oblige pas (M. *Locré*).

(1) En outre des autres modes généraux d'extinction des obligations.

(2) On dit *dépense extraordinaire*, par opposition à celle qui peut survenir naturellement, quoiqu'elle ne soit pas ordinaire dans les voyages. Par exemple, si, sans nécessité, le capitaine conduit le navire dans un port où il y avait des droits à payer, ce n'est point une avarie à supporter en commun par les marchands chargeurs, ni à demander aux assureurs ; mais ce sera autre chose, si c'est par force majeure : de même des pilotages, touages, etc. Par exemple encore, si le voyage, sans aucun accident maritime, s'alonge de manière qu'il y ait nécessité de faire de nouveaux vivres, ce n'est point non plus une avarie. *Secùs*, si des coups de mer endommagent le navire, en telle sorte qu'il ait besoin de gagner un port pour se radouber et y prendre un supplément de vivres ; alors tout cela est avarie particulière au navire à la vérité, mais qui est pour le compte des assureurs (*Valin*, sur l'art. I.er , titre *des Avaries*).

gement et départ jusqu'à leur retour et déchargement (1) (*Art.* 397).

D. Comment se règlent les avaries entre toutes les parties ?

R. Les avaries se règlent conformément aux conventions spéciales des parties ; à défaut de conventions, les avaries sont réglées par la loi (*Art.* 398).

D. Combien y a-t-il de sortes d'avaries ?

R. Les avaries sont de deux classes : les avaries grosses ou communes, et les avaries simples ou particulières (2) (*Art.* 399).

D. Quelles sont les avaries communes ?

R. Les avaries communes sont toutes dépenses extraordinaires faites d'après délibérations motivées (3),

---

(1) Les avaries sont occasionnées, soit par une faute quelconque, soit par le vice propre de la chose, soit par force majeure et cas fortuit. Si elles ont été causées par la faute de quelqu'un, elles donnent à celui qui les a souffertes une action contre l'auteur et contre ceux qui répondent de ses faits ; si elles proviennent du vice de la chose, elles sont supportées par celui à qui appartient cette chose avariée ; si enfin elles ont eu lieu par force majeure et cas fortuit, elles sont supportées par le propriétaire, sauf son action contre celui qui se serait chargé de cette sorte de risque en son lieu et place (M. *Boulay-Paty*).

(2) Remarquez que l'avarie n'est pas dite *grosse* ou *simple* en raison du plus ou moins de valeur du dommage (M. *Delvincourt*). Dans le sens de la loi, les avaries simples sont celles qui tombent uniquement sur la chose qui les a souffertes ; c'est pour cela qu'à ce mot *simple,* l'article ajoute *ou particulière.* Les avaries grosses sont le dommage souffert pour le bien et salut commun du navire et des marchandises ; c'est pourquoi l'article ajoute *ou communes,* parce qu'elles doivent être supportées en commun (M. *Boulay-Paty*). Ainsi, une avarie simple peut-être très-considérable, une avarie grosse peut être une légère avarie.

(3) En général, on exige des délibérations des principaux de

et tous dommages soufferts volontairement (1) pour le bien et le salut commun du navire et des marchandises, depuis le chargement et départ jusqu'au retour et déchargement. Telles sont entre autres :

1.º Les choses données (2) par composition (3) et à titre de rachat du navire et des marchandises (4);

2.º Celles qui sont jetées à la mer (5);

3.º Les câbles ou mâts rompus ou coupés (6);

4.º Les ancres et autres effets abandonnés pour le salut commun ;

---

l'équipage, quand cela est possible, afin d'éviter la fraude. Ainsi, par exemple, un capitaine qui verrait un câble ou un mât prêt à être coupé ou rompu par le gros temps, le romprait ou le couperait volontairement, afin de faire supporter au chargement, sa part dans une avarie qui n'aurait dû être supportée que par le navire seul (M. *Delvincourt*).

(1) *Volontairement.* Si les dépenses ou dommages étaient causés par cas fortuit, alors ce serait avarie simple, à la charge de la chose qui aurait souffert le dommage ou occasionné la dépense. L'avarie, pour être commune, doit avoir eu lieu dans la vue du salut commun. Il faut donc qu'elle soit le résultat de l'intention, de la volonté.

(2) Aux ennemis, corsaires, pirates ou autres.

(3) Il faut qu'il y ait eu composition. Si le corsaire ou pirate, sans faire de composition, pille et prend ce qu'il juge à propos, sans toucher au reste, il n'y a qu'avarie simple (M. *Delvincourt*, M. *Boulay-Paty*, M. *Pardessus*).

(4) Ensemble et tout-à-la-fois. Autrement, il y aurait avarie simple.

(5) Cette matière est traitée plus particulièrement dans le titre suivant.

(6) Volontairement et pour le salut commun. Si c'est par un coup de mer et sans le fait de l'homme, c'est une avarie simple à la charge du navire seul. Si cependant on a forcé de voiles pour éviter l'ennemi, et que les mâts se soient rompus, alors, comme

5.º Les dommages occasionnés par le jet aux marchandises restées dans le navire ;

6.º Les pansemens et nourriture des matelots (1) blessés (2) en défendant le navire, les loyers et nourriture des matelots pendant la détention, quand le navire est arrêté (3) en voyage par ordre d'une puissance, et pendant les réparations des dommages volontairement soufferts pour le salut commun, si le navire est affreté au mois (4) ;

7.º Les frais du chargement pour alléger le navire et entrer dans un hâvre ou une rivière, quand le navire est contraint de le faire par tempête ou par la poursuite de l'ennemi ;

8.º Les frais faits pour remettre à flot le navire échoué dans l'intention d'éviter la perte totale ou la prise (5) (*Art.* 400).

---

le fait qui a donné lieu à l'accident, était volontaire et dans la vue du salut commun, ce sera une avarie grosse (M. *Delvincourt*).

(1) Ce qui, selon M. *Delvincourt* et M. *Boulay - Paty*, s'étend aux passagers. M. *Locré* est d'avis contraire.

(2) Soit les armes à la main, soit en faisant la manœuvre.

(3) Il en est de même si le navire est pris, puis ensuite relâché.

(4) Si le navire est affreté au voyage, l'avarie est simple, parce que, comme il n'y a qu'un fret convenu pour le voyage, ce qui comprend le temps de la détention et des réparations, le maître doit à l'affréteur le service de ses matelots pendant tout le voyage ; et d'ailleurs, en faisant un prix unique, il a pris sur lui tous les risques du voyage. Au contraire, quand l'affrétement est au mois, le maître ne recevant pas de fret pendant la détention ou le retard, ne doit pas le service de ses matelots pendant ce temps. C'est pour cela que la nourriture et les loyers sont réputés pendant ce temps avarie commune (M. *Delvincourt*, M. *Boulay-Paty*).

(5) Il en est de même des frais de réparation du dommage sur-

D. Par qui et comment sont supportées les avaries communes?

R. Les avaries communes sont supportées par les marchandises et par la moitié du navire et du fret (1), au marc le franc de la valeur (*Art.* 401).

D. Comment est établi le prix des marchandises?

R. Le prix des marchandises est établi par leur valeur au lieu du déchargement (2) (*Art.* 402).

D. Quelles sont les avaries particulières ?

R. Les avaries particulières sont toutes dépenses faites pour le bâtiment seul ou pour les marchandises seules ; et tout dommage qui leur arrive en particulier, autrement que pour le salut commun , depuis leur chargement et départ, jusqu'à leur retour et déchargement. Telles sont entre autres :

1.º Le dommage arrivé aux marchandises par leur vice propre , par tempête , prise , naufrage , ou échouement ;

2.º Les frais faits pour les sauver ;

3.º La perte des câbles, ancres, voiles, mâts, cordages, causée par tempête ou autre accident de mer (3) ; les dépenses résultant de toutes relâches occa-

---

venu au navire, par l'effet de l'échouement qui a eu lieu pour la même cause.

(1) Pourquoi les marchandises contribuent-elles en entier, et le navire ainsi que le fret pour moitié seulement? C'est parce que ce serait un double emploi que de faire contribuer les propriétaires du navire pour toute sa valeur et pour le fret entier, attendu que le fret leur est accordé en remplacement de ce que le vaisseau perd de sa valeur dans le voyage et des dépenses qu'ils sont obligés de faire (M. *Locré,* M. *Boulay-Paty*).

(2) Nous reviendrons sur le mode de contribution au titre suivant.

(3) Ces dommages sont à la charge du navire.

sionnées., soit par la perte fortuite de ces objets, soit par le besoin d'avitaillement, soit par voie d'eau à réparer ;

4.° La nourriture et le loyer des matelots pendant la détention, quand le navire est arrêté en voyage par ordre d'une puissance , et pendant les réparations qu'on est obligé d'y faire, si le navire est affrété au voyage (1);

5.° La nourriture et le loyer des matelots pendant la quarantaine (2), que le navire soit loué au voyage ou au mois (3) (*Art.* 403).

D. Par qui sont supportées les avaries simples ?

R. Les avaries simples ou particulières sont supportées et payées par le propriétaire de la chose qui a essuyé le dommage ou occasionné la dépense (4) (*Art.* 404).

---

(1) *Voyez* ci-dessus, page 257, note (4).

(2) On appelle *quarantaine* le séjour que les navires qui viennent d'un pays infecté ou soupçonné de contagion sont obligés de faire, pendant un certain temps, dans un lieu séparé du port où ils arrivent, sans communiquer avec la terre.

(3) Je ne vois pas pourquoi on n'a pas admis ici la même distinction que relativement à la détention, à moins que l'on ne dise que les frais de quarantaine devant être prévus, ont dû nécessairement être compris dans le fret exigé par le capitaine ; ce qui ne peut s'appliquer aux frais de séjour causés par cas fortuit. Mais alors, il faudrait faire une exception en faveur des frais de quarantaine qui n'ont pu être prévus ; par exemple, lorsque le navire arrive d'un pays où il règne une maladie contagieuse , mais qui n'y est pas ordinaire (M. *Delvincourt*). M. *Boulay-Paty* prétend, on ne sait pourquoi, que la quarantaine est une précaution de police qui regarde le bâtiment seul.

(4) Ainsi, les avaries simples ne donnent point lieu à contribution.

D. Les dommages arrivés aux marchandises par la faute du capitaine, sont-ils également considérés comme avaries, simples, et payés par le propriétaire des marchandises?

R. Les dommages arrivés aux marchandises, faute par le capitaine d'avoir bien fermé les écoutilles (1), amarré le navire, fourni de bons guindages (2), et par tous autres accidens provenant de la négligence du capitaine ou de l'équipage, sont également des avaries particulières supportées par le propriétaire des marchandises, mais pour lesquelles il a son recours contre le capitaine, le navire et le fret (3) (*Art.* 405).

D. Considère-t-on comme avaries les frais faits et les droits payés pour entrer ou sortir d'un hâvre ou d'une rivière?

R. Non, les lamanages, touages, pilotages (4),

----

(1) On nomme *écoutilles* des ouvertures pratiquées dans le tillac d'un vaisseau, par lesquelles l'on descend sous le tillac et l'on y fait entrer les marchandises.

(2) On appelle *guindages*, les bois et les cordages dont on se sert pour élever les fardeaux qu'on veut embarquer sur le vaisseau, ou pour les décharger.

(3) *Contre le capitaine, le navire et le fret.* Contre le capitaine, parce qu'il doit répondre de ses faits et de ceux de l'équipage, puisque c'est lui qui le choisit; contre le navire et le fret, parce que les propriétaires du navire, qui sont en même temps créanciers du fret, sont tenus des faits du capitaine. Mais pourquoi n'a-t-on pas dit simplement *contre le capitaine et les propriétaires?* C'est parce que ces derniers ne sont tenus, aux termes de l'art. 216, que jusqu'à concurrence du navire et du fret, et qu'en abandonnant ces deux objets, ils sont quittes de toute responsabilité à cet égard (M. *Delvincourt*).

(4) Nous avons déjà expliqué ce que signifient les mots *pilotage, touage, lamanage*, ci-dessus, page 227, notes (1), (2) et (3).

pour entrer dans les hâvres ou rivières, ou pour en sortir, les droits de congés (1), visites, (2), rapports (3), tonnes (4), balises (5), ancrages (6), et autres droits de navigation (7), ne sont point avaries; mais ils sont de simples frais à la charge du navire (*Art.* 406).

D. En cas d'abordage (8) de navires, comment est supporté le dommage?

R. Si l'événement a été purement fortuit (9), le

---

(1) Le *congé* est la permission de mettre en mer; il est délivré par l'administration des Douanes. Les bâtimens de 30 tonneaux et au dessous doivent en prendre un par année; les bâtimens d'un plus fort tonnage, un par voyage.

(2) Le droit de *visite* est ce que l'on paie aux personnes chargées de faire la visite et de constater l'état des navires.

(3) *Rapport.* C'est le coût du rapport ou consulat que le capitaine est obligé de faire dans le port d'arrivée, ou dans ceux de relâche.

(4) *Tonnes.* C'est le droit destiné à l'entretien des tonnes vides que l'on place au dessus des rochers et bancs de sables, pour les indiquer aux navires.

(5) *Balises.* C'est à-peu-près la même chose que le droit de tonnes. Seulement le mot *balise* est plus étendu. Il signifie, en général, tout ce qui sert à indiquer le chemin.

(6) *Ancrage.* C'est le droit que l'on paie pour avoir la permission de jeter l'ancre. Le mot *ancrage* signifie aussi un lieu au fond de la mer, sur lequel les vaisseaux peuvent mouiller avec sûreté. *Nota.* Les définitions des mots *congé, visites, rapports, tonnes, balises, ancrage*, sont tirées de M. *Delvincourt* et se trouvent répétées dans M. *Boulay-Paty.*

(7) Tels sont les droits de *feux* pour l'entretien des feux ou phares, les droits d'amarrage, de tonnage, etc., etc.

(8) On appelle *abordage*, le choc d'un vaisseau contre un autre (M. *Locré*).

(9) Il arrive souvent que la tempête et le gros temps fassent démarrer des navires, et les jettent sur d'autres bâtimens auxquels ils

dommage est supporté, sans répétition, par celui des navires qui l'a éprouvé ; si l'abordage a été fait par la faute de l'un des capitaines, le dommage est payé par celui qui l'a causé (1).

S'il y a doute dans les causes de l'abordage, le dommage est réparé à frais communs, et par égale portion, par les navires qui l'ont fait et souffert (2) (*Art.* 407).

D. Comment se fait l'estimation du dommage?

R. L'estimation du dommage, quand il y a lieu (3), est faite par experts (*Art.* 407).

D. Les assureurs répondent-ils de toute avarie quel qu'en soit le montant?

R. Non, une demande pour avarie n'est point recevable si l'avarie commune n'excède pas un pour cent de la valeur cumulée du navire et des marchandises, et si l'avarie particulière n'excède pas aussi un pour cent de la valeur de la chose endommagée (4) (*Art.* 408).

---

occasionnent des avaries plus ou moins considérables (M. *Boulay-Paly*).

(1) Si le navire qui a causé le dommage était mal amarré, ou s'il l'était avec des cables insuffisans, ou s'il avait été laissé sans gardien, il est présumé en faute.

(2) Mais non pas le dommage arrivé aux marchandises de la cargaison. Ce dommage est considéré comme avarie simple, et reste à la charge des propriétaires de ces marchandises (*Valin*, *Emérigon*, M. *Boulay-Paly*).

(3) En effet, quand le dommage doit être supporté par celui qui l'a éprouvé, sans répétition, il n'y a pas besoin de le faire estimer.

(4) Il faudrait dépenser en frais autant ou plus que le dommage qu'on obtiendrait (M. *Locré*). Il est même assez d'usage de stipuler dans les polices d'assurances, que l'assureur ne paiera l'avarie, qu'autant qu'elle excédera 3 ou 5 pour cent, et même davantage.

Si l'avarie excède un pour cent, faut-il déduire ce un pour cent

D. Les assureurs ne peuvent-ils pas limiter encore plus leurs risques ?

R. Oui ; par exemple, en stipulant la clause *franc d'avaries*. Cette clause a pour effet d'affranchir les assureurs de toutes avaries, soit communes, soit particulières, excepté dans les cas qui donnent ouverture au délaissement (1) : et dans ces cas, les assurés ont l'option entre le délaissement et l'exercice de l'action d'avarie (2) (*Art.* 409).

TITRE XII.

Du Jet et de la Contribution.

D. Que doit faire le capitaine, si par tempête ou par la chasse de l'ennemi, il se croit obligé, pour le salut du navire, de jeter en mer une partie de son chargement, ou de faire quelque sacrifice analogue ?

R. Si, par tempête ou par la chasse de l'ennemi (3),

---

de la somme à payer par les assureurs ? Non, c'est l'avis de tous les auteurs, *Valin*, *Emérigon*, M. *Delvincourt*, M. *Boulay-Paty*, etc.

(1) Le délaissement est toujours facultatif de la part de l'assuré qui peut se contenter de l'action d'avarie. Mais une fois qu'il a choisi l'un ou l'autre, il ne peut plus revenir sur son choix (M. *Boulay-Paty*).

(2) L'action d'avarie est celle que l'assuré, qui ne peut ou ne veut faire le délaissement, exerce contre l'assureur, à l'effet d'être indemnisé de toutes les pertes et dommages arrivés par force majeure aux objets assurés. Il faut appliquer à l'action d'avarie, tout ce que nous avons dit pour le délaissement, touchant la signification à l'assureur des nouvelles reçues par l'assuré, ainsi que la justification du sinistre (M. *Delvincourt*).

(3) Il est quelquefois nécessaire, dans le cours d'un voyage,

le capitaine se croit obligé, pour le salut du navire, de jeter en mer une partie de son chargement, de couper ses mâts ou d'abandonner ses ancres, il doit prendre l'avis des intéressés au chargement, qui se trouvent dans le vaisseau, et des principaux de l'équipage (*Art.* 410).

D. S'il y a diversité d'avis, quel est celui qu'on doit suivre ?

R. S'il y a diversité d'avis, celui du capitaine et des principaux de l'équipage est suivi (1) (*Art.* 410).

D. Quelles sont les choses qui doivent être jetées les premières ?

R. On doit jeter les premières, d'abord les choses les moins nécessaires, les plus pesantes et de moindre prix ; ensuite les marchandises du premier pont au choix du capitaine, et par l'avis des principaux de l'équipage (2) (*Art.* 411).

---

d'alléger un navire, en jetant à la mer une partie des marchandises dont il est chargé (M. *Boulay-Paty*). La loi ne devait pas laisser à l'arbitrage du capitaine et de son équipage les cas où le jet deviendrait avarie commune ; son silence aurait pu favoriser les fraudes, ou tout au moins faire naître des contestations (M. *Locré*).

(1) L'article ne dit pas *s'il y a partage*, mais *s'il y a diversité d'avis*, pour faire voir que la disposition de l'article doit avoir lieu, quand même les marchands chargeurs se trouveraient en nombre plus considérable que l'équipage, et tous d'un avis opposé. Il serait à craindre que l'envie de conserver leurs marchandises n'influât sur leur opinion, et ne les empêchât de consentir au moyen, peut-être unique, de sauver le bâtiment ; moyen dont l'équipage est le meilleur juge (M. *Delvincourt*).

(2) Ici l'on ne demande plus l'avis des intéressés au chargement. L'intérêt personnel occasionnerait des contestations pendant lesquelles le navire pourrait périr.

D. Le capitaine ne doit-il pas constater cette délibération?

R. Oui, le capitaine est tenu de rédiger par écrit la délibération, aussitôt qu'il en a les moyens (*Art.* 412).

D. Que doit contenir la délibération?

R. La délibération exprime les motifs qui ont déterminé le jet; les objets jetés ou endommagés; elle présente la signature des délibérans, ou les motifs de leur refus de signer. Elle doit de plus être transcrite sur le registre (*Art.* 412).

D. Que doit faire le capitaine, au premier port où le navire aborde?

R. Au premier port où le navire aborde (1), le capitaine est tenu dans les vingt-quatre heures de son arrivée, d'affirmer les faits contenus dans la délibération transcrite sur le registre (*Art.* 413).

D. Où et par qui est fait l'état des pertes et dommages occasionnés par le jet?

R. L'état des pertes et dommages est fait dans le lieu du déchargement du navire, à la diligence du capitaine et par experts (*Art.* 414).

D. Par qui sont nommés ces experts?

R. Les experts sont nommés par le Tribunal de Commerce, si le déchargement se fait dans un port Français. Dans les lieux où il n'y a pas de Tribunal de Commerce, ils sont nommés par le juge de paix. Enfin ils sont nommés par le Consul de France, et, à son défaut

---

(1) On n'attend point que le navire soit arrivé au port de décharge; et cela, pour éviter les fraudes que pourrait commettre le capitaine ou l'équipage, en faisant mettre secrètement à terre des marchandises, qu'ils supposeraient ensuite avoir été jetées à la mer (M. *Delvincourt*).

par le magistrat du lieu , si la décharge se fait dans un port étranger (*Art.* 414).

D. Que font les experts?

R. Les experts prêtent serment avant d'opérer, puis ils font l'état des pertes et dommages, et ils en font la répartition (*Art.* 414 *et* 416).

D. Par qui cette répartition est-elle rendue exécutoire ?

R. Cette répartition est rendue exécutoire en France par l'homologation du Tribunal (1); dans les ports étrangers par le Consul de France, ou, à son défaut, par tout tribunal compétent sur les lieux (*Art* 416).

D. Comment sont estimées les marchandises jetées?

R. Les marchandises jetées sont estimées suivant le prix courant du lieu du déchargement (2); leur qualité est constatée par la production des connaissemens, et des factures, s'il y en a (3) (*Art.* 415.).

D. Sur quels objets se fait la répartition?

R. La répartition pour le paiement des pertes et dommages, est faite sur les effets sauvés et sur les effets jetés (4), et sur moitié du navire et du fret, à pro-

---

(1) Elle pourrait être aussi arrêtée à l'amiable entre les parties, si toutes y consentaient. Mais dans ce cas, le réglement d'avaries ne lierait pas les assureurs, tandis qu'il les lie quand il est homologué (*Emérigon*, M. *Delvincourt*).

(2) *Du lieu du déchargement* et non pas de la destination. Il est possible que le mauvais état du navire oblige de décharger dans un autre port que celui de destination, et qu'on ne puisse pas trouver d'autre navire pour recharger les marchandises : il faut bien, dans ce cas, estimer les objets jetés, d'après la valeur qu'ils auraient eue au lieu de la décharge effective.

(3) S'il y a des factures. S'il n'y avait pas de connaissement, la marchandises ne seraient pas remboursées.

(4) Les effets jetés s'estiment d'après la valeur qu'ils auraient

portion de leur valeur au lieu du déchargement (*Art.* 417).

D. Si la qualité des marchandises a été déguisée par le connaissement, et qu'elles se trouvent d'une plus grande valeur, comment contribuent-elles et comment sont-elles payées ?

R. Si elles sont sauvées, elles contribuent sur le pied de l'estimation qui en est faite ; si elles sont perdues, elles sont payées d'après la qualité désignée par le connaissement (1) (*Art.* 418).

D. Si, au contraire, les marchandises déclarées sont d'une qualité inférieure à celle indiquée par le connaissement, comment contribuent-elles et comment sont-elles payées ?

R. Dans ce cas, si elles sont sauvées, elles contribuent d'après la qualité indiquée par le connaissement ;

---

eue au lieu de la décharge, s'ils eussent été sauvés et en bon état. Les effets sauvés en bon état, s'estiment d'après leur valeur actuelle. Quant à ceux sauvés, mais détériorés, d'après leur valeur actuelle, si la détérioration provient d'avarie simple ; mais si elle provient d'avarie commune, comme cela fait partie des pertes et dommages qui doivent être remboursés par la contribution, on les estime d'après la valeur qu'ils auraient, s'ils n'étaient pas endommagés : le tout déduction faite du fret et autres dépenses, tant à l'égard des objets jetés, que de ceux sauvés. Il est évident que ces frais diminuent d'autant leur valeur (M. *Deloincourt*).

(1) En effet, si elles sont perdues, le propriétaire n'est pas recevable à dire que leur valeur excède celle portée au connaissement, puisque le connaissement étant de son fait, ce serait prétendre qu'il a voulu faire une friponnerie. Or, *nemo auditur suam turpitudinem allegans*. Si elles sont sauvées, il n'est pas juste que le propriétaire tire avantage de sa fraude, pour payer une moindre part dans la contribution ; *nemo ex delicto suo debet consequi emolumentum*.

si elles sont jetées ou endommagées, elles sont payées sur le pied de leur valeur (1) (*Art.* 418).

D. Les munitions de guerre et de bouche, et les hardes des gens de l'équipage contribuent-elles?

R. Non, les munitions de guerre (2) et de bouche et les hardes des gens de l'équipage (3), ne contribuent point au jet, mais la valeur de celles qui ont été jetées, est payée par contribution sur tous les autres effets (*Art* 419).

D. Les effets dont il n'y a pas de connaissement ni de déclaration du capitaine, sont-ils payés s'ils sont jetés?

R. Non, s'ils sont jetés, ils ne sont point payés; mais ils contribuent s'ils sont sauvés (4) (*Art.* 420).

D. En est-il de même des effets chargés sur le tillac du navire?

R. Les effets chargés sur le tillac du navire contribuent, s'ils sont sauvés; mais s'ils sont jetés ou endommagés par le jet, le propriétaire n'est point admis à former une demande en contribution (5); il ne peut

---

(1) Mêmes motifs que dans la note précédente.

(2) Pourvu qu'elles soient destinées à la défense ou à l'approvisionnement du navire. Car, si elles étaient chargées comme marchandises, elles devraient contribuer.

(3) Ce qui comprend non seulement les matelots, mais les officiers et le capitaine (M. *Delvincourt*). Mais cela ne doit point être étendu aux passagers (*Pothier*, M. *Boulay-Paty*).

(4) En effet, il suffit, pour qu'elles contribuent, qu'elles soient sauvées par le jet; si elles ne sont pas payées quand elles sont jetées, c'est par suite de quelque contravention aux réglemens, dont la peine, quand elles sont sauvées, ne doit pas retomber sur les propriétaires des marchandises jetées.

(5) Excepté dans le cas du petit cabotage. La disposition qui dispense de payer les effets chargés sur le tillac quand ils sont jetés, est fondée sur ce que : 1.º il y a contravention à la loi,

exercer son recours que contre le capitaine (*Art.* 421).

D. Y a-t-il lieu à contribution pour tous les domma-ges arrivés au navire?

R. Non ; il n'y a lieu à contribution pour raison du dommage arrivé au navire , que dans le cas où le dom-mage a été fait pour faciliter le jet (1) (*Art* 422).

D. Y a-t-il lieu à contribution , si le jet n'a pas sauvé le navire?

R. Non , si le jet ne sauve pas le navire , il n'y a lieu à aucune contribution. Les marchandises sauvées ne sont point tenues du paiement de celles qui ont été je-tées ou endommagées (*Art.* 423).

D. Si le jet sauve le navire , mais que le navire en continuant sa route , vienne à se perdre , y a-t-il lieu à contribution?

R. Oui ; mais les effets sauvés ne contribuent au jet que sur le pied de leur valeur en l'état où ils se trouvent , déduction faite des frais de sauvetage (*Art.* 424).

D. Les effets jetés contribuent-ils au paiement des dommages arrivés depuis le jet aux marchandises sau-vées ?

R. Non , les effets jetés ne contribuent en aucun cas

---

et 2.º l'on présume qu'ils ont été jetés sans nécessité de faire le jet en général, mais parce qu'ils gênaient ou embarrassaient la manœuvre (M. *Delvincourt*).

(1) Il peut se faire qu'on n'ait pu l'opérer qu'en brisant quelques parties du navire, ou en le *sabordant*, c'est-à-dire en lui faisant une ouverture, en rompant des mâts, des cables, en déchirant des voiles: tous ces dommages étant une suite du jet, sont avaries communes et soumis aux mêmes règles (M. *Boulay-Paty*).

En règle générale, pour qu'il y ait lieu à contribution il faut deux choses : 1.º que l'avarie ait été soufferte dans l'intention de sauver le navire ; 2.º que le navire ait effectivement été sauvé.

au paiement des dommages arrivés depuis le jet aux marchandises sauvées. Les marchandises ne contribuent pas non plus au paiement du navire perdu, ou réduit à l'état d'innavigabilité (1) (*Art.* 425).

D. Si, en vertu d'une délibération, le navire a été ouvert pour en extraire les marchandises, contribuent-elles à la réparation du dommage causé au navire?

R. Oui, dans ce cas, les marchandises contribuent à la réparation du dommage causé au navire (*Art.* 426).

D. Si, pour alléger un navire, en entrant dans un port ou une rivière, il est mis des marchandises dans des barques qui arrivent à bon port, et que le navire vienne à périr avec le reste de son chargement, y a-t-il lieu a contribution?

R. Non, les marchandises mises dans les allèges (2) ne doivent aucune contribution (3) (*Art.* 427).

---

(1) Je vais montrer par une espèce, la manière dont s'appliquent les articles 424 et 425. Un navire part du Hâvre; il éprouve une tempête en mer, on jette le tiers de la cargaison qui périt; le navire se perd en Portugal, aux attérages, mais on sauve une partie des marchandises. Ces marchandises contribueront sur le pied de leur valeur, déduction faite des frais de sauvetage, à payer le tiers de la cargaison jeté lors du premier péril. Supposons maintenant que le tiers ait au contraire été sauvé à la côte, et que le navire ait péri en arrivant en Portugal, sans qu'on ait pu rien sauver : les marchandises sauvées du jet ne contribueront point à cette dernière perte.

(2) On appelle ainsi les barques sur lesquelles on transporte les objets composant le chargement d'un navire qui ne peut entrer dans un port, soit parce qu'il tire trop d'eau, ou pour toute autre cause.

(3) On ne peut pas dire que la perte du navire ait contribué à la conservation des marchandises mises dans les allèges.

D. Si, au contraire, dans le même cas, le navire arrive à bon port, y a-t-il lieu à contribution?

R. Oui, si, dans le même cas (1), le navire arrive à bon port, et que les allèges viennent à périr, la répartition de la perte est faite sur le navire (2) et le chargement entier (*Art.* 427).

D. Si depuis la répartition, les effets jetés sont recouvrés par les propriétaires, que doivent faire ces propriétaires?

R. Ces propriétaires (3) sont tenus de rapporter au capitaine et aux intéressés ce qu'ils ont reçu dans la contribution, déduction faite des dommages causés par le jet, et des frais de recouvrement (*Art.* 429).

D. Le capitaine et l'équipage n'ont-ils pas un privilège pour le montant de la contribution?

R. Oui; dans tous les cas, le capitaine et l'équipage ont un privilège sur les marchandises ou le prix en provenant pour le montant de la contribution (4) (*Art.* 428).

----

(1) C'est-à-dire si, pour alléger le navire entrant dans un port, etc. Cela ne s'applique point aux marchandises mises dans les gabarres pour être déchargées, quand le navire est au port, mais ne peut venir à quai.

(2) C'est-à-dire la moitié du navire et du fret.

(3) Les effets ainsi jetés continuent d'appartenir à leurs propriétaires; ce ne sont point des choses abandonnées. Celui qui les sauverait et les garderait commettrait un vol.

(4) En finissant ce titre, nous devons indiquer à nos lecteurs, comme utile à examiner, un exemple de compte d'avaries et de contribution, présenté au Conseil d'Etat par la Cour de Cassation. Il se trouve à la fin de cet ouvrage, note A; et dans les Observations de la Cour de Cassation, tome 1.er, page 47 et suivantes.

TITRE XIII.

Des Prescriptions (1).

D. Qu'est-ce que la prescription ?

R. La prescription est un moyen d'acquérir ou de se libérer par un certain laps de temps, et sous les conditions déterminées par la loi (2) (*Code civil, art.* 2219).

D. Le capitaine peut-il prescrire la propriété du navire ?

R. Non, le capitaine ne peut acquérir la propriété du navire par voie de prescription (3) (*Art.* 430).

---

(1) Les affaires commerciales sont des actions de chaque jour, que d'autres de même nature doivent chaque jour suivre : il était donc convenable que les prescriptions et fins de non-recevoir établies contre les négocians qui négligent d'user de leurs droits, fussent de peu de durée, afin de procurer au commerce et à la navigation la liberté, la sûreté et l'activité qui sont nécessaires à leur splendeur (M. *Boulay-Paty*). Nous n'avons pu rappeler ici tous les principes généraux relatifs à la prescription : ils sont établis par le Code Civil, article 2219 et suivans. *Voyez le Troisième Examen sur le Code Civil*, page 385.

(2) La prescription n'est considérée ici que comme moyen d'extinction des obligations. — La prescription considérée comme moyen d'extinction des dettes, est une exception offerte par la loi à un débiteur, pour se dispenser d'exécuter son obligation, par cela seul qu'il s'est écoulé un certain espace de temps depuis le jour où cet engagement a dû être accompli (M. *Pardessus*, n.° 240).

(3) Et cela pour plusieurs raisons. Pour acquérir par la prescription, il faut posséder *nomine proprio et animo domini*, et le capitaine ne détient le navire qu'au nom de son commettant; il ne possède donc que *alieno nomine;* ensuite pour prescrire, il faut être de bonne foi.

D. Par combien de temps se prescrivent les actions dérivant des contrats à la grosse et des polices d'assurance?

R. Toute action dérivant d'un contrat à la grosse ou d'une police d'assurance, est prescrite par cinq ans, à compter de la date du contrat (*Art.* 432).

D. Par combien de temps se prescrivent les actions en paiement, pour fret de navire, gages d'équipage, nourriture fournie aux matelots, fournitures pour le navire, salaires d'ouvriers?

R. Toutes actions en paiement sont prescrites: savoir, pour fret de navire, gages et loyers des officiers, matelots et autres gens de l'équipage, un an après le voyage fini;

Pour nourriture fournie aux matelots par l'ordre du capitaine, un an après la livraison;

Pour fournitures de bois et autres choses nécessaires aux construction, équipement et avitaillement du navire, un an après ces fournitures faites;

Pour salaires d'ouvriers, et pour ouvrages faits, un an après la réception des ouvrages.

Toute demande en délivrance de marchandises est également prescrite un an (1) après l'arrivée du navire (2) (*Art.* 433).

___

(1) Cette prescription est d'autant plus naturelle, qu'il n'est pas présumable ni vraisemblable que le porteur d'un connaissement laisse passer un an depuis l'arrivée du navire, sans demander la délivrance des marchandises qui lui sont adressées (M. *Boulay-Paty*).

(2) Il faut rappeler ici, d'après M. *Locré* et M. *Boulay-Paty*, qu'on doit appliquer aux prescriptions dont nous venons de parler, l'article 2275 du Code Civil ; c'est-à-dire que ceux

D. La prescription peut-elle avoir lieu, s'il y a arrêté de compte ou interpellation judiciaire?

R. Non, la prescription ne peut avoir lieu, s'il y a cédule, obligation, arrêté de compte (1) ou interpellation judiciaire (2) (*Art.* 434).

TITRE XIV.

Fins de non-recevoir (3).

D. Peut-on toujours intenter action contre le capitaine et les assureurs, pour dommage arrivé à la marchandise, ou contre l'affréteur, pour avarie?

R. Non, la loi déclare non-recevables toutes actions contre le capitaine et les assureurs, pour dommage arrivé à la marchandise, si elle a été reçue sans protestation; et toutes actions contre l'affréteur, pour avarie,

---

auxquels ces prescriptions sont opposées, peuvent déférer le serment à ceux qui les opposent, sur la question de savoir si la chose a été réellement payée (*Voyez* aussi ci-dessus, page 123, note (4).

(1) **On** entend ici par *cédule* un acte sous seing-privé; par *obligation*, un acte devant notaire; et par *arrêté de compte*, une reconnaissance de la dette au bas du mémoire des fournitures.

(2) **Les** notifications, protestations et sommations extrajudiciaires ne suspendent pas ces prescriptions. Une simple sommation n'est pas une interpellation judiciaire.

(3) **Les** fins de non-recevoir sont des exceptions péremptoires, par le moyen desquelles on peut faire rejeter une demande sans entrer dans la discussion. Il est de leur essence d'effacer en quelque sorte l'action même, en la rendant inefficace, le droit étant présumé éteint tant que les fins de non-recevoir subsistent (M. *Boulay-Paty*).

si le capitaine a livré les marchandises et reçu son fret sans avoir protesté (*Art.* 435).

D. Peut-on toujours intenter l'action en indemnité pour dommages causés par un abordage?

R. Non, toutes actions en indemnité pour dommages causés par l'abordage dans un lieu où le capitaine a pu agir (1), sont non-recevables, s'il n'a point fait de réclamation (*Art.* 435).

D. Dans quel délai ces protestations et réclamations doivent-elles être faites ?

R. Ces protestations et réclamations sont nulles, si elles ne sont faites et signifiées dans les vingt-quatre heures, et si, dans le mois de leur date, elles ne sont suivies d'une demande en justice (*Art.* 436).

---

(1) Si deux navires s'abordaient en mer, le délai de vingt-quatre heures ne pourrait courir que du moment de l'arrivée au port de destination (*Valin*, M. *Locré*, M. *Boulay-Paty*).

LIVRE TROISIÈME.

DES FAILLITES ET DES BANQUEROUTES (1).

Dispositions générales.

D. Qu'entend-on par faillite ?

R. Dans le commerce, on appelle en général *faillite*, la cessation des paiemens (1) (M. *Delvincourt*). Tout commerçant (2) qui cesse ses paiemens, est en état de faillite (*Art.* 437).

D. Qu'est-ce que la banqueroute ?

R. La banqueroute est la cessation des paiemens,

---

(1) *Voyez* sur cette matière l'Ordonnance du Commerce, titre 11 ; dans l'ouvrage de M. *Vincens*, tome 1.er, page 382 et suiv., Livre 5, chap. 1, 2 et 3, des considérations générales sur la législation de quelques pays étrangers, sur le droit ancien, et sur les circonstances qui ont influé sur la législation moderne ; dans l'ouvrage de M. *Locré*, tome 5, page 1.re, des notions générales utiles à connaître ; enfin, dans MM. *Mongalvy* et *Germain*, tome 2, page 143, des prolégomènes très-instructifs.

(2) Cette seule définition suffit pour apprendre que la simple *suspension* de paiemens ne peut être considérée comme un état de faillite (M. *Pardessus*).

(3) Les dispositions de ce titre ne s'appliquent qu'aux commerçans (M. *Locré*, M. *Delvincourt*). Un non-commerçant ne peut tomber en faillite ; s'il devient insolvable, il est en *déconfiture* (M. *Pardessus*).

par faute grave ou par fraude de la part du failli (M. *Delvincourt*). Tout commerçant failli qui se trouve dans l'un des cas de faute grave ou de fraude prévus par la loi, est en état de banqueroute (*Art.* 438).

D. Combien y a-t-il d'espèces de banqueroutes ?

R. Il y a deux espèces de banqueroutes : la banque-route simple et la banqueroute frauduleuse (*Art.* 439)

D. Par qui sont jugées les banqueroutes ?

R. La banqueroute simple est jugée par les tribunaux correctionnels ; la banqueroute frauduleuse est jugée par les Cours d'Assises (1) (*Art.* 439).

TITRE PREMIER.

De la Faillite.

CHAPITRE PREMIER.

De l'Ouverture de la Faillite.

D. Tout commerçant qui tombe en faillite ne doit-il pas en faire la déclaration ?

R. Oui, tout failli est tenu, dans les trois jours de la cessation de paiemens, d'en faire la déclaration au greffe du Tribunal de Commerce (2) (*Art.* 440).

---

(1) Le nom de *faillite* a toujours été donné à l'insolvabilité qui est le résultat du malheur ; celui que son imprudence ou son inconduite ont réduit à l'insolvabilité est un banqueroutier simple, tandis que celui qui ne feint qu'une insolvabilité coupable, pour tromper ses créanciers, est un banqueroutier frauduleux. Le premier mérite d'être excusé, le second doit payer le prix de son inconduite ; le troisième doit être sévèrement puni.

(2) Le failli qui n'a pas fait cette déclaration peut être déclaré banqueroutier frauduleux.

D. Le jour de la cessation des paiemens est-il compris dans ces trois jours ?

R. Oui, le jour de la cessation des paiemens est compris dans les trois jours (*Art.* 440).

D. En cas de faillite d'une société en nom collectif, que doit contenir la déclaration du failli ?

R. En cas de faillite d'une société en nom collectif, la déclaration du failli doit contenir le nom et l'indication du domicile de chacun des associés solidaires (1) (*Art.* 441).

D. Par qui est déclarée l'ouverture de la faillite ?

R. L'ouverture de la faillite est déclarée par le Tribunal de Commerce du domicile du failli (2) (*Art.* 441).

D. Comment est fixée l'époque de l'ouverture ?

R. L'époque de l'ouverture de la faillite est fixée, soit par la retraite du débiteur (3), soit par la clôture de ses magasins, soit par la date de tous actes constatant le refus d'acquitter ou de payer des engagemens de commerce (4) (*Art.* 441).

---

(1) Si la société a deux établissemens, la connaissance de la faillite n'appartient qu'à un seul Tribunal, à celui du domicile des associés, quand ils sont domiciliés dans le même lieu.

(2) Cette déclaration est importante en ce que c'est du jour de l'ouverture de la faillite que se comptent en arrière les dix jours, pendant lesquels le failli est présumé, relativement à certains actes, être déjà dans une espèce d'interdiction (M. *Delvincourt*).

(3) C'est-à-dire par sa disparution du lieu de son domicile ou de sa résidence ordinaire (M. *Delvincourt*). L'article dit *retraite* et non pas *absence*, parce qu'il n'est pas dans l'intention de la loi que la disposition soit appliquée au négociant qui voyage, mais seulement à celui qui se cache (M. *Locré*).

(4) Les créanciers pour dettes civiles ont les voies ordinaires ;

D. Ces actes suffisent-ils pour constater l'ouverture de la faillite?

R. Non, tous ces actes ne constatent néanmoins l'ouverture de la faillite que lorsqu'il y a cessation de paiemens ou déclaration du failli (1) (*Art.* 441).

D. Le failli peut-il continuer à administrer ses biens?

R. Non, à compter du jour de la faillite, le failli est dessaisi, de plein droit, de l'administration de tous ses biens (2) (*Art.* 442).

D. Peut-on acquérir hypothèque sur les biens d'un failli jusqu'au moment de la faillite?

R. Non; nul ne peut acquérir privilège (3) ni hypothèque (4) sur les biens du failli, dans les dix jours qui

---

et l'expérience apprend que les commerçans ne retirent pas toujours leur confiance à celui qui, acquittant ses dettes commerciales, est moins exact à payer les autres (M. *Pardessus*).

(1) Il faut donc que l'une de ces circonstances vienne se joindre à celles précédemment énoncées pour caractériser la faillite. Ainsi, quand même il y aurait retraite du débiteur, clôture des magasins, ou même protêt de quelques effets, si d'ailleurs les paiemens continuent, et qu'il n'y ait pas de déclaration de la part du failli, il n'y a pas faillite. Mais il peut arriver que la faillite soit déclarée par le Tribunal avoir commencé à une époque antérieure à la déclaration du failli (M. *Delvincourt*).

(2) A plus forte raison, il ne peut les aliéner. C'est pour éviter toutes les fraudes qui pourraient être commises.

(3) Cependant, relativement aux privilèges, on est porté à faire quelques distinctions. Ainsi M. *Pardessus*, n.os 1133 et 1134, tome 4, page 274, pense qu'il faut excepter de la disposition les privilèges contenus dans les articles 2102 et 2103 du Code Civil. M. *Delvincourt*, page 247, note 5, pense qu'il faut en excepter les privilèges fondés sur des causes qui ont augmenté les biens du failli, comme le privilège du vendeur.

(4) Quant aux hypothèques, M. *Delvincourt*, page 247, note 5, ne voit aucune distinction à faire. M. *Pardessus*, au contraire

précèdent l'ouverture de la faillite (1) (*Art.* 443).

D. Le failli peut-il aliéner valablement ses propriétés immobilières jusqu'au moment de sa faillite?

R. Non, tous actes translatifs de propriétés immobilières (2), faits par le failli, à titre gratuit, dans les dix jours qui précèdent l'ouverture de la faillite, sont nuls (3) et sans effet relativement à la masse des créan-

---

(n.º 1136, tome 4, page 278), pense qu'il faut distinguer parmi les hypothèques légales; et que celles qui ont eu pour cause une obligation imposée par la loi demeurent valables. Ainsi, dit-il, un négociant fait faillite dix jours après son mariage, sa femme n'a pas d'hypothèque sur ses biens : il pouvait ne pas se marier. Mais un négociant dix jours avant sa faillite perd sa femme et reste tuteur de ses enfans; c'est la loi qui le nomme et qui l'oblige d'accepter; l'hypothèque légale des mineurs est valablement acquise.

(1) D'après l'article 2146 du Code Civil, non seulement on ne peut acquérir d'hypothèque, mais on ne peut valablement prendre d'inscription, quand même le privilége ou l'hypothèque serait établi depuis long-temps : et bien certainement le Code de Commerce n'a pas dérogé à cette disposition. Cela paraît dur; car l'ancienneté du titre fait disparaître toute présomption de fraude; mais en principe, même abstraction faite de toute idée de dol, la loi ne veut pas que dans les dix jours un créancier puisse faire sa condition meilleure que celle des autres (*Voyez* M. *Delvincourt*, page 247, note 4).

(2) Pourquoi l'article ne parle-t-il que des donations de propriétés immobilières? Je n'en vois pas d'autre raison, sinon que ce sont les seules que l'on puisse constater facilement, parce que ce sont les seules, pour la validité desquelles il faut absolument un acte. Les donations d'effets mobiliers sont parfaites par la tradition réelle, et sans qu'il soit besoin d'acte. Mais je crois que si une pareille donation était avouée ou prouvée, elle serait également nulle (M. *Delvincourt*).

(3) Et nuls de plein droit. C'est-à-dire qu'il faut toujours un jugement qui prononce la nullité, mais que pour l'obtenir, il

ciers ; tous actes du même genre , à titre onéreux , sont susceptibles d'être annullés (1), s'ils paraissent aux juges porter des caractères de fraude (2) (*Art.* 444).

D. Quel est le sort des actes ou engagemens pour faits de commerce , contractés par le débiteur dans les dix jours qui précèdent l'ouverture de la faillite ?

R. Tous ces actes ou engagemens sont présumés frauduleux quant au failli ; ils sont nuls quand il est prouvé qu'il y a fraude de la part des autres contractans (3) (*Art.* 445).

D. Les paiemens de dettes commerciales non échues , faits dans les dix jours qui précèdent l'ouverture de la faillite , sont-ils valables ?

R. Non , toutes les sommes payées dans les dix jours (4) qui précèdent la faillite , pour dettes com-

---

suffit de prouver que l'acte a été fait dans les dix jours qui ont précédé la faillite.

(1) On n'ajoute pas dans les dix jours, parce que ici cette circonstance est indifférente. En effet, quand même ils auraient été passés dans les dix jours, ils ne peuvent être annullés qu'en connaissance de cause ; et, quand même ils auraient été passés avant les dix jours, ils peuvent toujours être annullés s'il y a fraude.

(2) Tant de la part du vendeur que de la part de l'acquéreur ; si la fraude est prouvée de la part du failli seulement, il en résulte bien contre lui la présomption de banqueroute frauduleuse ; mais l'acte n'est pas pour cela annullable (*Voyez l'article* 445).

(3) Ainsi , une lettre de change, un endossement, ne sont pas nuls de plein droit ; et c'est à la masse des créanciers à prouver, à l'égard des tiers, qu'il y a eu fraude. Nous disons *c'est à la masse des créanciers ,* parce qu'en effet, ces nullités ne sont établies que dans leur intérêt , et ne peuvent être invoquées que par eux.

(4) *Quid*, des paiemens faits après les dix jours ; c'est-à-dire, après l'ouverture de la faillite ? Ils sont nuls , et les sommes

merciales (1) non échues, doivent être rapportées (2) (*Art.* 446).

D. Ne peut-on pas attaquer d'autres actes?

R. Oui, en outre de ces présomptions légales, tous actes ou paiemens faits en fraude des créanciers sont nuls (3) (*Art.* 447).

D. Quel est l'effet de la faillite relativement aux dettes passives non échues?

R. L'ouverture de la faillite rend exigibles les dettes

---

payées doivent être rapportées, quand même il s'agirait de dettes échues (*Article* 442, et *Code Civil*, article 1238).

(1) *Pour dettes commerciales.* Les paiemens de dettes commerciales ne nous semblent pas devoir être seuls frappés de cette annullation; il doit en être de même des dettes civiles dont l'échéance n'est point encore arrivée, que les commerçans sont bien moins dans l'usage de payer par anticipation et par voie d'escompte que celles de leur commerce. Une disposition spéciale relative aux engagemens commerciaux, a plus pour objet de lever des doutes que de restreindre une règle aussi importante (M. *Pardessus*; n.° 1140). C'est aussi l'opinion de M. *Delvincourt*, page 247, note 2.

(2) Cette disposition est fondée d'abord sur ce que les négocians ne paient pas ordinairement avant l'échéance. Cependant, il y en a qui sont dans l'usage d'escompter leurs propres effets. Mais la loi ne distingue pas. D'ailleurs, indépendamment de toute présomption de fraude, on n'a pas voulu qu'un négociant pût, dans un temps aussi voisin de la faillite, avantager, par des paiemens prématurés, quelques-uns de ses créanciers au préjudice des autres (M. *Delvincourt*).

Quid, si la dette est échue? On n'a rien à imputer à celui qui reçoit son dû au terme fixé (*Savary*, *Parère* 39).

(3) Quand même ils auraient été faits avant les dix jours. Mais il faudra que la fraude soit prouvée, savoir: si l'acte est à titre gratuit, de la part du failli; et si l'acte est à titre onéreux, de la part des deux contractans.

passives non échues (1). A l'égard des effets de commerce par lesquels le failli se trouve être l'un des obligés, les autres obligés ne sont tenus que de donner caution du paiement à l'échéance , s'ils n'aiment mieux payer immédiatement (*Art.* 448).

CHAPITRE II.

De l'Apposition des Scellés.

D. Que doit faire le Tribunal de Commerce lorsqu'il a connaissance d'une faillite ?

R. Dès que le Tribunal de Commerce a connaissance d'une faillite , soit par la déclaration du failli , soit par la requête de quelque créancier , soit par la notoriété publique , il ordonne l'apposition des scellés , et fait sur-le-champ adresser au juge de paix une expédition de son jugement (2) (*Art.* 449).

D. Le juge de paix ne peut-il pas, dans certains cas, apposer les scellés d'office et sans jugement?

R. Oui, le juge de paix peut aussi apposer les scellés sur la notoriété acquise (*Art.* 450).

D. Où doivent être apposés les scellés ?

R. Les scellés doivent être apposés sur les magasins, comptoirs , caisses , porte-feuilles , livres , registres, papiers , meubles et effets du failli (*Art.* 451); et si la

---

(1) Observez que c'est la faillite qui a cet effet, et non la simple suspension de paiemens.

(2) Pour que ce juge de paix pose les scellés. L'apposition des scellés chez le failli, étant un acte conservatoire, ne peut être trop accélérée (M. *Pardessus*).

faillite est faite par des associés réunis en société collective, ils seront apposés, non seulement dans le principal manoir de la société, mais dans le domicile séparé de chacun des associés solidaires (1) (*Art.* 452).

D. Que doit faire le juge de paix après l'apposition des scellés ?

R. Il doit, dans tous les cas, en adresser sans délai le procès-verbal, au Tribunal de Commerce (*Art.* 453).

CHAPITRE III.

De la Nomination du Juge commissaire et des Agens de la Faillite.

D. Comment se détermine l'époque de l'ouverture de la faillite ?

R. Par le même jugement qui ordonne l'apposition des scellés, le Tribunal de Commerce déclare l'époque de l'ouverture de la faillite ; il nomme aussi un de ses membres, commissaire, et un ou plusieurs agens, suivant l'importance de la faillite, pour remplir, sous la surveillance du commissaire, les fonctions que la loi leur attribue (*Art.* 454).

D. Ne prend-on pas en même temps quelque mesure relative à la personne du failli ?

---

(1) *Secùs* à l'égard des commanditaires. La raison de différence est que la société en nom collectif ne peut être en faillite, que tous les associés en nom n'y soient pareillement, parce qu'ils sont solidaires, tandis qu'il n'en est pas de même des commanditaires (M. *Delvincourt*). S'il s'agit d'une société anonyme, les scellés ne peuvent être apposés que sur les établissemens qu'elle peut avoir (M. *Pardessus*, n.° 1146, *in fine*).

R. Le Tribunal de Commerce ordonne en même temps, ou le dépôt de la personne du failli dans la maison d'arrêt pour dettes, ou la garde de sa personne par un officier de police ou de justice, ou par un gendarme (1). Il ne peut être reçu contre le failli en cet état, aucun écrou ni aucune recommandation, en vertu d'aucun jugement d'un Tribunal de Commerce (2) (*Art.* 455).

D. Parmi quelles personnes doivent être préférablement choisis les agens que nomme le Tribunal de Commerce?

R. Les agens que nomme le Tribunal de Commerce peuvent être choisis parmi les créanciers présumés ou tous autres qui offrent le plus de garantie pour la fidélité de leur gestion (3) (*Art.* 456).

D. La même personne peut-elle être nommée agent deux fois dans le cours d'une même année?

R. Non, nul ne peut être nommé agent deux fois dans le cours de la même année, à moins qu'il ne soit créancier dans les deux faillites (4) (*Art.* 456).

---

(1) A Paris, la garde des faillis peut être confiée aux gardes du Commerce (*Décret du 14 mars 1808; Bulletin, n.° 3236*).

(2) *Secùs*, en vertu d'un jugement d'un tribunal civil, criminel, ou correctionnel.

(3) Il peut se rencontrer une circonstance où il n'y ait pas de créanciers présens, ou bien où aucun des créanciers présens ne mérite de confiance. Le tribunal devait donc pouvoir opter entre les créanciers ou des étrangers (M. *Locré*).

(4) Parce qu'il serait à craindre que l'attribution de ces fonctions, accordées trop souvent aux mêmes individus, n'inspirât l'idée d'en faire en quelque sorte une profession particulière (M. *Pardessus*, n.° 1144).

D. Quelles sont les formalités qui doivent être remplies à l'égard du jugement du Tribunal de Commerce, pour lui donner une plus grande publicité ?

R. Ce jugement doit être affiché (1) et inséré par extraits dans l'un des journaux imprimés dans le lieu où siège le Tribunal de Commerce, et s'il n'y en a pas en ce lieu, dans l'un de ceux imprimés dans le département : il est justifié de cette insertion par la feuille contenant l'extrait, avec la signature de l'imprimeur, légalisée par le maire (*Art.* 457 *et Code de Procédure*, *art.* 683).

D. Ce jugement est-il provisoirement exécutoire ?

R. Oui, ce jugement est provisoirement exécutoire, mais il est susceptible d'opposition (2); savoir : pour le failli (3), dans les huit jours qui suivent celui de l'affiche ; pour les créanciers présens ou représentés, et pour tout autre intéressé (4), jusques et y compris

---

(1) La publicité de ce jugement est du plus haut intéret, afin qu'on connaisse l'état et l'incapacité du failli.

(2) Laquelle doit être jugée sur le rapport du commissaire (*Article* 458), contradictoirement avec le failli et les agens, quand elle n'est pas faite par eux. Ce jugement serait-il susceptible d'appel ? Oui, l'appel est de droit, toutes les fois que la faculté d'appeler n'est pas interdite par la loi (M. *Delvincourt*). Cependant, on a jugé à Paris, le 22 juillet 1824, contre l'avis de tous les auteurs, que ce jugement n'était pas susceptible d'appel.

(3) Le failli peut avoir intérêt : 1.º s'il prétend n'être pas en faillite ; 2.º s'il prétend que la date de sa faillite a été reportée trop loin ou trop près : trop loin, il en résulte présomption de fraude dans les actes qu'il a passés ; trop près, il en résulte, au contraire, que des actes qui devraient être annullés, sont valables (M. *Delvincourt*).

(4) Les tiers peuvent être intéressés à faire réformer la date donnée à la faillite, de laquelle résulterait l'annullation des

le jour du procès-verbal constatant la vérification des créances ; pour les créanciers en demeure , jusqu'à l'expiration du dernier délai qui leur aura été accordé (1) (*Art.* 457).

D. Quelles sont les fonctions du juge-commissaire de la faillite ?

R. Les fonctions du juge-commissaire de la faillite, sont, en général, de faire au Tribunal de Commerce (2) le rapport de toutes les contestations que la faillite peut faire naître, et qui sont de la compétence de ce tribunal (3). Il est, en outre, spécialement chargé d'accélérer la confection du bilan, la convocation des créanciers, et de surveiller la gestion de la faillite, soit pendant la durée de la gestion provisoire des agens, soit pendant celle de l'administration des syndics provisoires ou définitifs (4) (*Art.* 458).

D. Quelles sont les obligations et les fonctions des agens de la faillite?

R. Les agens doivent avant tout prêter serment de bien et fidèlement s'acquitter des fonctions qui leur sont attribuées (*Art.* 461). Ces fonctions consistent à

---

actes passés par eux, des inscriptions qu'ils ont prises, etc., etc. Quant aux créanciers, leur intérêt est encore plus évident.

(1) *Voyez* l'article 511, ci-après, page 307.

(2) L'expression *Tribunal de Commerce,* s'applique, dans tous les articles du Code de Commerce où elle se trouve employée, aux Tribunaux civils lorsqu'ils jugent comme Tribunaux de Commerce (*Décision du Conseil-d'Etat;* M. *Locré*, tome 5, page 465).

(3) Quant aux autres, il les renvoie à se pourvoir devant qui de droit.

(4) Mais il doit se renfermer dans les seules bornes de la surveillance, et ne point administrer ; car alors ceux qu'il doit surveiller seraient à l'abri de toute responsabilité (M. *Pardessus*, n.° 1144).

gérer la faillite, sous la surveillance du commissaire, jusqu'à la nomination des syndics (*Art.* 459).

D. Quelle est la durée de la gestion provisoire des agens?

R. La gestion provisoire des agens ne peut durer que quinze jours au plus, à moins que le Tribunal ne trouve nécessaire de prolonger cette agence de quinze autres jours, pour tout délai (*Art.* 459).

D. Les agens peuvent-ils être révoqués?

R. Oui, les agens sont révocables par le Tribunal qui les a nommés (1) (*Art.* 460).

CHAPITRE IV.

Des Fonctions préalables des Agens, et des premières dispositions à l'égard du Failli.

D. Quelle est la première opération des agens?

R. La première opération des agens est de requérir l'apposition des scellés, quand ils n'ont point été précédemment apposés (*Art.* 462).

D. Quels sont les divers objets qui doivent être remis aux agens?

R. Les livres du failli sont extraits des scellés et remis aux agens par le juge de paix, qui les arrête, et en constate l'état sommairement par son procès-verbal. Les effets du porte-feuille qui sont à courte échéance ou susceptibles d'acceptation, sont aussi extraits des

---

(1) Mais le commissaire n'a pas le droit de les révoquer (M. *Locré*) ; les agens révoqués doivent rendre compte à ceux qui sont nommés pour leur succéder (M. *Delvincourt*).

scellés par le juge de paix, décrits et remis aux agens pour en faire le recouvrement (1). Le bordereau de ces effets est remis au commissaire (*Art.* 463).

D. Les agens peuvent-ils recevoir les autres sommes dues au failli?

R. Oui, les agens reçoivent les autres sommes dues au failli sur leurs quittances visées par le commissaire. Les lettres adressées au failli (2) sont aussi remises aux agens (3) qui les ouvrent, s'il est absent (4); s'il est présent, il assiste à leur ouverture (*Art.* 463).

D. Que doivent faire les agens dans le cas où il y a des marchandises sujettes à dépérissement, apparte-nant au failli?

R. Les agens doivent les faire retirer et vendre, après avoir exposé leurs motifs au commissaire et ob-tenu son autorisation. Quant aux marchandises non dépérissables (5), ils ne peuvent les faire vendre (6)

---

(1) A défaut de recouvrement, ils doivent faire toutes les diligences convenables, tant contre le débiteur que contre les garans (M. *Pardessus* , *n.*º 1157).

(2) Toutes les lettres, quell·s qu'elles soient (M. *Pardessus*, M. *Delvincourt*).

(3) Il est prescrit aux directeurs des postes et facteurs, de con-courir à l'exécution de cette mesure, en ne faisant pas difficulté de remettre aux agens les lettres adressées au failli.

(4) Ici, par le mot *absence* on ne doit entendre que la fuite du failli; s'il est détenu, les lettres doivent être ouvertes en sa pré-sence (MM. *Mongalvy et Germain*).

(5) Il peut arriver que le besoin de satisfaire à des dépenses urgentes, quand il n'y a pas de fonds disponibles, où l'utilité de soutenir l'achalandage rende utile la vente des marchandises non dépérissables (M. *Pardessus*, *n.*º 1158).

(6) Dans les règles, les agens ne doivent faire ces ventes que par

qu'avec la permission du Tribunal de Commerce accordée sur le rapport du commissaire (1) (*Art.* 464).

D. Où doivent être versées les sommes reçues par les agens?

R. Toutes les sommes reçues par les agens doivent être versées dans une caisse à deux clefs, dont l'une reste entre les mains de l'agent, s'il n'y en a qu'un, ou du plus âgé d'entre eux, s'il y en a plusieurs; et l'autre est remise à celui des créanciers que le commissaire a préposé à cet effet (*Art.* 465 *et* 496).

D. Après l'apposition des scellés que doit faire le juge-commissaire?

R. Après l'apposition des scellés, le juge-commissaire doit rendre compte au Tribunal de l'état apparent des affaires du failli. Il peut proposer sa mise en liberté pure et simple, avec sauf-conduit provisoire de sa personne, ou sa mise en liberté avec sauf-conduit, en fournissant caution de se représenter, sous peine de paiement d'une somme que le tribunal arbitrera, et qui tournera, le cas avenant, au profit des créanciers (2) (*Art.* 466).

---

l'entremise de commissaires-priseurs, ou à défaut, d'un notaire ou d'un huissier (M. *Pardessus*, *n.º* 1158).

(1) Si les agens voient dans la continuation du commerce du failli un moyen, pour lui, de rétablir ses affaires, ou d'augmenter le gage de ses créanciers, ils peuvent en demander l'autorisation, et le tribunal la leur accorder. (M. *Pardessus*, *n.º* 1159).

(2) Si le failli était déjà détenu pour dettes commerciales, avant la déclaration de faillite, cette circonstance ne ferait point obstacle à ce qu'on lui rendît la liberté provisoire, parce que les motifs sont les mêmes. Dès l'instant de la faillite, et par l'effet de son existence, toutes les poursuites individuelles contre la personne du failli cessent. La détention ne peut plus rien opérer dans

D. A défaut par le commissaire de proposer un sauf-conduit pour le failli, celui-ci ne pourra-t-il pas le réclamer lui-même?

R. Oui, à défaut par le commissaire de proposer un sauf-conduit pour le failli, ce dernier pourra présenter sa demande au Tribunal de Commerce, qui statuera après avoir entendu le commissaire (*Art.* 467).

D. Que doivent faire les agens dans le cas où le failli a obtenu un sauf-conduit?

R. Si le failli a obtenu un sauf-conduit, les agens doivent l'appeler auprès d'eux pour clorre et arrêter les livres en sa présence (*Art.* 468).

D. Que doit-on faire si le failli ne se rend pas à l'appel des agens?

R. On doit le sommer de comparaître, et s'il ne comparaît pas quarante-huit heures après la sommation, il est réputé s'être absenté à dessein (1). Néanmoins, le failli peut comparaître par fondé de pouvoir, s'il propose des empêchemens jugés valables par le commissaire (*Art.* 468).

D. Comment doit comparaître le failli qui n'a pas obtenu de sauf-conduit?

R. Le failli qui n'a pas obtenu de sauf-conduit doit comparaître par un fondé de pouvoir; à défaut de quoi il est réputé s'être absenté à dessein (2) (*Art.* 469).

---

l'intérêt de tel ou tel créancier; elle concerne toute la masse : c'est donc dans ses rapports avec cette masse qu'elle doit être considérée; et le tribunal seul peut en apprécier les intérêts et les besoins (M. *Pardessus*, n.º 1149).

(1) Et, dans ce cas, il peut être poursuivi comme banqueroutier frauduleux (*Voyez article* 594).

(2) Et il peut être poursuivi comme banqueroutier simple (*Article* 587).

CHAPITRE V.

Du Bilan.

D. Qu'entend-on en général par bilan ?

R. On appelle *bilan*, l'état de situation active et passive des affaires d'un failli , avec tous les renseignemens capables d'éclairer sur les causes et sur les circonstances de la faillite.

(M. PARDESSUS, n.° 1150.)

R. Le bilan est, en général, le tableau de l'actif et du passif d'un individu.

(M. DELVINCOURT.)

D. Lorsque le failli aura préparé son bilan avant la déclaration de sa faillite, et qu'il l'aura gardé par devers lui , à qui devra-t-il le remettre après cette déclaration ?

R. Il devra le remettre aux agens dans les vingt-quatre heures de leur entrée en fonctions (*Art.* 470).

D. Que doit contenir le bilan ?

R. Le bilan doit contenir l'énumération et l'évaluation (1) de tous les effets mobiliers et immobiliers du débiteur, l'état des dettes actives et passives, le tableau des profits et des pertes, et le tableau des dépenses (2) : le bilan doit être certifié véritable, daté, et signé par le débiteur (*Art.* 471).

D. Par qui est rédigé le bilan , si , à l'époque de l'en-

---

(1) D'après la rapidité avec laquelle se confectionne le bilan, on doit se contenter d'une évaluation plutôt approximative que rigoureuse (MM. *Mongalvy et Germain*).

(2) Par conséquent quatre tableaux : les deux premiers tableaux ont pour objet de faire connaître la situation présente du failli ; et les derniers servent à donner des renseignemens sur les causes et les circonstances de la faillite (M. *Locré et* M. *Pardessus*).

trée en fonctions des agens, le failli ne l'a pas préparé?

R. Si, à l'époque de l'entrée en fonctions des agens, le failli n'a pas préparé son bilan, il est tenu, par lui ou par son fondé de pouvoir (1), de procéder à la rédaction du bilan, en présence des agens ou de la personne qu'ils auront préposée. Les livres et papiers du failli lui sont, à cet effet, communiqués sans déplacement (*Art.* 472).

D. Dans tous les cas où le bilan n'a pas été rédigé, soit par le failli, soit par un fondé de pouvoir, par qui est-il procédé à sa formation ?

R. Les agens doivent y procéder eux–mêmes, au moyen des livres et papiers du failli, et au moyen des informations et renseignemens qu'ils peuvent se procurer auprès de la femme du failli, de ses enfans, de ses commis et autres employés (*Art.* 473).

D. Le juge-commissaire n'a-t-il pas le droit de prendre auprès des personnes employées dans la maison du failli, les renseignemens qui lui paraissent nécessaires?

R. Oui, le juge-commissaire peut, soit d'office, soit sur la demande d'un ou de plusieurs des créanciers, ou même de l'agent, interroger les commis du failli, et les autres personnes employées dans sa maison, ou la composant (2), à l'exception de sa femme et de ses enfans (3), tant sur ce qui concerne la formation du

---

(1) Selon qu'il a, ou non, obtenu un sauf-conduit.

(2) On donne ce droit au juge-commissaire, parce qu'il serait à craindre que ces personnes ne refusassent de donner des renseignemens aux agens, ou n'en fournissent que d'inexacts, pour servir les intérêts du failli, et déguiser ce qui peut être à sa charge.

(3) Ce droit rigoureux ne devait pas s'étendre à la femme et

bilan, que sur les causes et les circonstances de sa faillite (*Art.* 474).

D. Si le failli vient à décéder après l'ouverture de sa faillite, par qui est dressé le bilan ?

R. Si le failli vient à décéder après l'ouverture de sa faillite (1), la veuve ou ses enfans peuvent (2) se présenter pour le suppléer dans la formation du bilan et pour toutes les autres obligations qui lui sont imposées ; à défaut, ce sont les agens qui procédent (*Art.* 475)

CHAPITRE VI.

Des Syndics provisoires.

SECTION PREMIÈRE.

De la Nomination des Syndics provisoires.

D. Que doit faire le commissaire, lorsque le bilan lui a été remis par les agens ?

R. Dès que le bilan lui a été remis, le commissaire doit, dans les trois jours pour tout délai, dresser

---

aux enfans du failli. On doit se contenter de leurs réponses quelles qu'elles soient, et respecter leur silence. Le juste désir de ne négliger aucun des moyens propres à découvrir la fraude, ne saurait l'emporter sur les égards que méritent la position de ces personnes, et les liens qui les unissent au failli.

(1) Ce n'est donc que dans le cas de décès du failli que sa femme et ses enfans peuvent le suppléer dans la formation du bilan. S'il est vivant et qu'il refuse de comparaître, la formation est exclusivement confiée aux agens (M. *Delvincourt*).

(2) *Peuvent.* C'est une faculté dont ils peuvent user ou ne pas user, à leur volonté.

la liste des créanciers, qui est remise au Tribunal de Commerce, et les faire convoquer par lettres, affiches et insertions dans les journaux (*Art.* 476). Il peut même, selon l'exigence des cas (1), faire cette convocation avant la confection du bilan (2) (*Art.* 477).

D. Quel est l'objet de cette convocation ?

R. C'est de faire concourir les créanciers, par un choix de candidats, à la nomination des syndics provisoires (M. *Pardessus*).

D. Devant qui se réunissent les créanciers ?

R. Les créanciers se réunissent, en présence du commissaire, aux jour, lieu et heure indiqués par lui (*Art.* 478).

D. Les créanciers ainsi réunis nomment-ils les syndics provisoires ?

R. Non (3); mais ils présentent au commissaire une liste triple du nombre des syndics provisoires, qu'ils estiment devoir être nommés. Le choix est fait sur cette liste par le Tribunal de Commerce (4) (*Art.* 480).

D. Quelle serait la peine de celui qui se présenterait comme créancier à cette assemblée, et dont le ti-

---

(1) Par exemple, si le temps des fonctions des agens expire, avant que le bilan ait pu être rédigé (M. *Pardessus*).

(2) C'est-à-dire, la convocation des créanciers qu'il peut connaître. Car ce n'est que par le bilan que l'on peut les connaître tous (M. *Delvincourt*).

(3) On n'a pas cru devoir abandonner ce choix absolu à des personnes qui ne sont point encore reconnues créanciers (M. *Pardessus*, n°. 1171).

(4) L'assemblée des créanciers n'a donc ici que deux attributions : la première d'indiquer le nombre des syndics qu'elle juge nécessaire ; la seconde, de dresser une liste de candidats, en nombre triple (M. *Pardessus*, n.° 1171).

tre serait postérieurement reconnu supposé de concert entre lui et le failli (1)?

R. Toute personne qui se présenterait comme créancier à cette assemblée, et dont le titre serait postérieurement reconnu supposé de concert entre elle et le failli, encourrait les peines prononcées contre les complices de banqueroutier frauduleux (2) (*Art.* 479).

SECTION II.

De la Cessation des fonctions des Agens.

D. A quelle époque les agens de la faillite doivent-ils cesser leurs fonctions ?

R. Dans les vingt-quatre heures qui suivent la nomination des syndics provisoires, les agens doivent cesser leurs fonctions et rendre compte aux syndics, en présence du commissaire, de toutes leurs opérations et de l'état de la faillite (*Art.* 481).

D. Après ce compte rendu, par qui sont continuées les opérations commencées par les agens?

R. Après ce compte rendu, les syndics continuent les opérations commencées par les agens, et ils sont chargés provisoirement de toute l'administration de la

____

(1) Le failli, surtout s'il est de mauvaise foi, a de puissans motifs pour s'emparer de la nomination des syndics; il lui importe de faire tomber ces fonctions entre les mains d'hommes dévoués à ses intérêts et disposés à la complaisance. On avait donc à craindre qu'il ne fit présenter, à l'assemblée, de faux créanciers, afin de s'assurer la majorité des voix (M. *Locré*, tome 6, pag. 55).

(2) Les banqueroutiers frauduleux sont punis de la peine des travaux forcés à temps, et leurs complices sont punis de même (*Code Pénal*, *articles* 402 *et* 403).

faillite , sous la surveillance du juge-commissaire (*Art.* 482).

SECTION III.

Des Indemnités pour les Agens.

D. Les agens n'ont-ils pas droit, après la reddition de leur compte , à une indemnité?

R. Oui , les agens ont droit, après la reddition de leur compte , à une indemnité (1) qui leur est payée par les syndics provisoires ; mais si les agens ont été pris parmi les créanciers , ils ne reçoivent aucune indemnité (2) (*Art.* 483 *et* 485).

CHAPITRE VII.

Des Opérations des Syndics provisoires.

SECTION I.re

De la Levée des scellés et de l'inventaire.

D. Que doivent faire les syndics provisoires après leur nomination ?

---

(1) Le Code de Commerce dit que cette indemnité sera réglée selon les lieux et suivant la nature de la faillite , d'après les bases qui seront établies par un réglement d'administration publique (*Art.* 484). Mais ce réglement n'a point encore été fait.

(2) Il était juste et nécessaire d'allouer une indemnité aux agens qui ne sont pas créanciers : juste, parce que tout travail doit être payé ; nécessaire, parce qu'on eût difficilement trouvé des personnes qui eussent consenti à se distraire de leurs propres affaires pour donner un temps considérable à une administration où ils n'ont aucun intérêt. Mais ces considérations cessent quand les agens sont pris parmi les créanciers (M. *Locré*).

R. Aussitôt après leur nomination, les syndics provisoires doivent requérir la levée des scellés, et procéder à l'inventaire des biens du failli (1): le juge de paix y assiste et le signe à chaque vacation (2). Les syndics sont libres de se faire aider pour l'estimation, par qui ils jugent convenable (*Art.* 487).

D. Est-il nécessaire que le failli soit présent à l'inventaire?

R. Oui, il faut que le failli soit présent à la levée des scellés et aux opérations de l'inventaire, ou du moins qu'il y ait été dûment appelé (*Art.* 487).

D. Les agens, syndics provisoires et définitifs ne doivent-ils pas transmettre au Procureur du Roi quelques renseignemens sur la faillite ?

R. Oui, en toute faillite, les agens, syndics provisoires et définitifs, sont tenus de remettre, dans la huitaine de leur entrée en fonctions, au Procureur du Roi près le Tribunal du lieu de l'ouverture de la faillite, un mémoire ou compte sommaire de l'état apparent de la faillite, de ses principales causes et circonstances, et des caractères qu'elle paraît avoir (3) (*Art.* 488).

____

(1) Par eux-mêmes, sans notaire ni commissaire-priseur, sauf à se faire aider.

(2) S'il y a des opposans aux scellés, doivent-ils être appelés? Il faut distinguer : on ne doit pas appeler ceux dont l'opposition est fondée sur une créance; mais on doit appeler ceux dont l'opposition est fondée sur une cause opposée aux intérêts des créanciers : par exemple, celui qui demanderait la restitution d'un dépôt (M. *Delvincourt*, M. *Pardessus*).

(3) Il ne suffit pas que la loi ait soigneusement distingué les cas où la faillite est le résultat de la fraude ou seulement celui du malheur; il faut que la conduite de chaque failli soit soumise à un exa-

D. Le Procureur du Roi n'a-t-il pas le droit d'intervenir dans les opérations de la faillite ?

R. Oui, le Procureur du Roi peut, s'il le juge convenable, se transporter au domicile du failli ou des faillis, assister à la rédaction du bilan, de l'inventaire et des autres actes de la faillite, se faire donner tous les renseignemens qui en résultent, et faire, en conséquence, les actes et poursuites nécessaires : le tout d'office et sans frais (1) (*Art.* 489).

D. Que doit faire le Procureur du Roi, s'il présume qu'il y a banqueroute simple ou frauduleuse ?

R. Le Procureur du Roi peut décerner contre le failli un mandat d'amener, de dépôt, ou d'arrêt ; il doit dans ce cas, en donner connaissance sans délai, au juge commissaire du Tribunal de Commerce ; dès-lors, ce commissaire ne peut proposer, ni le Tribunal accorder de sauf-conduit au failli (*Art.* 490).

SECTION II.

De la Vente des Marchandises et Meubles, et des Recouvremens.

D. Quels sont les divers objets qui doivent être remis aux syndics, après la confection de l'inventaire ?

R. Lorsque l'inventaire est terminé, les marchan-

---

men, tel que l'on reconnaisse dans quelle classe on doit ranger sa faillite, et que la société puisse apprendre quelle opinion elle doit se former sur son compte personnel.

(1) Le Législateur considère ici la faillite comme un fait qui intéresse toute la société, et qui, s'il y a fraude, doit être poursuivi par le ministère public, quand même tous les intéressés consentiraient à ne pas poursuivre (M. *Delvincourt*).

dises, l'argent, les titres actifs, meubles et effets du débiteur, doivent être remis aux syndics qui s'en chargent au pied dudit inventaire (*Art.* 491).

D. Les syndics peuvent-ils recevoir pour le failli ?

R. Oui, les syndics peuvent, sous l'autorisation du commissaire, procéder au recouvrement des dettes actives du failli (1) (*Art.* 492).

D. Les syndics peuvent-ils vendre les effets et marchandises du failli ?

R. Oui, les syndics peuvent aussi procéder à la vente des effets et marchandises du failli (2), soit par la voie des enchères publiques, par l'entremise des courtiers et à la bourse, soit à l'amiable, à leur choix (3) (*Art.* 492).

D. Où doivent être versés les deniers provenant des ventes et des recouvremens ?

R. Les fonds provenant des ventes et recouvremens doivent être versés, sous la déduction des dépenses et frais, dans une caisse à double serrure. Une des clefs doit être remise au plus âgé des agens et syndics, et l'autre à celui des créanciers que le commissaire aura proposé à cet effet (*Art.* 496).

------

(1) Ils peuvent même, dans les cas urgens, ne pas attendre l'autorisation du commissaire, si le retard devait exposer à des pertes ou à des déchéances (M. *Pardessus*, n°. 1182).

(2) Mais non à celle des autres meubles et des immeubles du failli. Ce droit appartient aux syndics définitifs seuls (*Art.* 528). Les syndics provisoires sont-ils tenus d'appeler le failli à cette vente ? Non, la loi ne l'ordonne pas (M. *Delvincourt*).

(3) Il faut remarquer que les syndics provisoires n'ont point le droit de faire une vente générale et indéfinie. Il ne s'agit pas encore de vendre pour faire des répartitions entre les créanciers, mais d'éviter des dépérissemens ou de frayer à des dépenses nécessaires (M. *Pardessus*, n.° 1180).

D. Les fonds déposés dans cette caisse ne peuvent-ils pas être utilisés au profit de la masse des créanciers ?

R. Toutes les semaines, le bordereau de la situation de la caisse de la faillite doit être remis au commissaire, qui peut, sur la demande des syndics, et à raison des circonstances, ordonner le versement de tout ou partie des fonds à la caisse d'amortissement à Paris, ou entre les mains du délégué de cette caisse dans les départemens, à la charge de faire courir, au profit de la masse, les intérêts accordés aux sommes consignées à cette même caisse (*Art.* 497).

D. Quand il y a lieu à retirer les fonds versés à la caisse d'amortissement, en vertu de quoi se fait ce retirement ?

R. Le retirement se fait en vertu d'une ordonnance du commissaire (*Art.* 498).

D. Si le failli a obtenu un sauf-conduit , peut-il être employé par les syndics ?

R. Oui, si le failli a obtenu un sauf-conduit, les syndics peuvent l'employer pour faciliter et éclairer leur gestion (1); ils fixeront les conditions de son travail (*Art.* 493).

D. Lorsque les agens, et après eux les syndics, sont entrés en fonctions, contre qui doivent être suivies les actions intentées avant la faillite, contre la personne et les biens mobiliers du failli, par un créancier privé ?

R. Elle doivent l'être contre les agens et les syndics (2). De même , toute action qui est intentée

----

(1) En effet, personne ne connaît ses affaires mieux que le débiteur lui-même.

(2) *Quid,* des actions immobilières ? M. *Delvincourt* pense

après la faillite , ne peut l'être que contre eux (1) (*Art.* 494).

D. Dans le cas où les créanciers (2) ont quelques motifs de se plaindre des opérations des syndics, à qui doivent-ils en référer?

R. Ils doivent en référer au commissaire, qui statue, s'il y a lieu, ou qui en fait son rapport au Tribunal de Commerce (*Art.* 495).

Section III.

Des Actes conservatoires.

D. Les agens et les syndics ne doivent-ils pas faire tous les actes nécessaires pour la conservation des droits du failli sur ses débiteurs, et de ceux de la masse des créanciers sur le failli ?

R. Oui, à compter de leur entrée en fonctions, les agens, et ensuite les syndics, sont tenus de faire tous les actes pour la conservation des droits du failli sur ses débiteurs, et de ceux de la masse des créanciers sur le failli.

Pour la conservation des droits du failli, ils sont tenus de requérir l'inscription aux hypothèques sur les

---

qu'elles doivent être de même intentées contre les syndics ; mais que les expropriations peuvent l'être contre le failli : voyez cet auteur, page 255, note 3.

(1) Sauf la distinction établie dans la note précédente. Du reste, quoique l'action soit intentée contre les syndics , cela n'empêche pas qu'il ne soit nécessaire d'y appeler le failli. Voyez les raisons qu'en donne M. *Delvincourt*, page 255, note 4.

(2) Ou le failli ; car le failli a aussi le droit de réclamer. Voyez M. *Locré*, sur l'article 495, tome 6, page 214.

immeubles de ses débiteurs, s'il ne l'a lui-même requise, et s'il a des titres hypothécaires. Cette inscription est reçue au nom des agens et des syndics, qui joignent à leurs bordereaux, un extrait des jugemens qui les ont nommés (1) (*Art.* 499).

Pour la conservation des droits de la masse des créanciers, ils doivent s'inscrire sur les immeubles du failli (2), par simple bordereau énonçant qu'il y a faillite, et relatant la date du jugement qui les a nommés (*Art.* 500).

SECTION IV.

De la Vérification des Créances.

D. Qu'entend-on par vérification d'une créance ?

R. La vérification d'une créance est l'examen des titres sur lesquels elle est appuyée (M. *Delvincourt*).

D. Comment avertit-on les créanciers du failli de se présenter, et que doivent faire en même temps ces créanciers ?

R. Tous les créanciers (3) sont avertis par les papiers publics, et par lettres des syndics, de se présenter, dans le délai de quarante jours (4), par eux ou par

---

(1) Ils sont tenus également, s'il y a lieu, de faire des saisies-arrêts sur les débiteurs du failli, d'interrompre les prescriptions, etc., etc.

(2) Mais cette inscription n'a d'autre effet que de conserver les droits de la masse, et ne change rien aux droits des créanciers entre eux.

(3) Même pour des causes étrangères au commerce. (M. *Pardessus*, M. *Delvincourt*, etc.)

(4) De l'insertion de l'avis dans les journaux (M. *Pardessus*, M. *Delvincourt*).

leurs fondés de pouvoir (1) , aux syndics de la faillite ; de leur déclarer à quel titre et pour quelle somme ils sont créanciers, et de leur remettre leurs titres de créance, ou de les déposer au greffe du Tribunal de Commerce ; il leur en est donné récépissé (*Art.* 5o2).

D. Par qui est faite la vérification des créances ?

R. La vérification des créances est faite contradictoirement entre le créancier ou son fondé de pouvoir et les syndics (2) , et en présence du juge-commissaire, qui en dresse procès-verbal (*Art.* 5o3).

D. Dans quel délai cette opération doit-elle avoir lieu ?

R. Cette opération doit avoir lieu dans les quinze jours qui suivent les quarante jours accordés aux créanciers pour se présenter (*Art.* 5o3). Le commissaire doit veiller à ce qu'il y soit procédé diligemment, à mesure qu'ils se présentent (*Art.* 5o1).

D. Le créancier dont la créance a été vérifiée et affirmée, peut-il assister à la vérification des autres créances ?

R. Oui, le créancier dont la créance a été vérifiée et affirmée peut assister à la vérification des autres

---

(1). Ce pouvoir n'a pas besoin d'être passé devant notaire (M. *Pardessus*, n.° 1185).

(2) Comment seront vérifiées les créances des syndics ? Je pense qu'il faut absolument pour la validité de la vérification, qu'il y ait un contradicteur intéressé. En conséquence, dès qu'il y aura un nombre de créanciers vérifiés, égal à celui des syndics, la vérification des créances de ces derniers se fera contradictoirement avec les créanciers déjà vérifiés (*Argument de l'article* 6o4) : les syndics affirmeront et reprendront ensuite la vérification (M. *Delvincourt*).

créances; il peut même fournir tout contredit aux vérifications faites ou à faire (1) (*Art.* 504). .

D. Que doit énoncer et contenir le procès-verbal de
vérification ?

R. Le procès-verbal de vérification doit énoncer la
représentation des titres de créance, le domicile des
créanciers et de leurs fondés de pouvoir. Il doit contenir
la description sommaire des titres, lesquels seront rap-
prochés des registres du failli; il doit mentionner les
surcharges, ratures et interlignes; enfin, exprimer que
le porteur est légitime créancier de la somme par lui
réclamée (*Art.* 505).

D. Le commissaire peut-il demander aux créanciers
la représentation de quelques autres pièces que les
titres de leurs créances ?

R. Oui, le commissaire peut, suivant l'exigence des
cas, demander aux créanciers la représentation (2) de
leurs registres, ou l'extrait fait par les juges de commerce
du lieu, en vertu d'un compulsoire (3); il peut aussi ,

---

(1) Mais ce droit ne subsiste que jusqu'à la clôture du procès-
verbal ; et le créancier qui a laissé achever cette opération ne
peut plus demander la révision des autres créances, à moins qu'il
n'allègue des faits positifs, ou la fraude de celui dont il veut attaquer le titre (M. *Pardessus*, n.º 1186).

(2) La représentation, mais non pas la communication. *Voyez*
ci-dessus, page 11, notes (2) et (5).

(3) *Compulsoire.* On appelle ainsi une procédure dont l'objet
est de contraindre un notaire, un greffier, ou tout autre dépositaire de titres, actes et registres, à les représenter et en délivrer
ou laisser prendre des copies dûment collationnées, pour tenir
lieu des originaux mêmes, à celui qui requiert le compulsoire
(M. *Merlin*, *Répertoire de Jurisprudence*). Ici, le compulsoire a lieu
par suite d'une commission rogatoire , que le juge-commissaire

d'office, renvoyer devant le Tribunal de Commerce, qui statue sur son rapport (*Art.* 505).

D. Si la créance n'est pas contestée, que font les syndics?

R. Si la créance n'est pas contestée, les syndics signent sur chacun des titres la déclaration suivante (1):

Admis au passif de la faillite de..... pour la somme de....., le.... Cette déclaration est visée par le commissaire, entre les mains duquel le créancier est tenu d'affirmer (2), dans le délai de huitaine, que sa créance est sincère et véritable (*Art.* 506 *et* 507).

D. Dans le cas où la créance est contestée en tout ou en partie, quels sont les moyens qui peuvent être employés pour la vérifier?

R. Le commissaire peut, dans ce cas, sur la réquisition des syndics, ordonner la représentation des titres du créancier, et leur dépôt au greffe du Tribunal de Commerce. Il peut même renvoyer les parties à comparaître à bref délai, et sans qu'il soit besoin de citation, devant ce tribunal (*Art.* 508), qui ordonne, s'il y a lieu, qu'il soit fait enquête devant le commissaire sur les faits, et que les personnes qui peuvent fournir des renseignemens, soient à cet effet citées devant lui (*Art.* 509). Le Tribunal de Commerce prononce dans tous les cas sur le rapport du commissaire (*Art.* 508).

----

fait adresser au Tribunal du lieu où les livres sont déposés (*Art.* 16). Cette formalité est exigée, afin d'assurer la conformité de l'extrait au registre (M. *Delvincourt*).

(1) *Quid*, s'il s'agit des créances des syndics? La déclaration est faite et signée par les créanciers qui ont procédé à leur vérification (M. *Delvincourt*). *Voyez* ci-dessus, page 304, note (2).

(2) Cette affirmation peut aussi être faite par un fondé de pouvoir (M. *Pardessus*, n.° 1186).

D. Après l'expiration des délais fixés pour les vérifications, comment les créanciers qui n'ont point comparu sont-ils mis en demeure?

R. A l'expiration des délais fixés pour les vérifications des créances, les syndics dressent un procès-verbal contenant les noms de ceux des créanciers qui n'ont pas comparu. Ce procès-verbal, clos par le commissaire, les établit en demeure (1) (*Art.* 510).

D. Ne leur accorde-t-on pas un nouveau délai pour la vérification ?

R. Oui, le Tribunal de Commerce, sur le rapport du commissaire, fixe par jugement un nouveau délai pour la vérification (*Art.* 511).

D. Comment est déterminé ce nouveau délai?

R. Ce nouveau délai est déterminé d'après la distance du domicile de chaque créancier en demeure, de manière qu'il y ait un jour au moins par trois myriamètres : s'il y a des créanciers résidant hors de France, on observe à leur égard les délais prescrits par le Code de Procédure pour les assignations (2) (*Art.* 511).

D. Comment fait-on connaître aux créanciers défaillans les nouveaux délais qui leur sont accordés?

R. Le jugement qui fixe ces nouveaux délais, est notifié aux créanciers défaillans, par la voie de l'inser-

---

(1) Et sans qu'il soit besoin de leur faire aucune sommation ; le tout afin de ménager les frais (M. *Delvincourt*).

(2) C'est-à-dire que le délai est, pour ceux demeurant en Corse, dans l'île d'Elbe ou de Capraia, en Angleterre, et dans les états limitrophes de la France de deux mois; pour ceux demeurant dans les autres états de l'Europe, de quatre mois; pour ceux demeurant hors d'Europe, en deçà du cap de Bonne-Espérance, de six mois; et pour ceux demeurant au-delà, d'un an.

tion aux journaux (1). L'accomplissement de cette formalité vaut signification à l'égard des créanciers qui n'ont pas comparu, sans que pour cela la nomination des syndics définitifs soit retardée. A défaut de comparution et affirmation dans le nouveau délai, les défaillans ne sont pas compris dans les répartitions à faire (2) (*Art.* 512 *et* 513).

D. Les créanciers ne peuvent-ils pas former opposition à ce que les répartitions soient faites sans les appeler?

R. Oui, la voie de l'opposition leur est ouverte jusqu'à la dernière distribution des deniers inclusivement, mais, sans que les défaillans, quand même ils seraient des créanciers inconnus, puissent rien prétendre aux répartitions consommées, qui, à leur égard, sont réputées irrévocables, et sur lesquelles ils sont entièrement déchus de la part qu'ils auraient pu prétendre (*Art.* 514).

<h2 style="text-align:center">CHAPITRE VIII.</h2>

Des Syndics définitifs et de leurs fonctions.

<h3 style="text-align:center">SECTION Ire</h3>

De l'Assemblée des Créanciers dont les créances sont vérifiées et affirmées.

D. Que doivent faire les syndics provisoires après

---

(1) Dans la forme prescrite pour le jugement qui déclare l'ouverture de la faillite.

(2) Cette exclusion est de droit. On n'a pas besoin d'obtenir contre eux un jugement de déchéance, à l'expiration du délai (M. *Delvincourt*).

l'expiration des délais prescrits pour l'affirmation des créances ?

R. Dans les trois jours après l'expiration des délais prescrits pour l'affirmation des créanciers connus, les syndics provisoires doivent convoquer (1) les créanciers dont les créances ont été admises (*Art.* 514).

D. Par qui doit être présidée l'assemblée des créanciers ?

R. L'assemblée de ces créanciers se forme sous la présidence du commissaire, aux lieu, jour et heure indiqués par lui ; il n'est admis à cette assemblée que des créanciers reconnus, ou leurs fondés de pouvoir (*Art.* 515).

D. Le failli doit-il être appelé à cette assemblée ?

R. Oui, le failli doit être appelé à cette assemblée ; il doit s'y présenter en personne, s'il a obtenu un sauf-conduit ; il ne peut s'y faire représenter que pour des motifs valables, et approuvés par le commissaire (2) (*Art.* 516).

D. Quelles sont les fonctions du juge-commissaire, dans cette assemblée ?

R. Le juge-commissaire doit vérifier les pouvoirs de tous ceux qui se présentent comme fondés de procuration ; il doit faire rendre compte en sa présence, par

____

(1) Par lettres, affiches et insertions dans les journaux, comme dans l'article 476.

(2) Si le failli ne comparaît pas, ni personne pour lui, on ne peut faire de concordat, parce que dès-lors, d'après les articles 587 et 594, il y a présomption de banqueroute simple ou frauduleuse (M. *Delvincourt*, page 266, note 5 ; M. *Pardessus*, n.º 1233, tome 4, page 400). M. *Locré* (sur l'article 516, tome 6, page 321), pense que le concordat peut avoir lieu si le failli a envoyé des propositions écrites, signées de lui.

les syndics provisoires, de l'état de la faillite, des formalités qui ont été remplies, et des opérations qui ont eu lieu; le failli doit être entendu (*Art.* 517). Le commissaire tient, en outre, procès-verbal de tout ce qui est dit et décidé dans l'assemblée (*Art.* 518).

SECTION II.

Du Concordat.

D. Que doit-on entendre par concordat?

R. On entend par concordat tout traité passé entre le débiteur failli et ses créanciers (M. *Delvincourt*).

D. Quelles sont les conditions requises pour qu'un concordat soit valable?

R. Pour qu'un concordat soit valable, il faut qu'il ait été précédé de toutes les formalités (1), et qu'il soit consenti et signé, séance tenante (2), par la majorité des créanciers présens, réunissant en même temps les trois quarts de la totalité des sommes dues, selon l'état des créances vérifiées et enrégistrées (3). Tout traité

---

(1) Formalités que nous venons de détailler. Cette disposition a pour but de prévenir les manœuvres, à l'aide desquelles un banqueroutier, souvent frauduleux, parvenait à faire signer un contrat d'atermoiement à ses créanciers. On veut qu'ils ne signent qu'en grande connaissance de cause (M. *Delvincourt*).

(2) On a encore voulu empêcher par là les manœuvres qui avaient lieu anciennement. On commençait par faire signer le concordat par deux ou trois créanciers complaisans ou payés pour cela. On le colportait ensuite séparément chez les différens créanciers; et on parvenait, à force de sollicitations et par lassitude, à arracher un nombre suffisant de signatures (M. *Delvincourt*).

(3) Autrefois les trois quarts en somme suffisaient. Or, on

consenti par un nombre moindre que la majorité, ou même par la majorité, mais ne formant pas les trois quarts en somme, est nul (*Art.* 519 *et* 522 ; M. *Delvincourt*).

D. Le concordat est-il définitivement nul, si à la première séance, il réunit la majorité des créanciers en nombre, mais moins des trois quarts en somme ?

R. Non, dans ce cas la délibération est remise à huitaine pour tout délai (*Art.* 522) ; si lors de cette seconde assemblée, les trois quarts en somme ne se réunissent pas, le concordat est définitivement nul (1) (M. *Delvincourt*).

D. Tous les créanciers du failli ont-ils voix dans les délibérations relatives au concordat ?

R. Non, les créanciers hypothécaires inscrits, et ceux nantis d'un gage, n'ont point voix dans les délibérations relatives au concordat (2) (*Art.* 520).

D. Peut-on toujours faire un concordat ?

R. Non, il ne peut, à peine de nullité, être fait aucun traité entre le failli et ses créanciers, si l'examen des actes, livres et papiers du failli, donne quelque présomption de banqueroute (3) ; le commissaire doit

---

complétait souvent ces trois quarts avec des créanciers simulés. Aujourd'hui qu'il faut de plus la majorité en nombre, la fraude est plus difficile.

(1) Et alors il n'est même pas obligatoire pour ceux qui l'ont signé à la première séance. Du reste, cela n'empêche pas que chaque créancier ne puisse conclure avec le débiteur tel arrangement qu'il lui plaît, ou lui faire telle remise qu'il juge convenable.

(2) Et la raison en est simple, c'est qu'ils n'y ont aucun intérêt.

(3) Quelle qu'elle soit, simple ou frauduleuse.

veiller à l'exécution de cette disposition (1) (*Art.* 521).

D. Dans quel délai les créanciers opposans au concordat, doivent-ils faire signifier leurs oppositions?

R. Les créanciers opposans au concordat sont tenus de faire signifier leurs oppositions aux syndics et aux créanciers dans huitaine pour tout délai (2) (*Art.* 523).

D. Dans quel délai le concordat doit-il être homologué?

R. Il doit être homologué par le Tribunal de Commerce dans la huitaine du jugement sur les oppositions (3) (*Art.* 524).

D. Le Tribunal de Commerce peut-il refuser l'homologation du concordat?

R. Oui, le Tribunal de Commerce peut refuser l'homologation pour cause d'inconduite ou de fraude; et, dans ce cas, le failli est en prévention de banqueroute, et renvoyé, de droit, devant le Procureur du Roi, qui est tenu de poursuivre d'office (4) (*Art.* 526).

----

(1) Par conséquent, le commissaire peut s'opposer seul au concordat, quand même il n'existerait aucune réclamation de la part des créanciers. C'est toujours d'après le principe que la banqueroute intéresse l'ordre social, et doit, en conséquence, être poursuivie par le ministère public d'office, et sans qu'il soit besoin d'aucune plainte ou dénonciation.

(2) Ce délai n'est point prorogé à raison des distances; il est toujours de rigueur, et court même à l'égard des créanciers qui n'ont pas été présens à l'assemblée par des motifs qui, dans d'autres circonstances, seraient considérés comme excuses valables (M. *Pardessus*, n.º 1240).

(3) L'homologation est indispensable pour rendre le concordat obligatoire, même à l'égard de ceux qui l'ont signé (M. *Pardessus* n.º 1243).

(4) Parce que, comme nous l'avons dit, la banqueroute est

D. Si le Tribunal accorde l'homologation du concordat, ne doit-il pas faire en même temps quelque déclaration en faveur du failli?

R. Oui, le Tribunal doit déclarer le failli excusable et susceptible d'être réhabilité aux conditions exigées par la loi (*Art.* 526).

D. Quels sont les effets de l'homologation du concordat, relativement aux créanciers du failli?

R. L'homologation rend le concordat obligatoire pour tous les créanciers (1), et conserve l'hypothèque (2) à chacun d'eux (3) sur les immeubles du failli (4); les syndics sont tenus, à cet effet, de faire inscrire aux hypothèques le jugement d'homologation, à moins qu'il n'y ait été dérogé par le concordat (*Art.* 524).

D. Que doivent faire les syndics provisoires, lorsque le jugement d'homologation leur a été signifié?

---

regardée comme un délit public, en ce qu'elle porte atteinte au crédit, qui est l'âme du commerce et la source de la prospérité de l'Etat.

(1) Même pour ceux qui ne l'ont pas consenti, excepté toutefois les créanciers privilégiés et les créanciers hypothécaires venant en ordre utile, qui ne peuvent être forcés d'adhérer au concordat.

(2) *Hypothèque* générale. Il ne s'agit pas ici des hypothèques que les différens créanciers peuvent avoir en vertu de leurs titres particuliers; mais de l'hypothèque acquise à tous les créanciers, soit chirographaires, soit hypothécaires, en vertu de l'inscription prise par les agens de la faillite.

(3) Même aux chirographaires, qui primeront, en conséquence, les hypothécaires qui pourraient survenir au failli par la suite.

(4) *Immeubles* présens et à venir. Cette hypothèque étant judiciaire frappe tous les biens présens et à venir (*Voyez Code Civil*, art. 2123).

R. Ils sont tenus de rendre au failli leur compte défi-nitif qui est débattu et arrêté en présence du commis-saire. En cas de contestation, le Tribunal de Commerce prononce. Les syndics remettent ensuite au failli l'uni-versalité de ses biens, ses livres, papiers, effets. Le failli donne décharge, et les fonctions des syndics cessent, ainsi que celles du commissaire, qui dresse procès-verbal du tout (1) (*Art.* 525).

Section III.

De l'Union des Créanciers.

D. Que doivent faire les créanciers dans les cas où il n'intervient point de traité entr'eux et le failli ?

R. S'il n'intervient point de traité (2), les créan-ciers (3) assemblés forment, à la majorité individuelle des créanciers présens (4), un contrat d'union ; ils nomment ensuite un ou plusieurs syndics définitifs (5),

---

(1) Le concordat accorde ordinairement au débiteur du délai et des remises. Si le concordat contient une remise, le débiteur est pleinement libéré des dettes ou de la portion de dettes qui en fait l'objet. S'il accorde des délais, ils sont considérés comme termes de droit et non comme termes de grâce ; car le concordat est une convention, même à l'égard de ceux qui ne l'ont pas con-senti (*Voyez* M. *Pardessus*, n.ᵒˢ 1246 et 1247, tome 4, pages 417 et suiv.).

(2) Pour quelque cause que ce soit, refus des créanciers, op-position du commissaire, refus d'homologation, absence à des-sein du failli, etc.

(3) Tous les créanciers sans distinction.

(4) Ici on n'a nullement égard aux sommes dues, mais seule-ment au nombre des créanciers, et des créanciers présens.

(5) Les syndics provisoires peuvent-ils être nommés syndics définitifs? Oui (*Exposé des Motifs*).

ainsi qu'un caissier chargé de recevoir toutes les sommes provenans des recouvremens de toute espèce (*Art.* 527).

D. Est-il nécessaire que le contrat d'union soit homologué ?

R. Non, le contrat d'union n'a pas besoin d'être homologué (1) (M. *Delvincourt*). Mais néanmoins, toutes les fois qu'il y a contrat d'union, le commissaire est tenu de rendre compte des circonstances au Tribunal de Commerce, qui prononce, sur son rapport, comme dans le cas de concordat, si le failli est ou non , excusable et susceptible d'être réhabilité (2). Si le Tribunal refuse de déclarer l'affirmative , le failli est, par cela seul, prévenu de banqueroute , et renvoyé de droit devant le juge d'instruction (*Art.* 531).

D. Quelles sont les fonctions des syndics définitifs ?

R. Les syndics définitifs représentent la masse des créanciers ; ils procèdent à la vérification du bilan s'il y a lieu ; ils reçoivent le compte des syndics provisoires (3) ; ils poursuivent en vertu du contrat d'union , et sans autres titres authentiques , la vente des

---

(1) Ce n'est pas, cependant, que le contrat d'union ne doive être exécuté, même par les refusans, contre lesquels, s'ils contestent, il faudra bien en faire ordonner l'exécution, s'il y a lieu. Mais il y a cette différence avec l'homologation du concordat , que celle-ci doit avoir lieu quand même tous les créanciers auraient consenti (M. *Delvincourt*).

(2) Il est évident que si le défaut de concordat provient du refus d'homologation , il n'y a pas lieu à une nouvelle déclaration du tribunal sur *l'excusabilité* du failli (M. *Delvincourt*).

(3) De la même manière qu'il a été dit pour le compte des agens, c'est-à-dire, dans les vingt-quatre heures de leur nomination et en présence du commissaire.

immeubles du failli, celle de ses marchandises et effets mobiliers, et la liquidation de ses dettes actives et passives ; le tout sous la surveillance du commissaire (1), et sans qu'il soit besoin d'appeler le failli (*Art.* 528).

D. N'est-il pas fait quelque distraction sur les effets mobiliers, au profit du failli et de sa famille ?

D. Oui, il est fait, dans tous les cas (2), sous l'approbation du commissaire, distraction des vêtemens, hardes et meubles nécessaires à l'usage du failli et de sa famille (3). Ces objets leur sont remis sur la proposition des syndics (4) qui en dressent l'état (*Art.* 529).

D. Le failli ne peut-il pas de plus réclamer quelque secours ?

R. Oui, s'il n'existe pas de présomption de banqueroute, le failli a droit de demander, à titre de secours, une somme sur ses biens. Les syndics en proposent la quotité, et le Tribunal, sur le rapport du commissaire, la fixe, en proportion des besoins et de l'étendue de la famille du failli, de sa bonne foi, et du plus ou moins de perte qu'il fait supporter à ses créanciers (*Art.* 530).

----

(1) Mais sans qu'il soit besoin d'obtenir son autorisation pour procéder.

(2) Même quand il y a présomption de banqueroute simple ou frauduleuse.

(3) La loi doit frapper le débiteur coupable, mais non le réduire au désespoir en lui ôtant les choses nécessaires à la vie. Elle doit surtout épargner son innocente famille.

(4) L'intervention des syndics est nécessaire pour empêcher qu'on n'abuse de la disposition ; il est impossible de laisser le failli prendre à discrétion les choses à sa convenance ; mais il semble qu'il n'est pas au pouvoir des syndics d'empêcher que l'humanité du Législateur n'ait son effet, ni de frustrer le débiteur et sa famille du secours que la loi lui assure (M. *Locré*).

CHAPITRE IX.

Des différentes espèces de Créanciers, et de leurs droits en cas de Faillite.

SECTION I.re

Dispositions générales.

D. Après la nomination des syndics définitifs, un créancier peut-il intenter contre le failli une action en expropriation ?

R. Non; s'il n'y a pas d'action en expropriation des immeubles (1), formée avant la nomination des syndics définitifs, eux seuls sont admis à poursuivre la vente; ils sont tenus d'y procéder dans huitaine, selon la forme prescrite pour la vente des biens de mineurs (*Art.* 532).

D. Quand sont payés les créanciers privilégiés sur les meubles ?

R. Les syndics présentent au commissaire l'état des créanciers se prétendant privilégiés sur les meubles, et le commissaire autorise le paiement de ces créanciers sur les premiers deniers rentrés (*Art.* 533).

D. S'il y a des créanciers qui contestent le privilège, qui est ce qui doit prononcer?

R. S'il y a des créanciers contestant le privilège, le Tribunal (2) prononce; les frais sont supportés par

---

(1) S'il y en a une de formée, elle doit être continuée à la requête du poursuivant. Mais M. *Delvincourt* pense que les syndics ont le droit d'y intervenir.

(2) Le Tribunal de Commerce, si le privilège résulte d'une cause qui soit de la compétence de ce tribunal; dans le cas contraire, le Tribunal Civil.

ceux dont la demande est rejetée, et ne sont point au compte de la masse (*Art.* 533).

D. Si un créancier se trouve porteur d'engagemens solidaires entre le failli et d'autres co-obligés qui soient en faillite, doit-il être admis dans toutes les faillites?

R. Oui, il doit participer aux distributions dans toutes les masses, jusqu'à son parfait et entier paiement (1) (*Art.* 534).

D. Les créanciers nantis par des gages sont-ils portés dans la masse?

R. Les créanciers du failli qui sont valablement nantis par des gages, ne sont inscrits dans la masse que pour mémoire (*Art* 535).

D. Les syndics peuvent-ils retirer les gages?

R. Oui, les syndics sont autorisés à retirer les gages au profit de la faillite, en remboursant la dette (*Art.* 536).

D. Si le gage est vendu par le créancier, et qu'il y

---

(1) Ainsi, Pierre, créancier de 2000 fr., a trois débiteurs solidaires, Denis, Jacques et Paul, qui sont tous trois en faillite. Trois directions s'établissent; Paul donne 5o pour 100, Denis 4o, et Jacques 3o. Pierre se présentera dans les trois directions jusqu'à ce qu'il soit entièrement payé.

Avant le Code de Commerce, il y avait sur ce point, en outre de l'opinion qu'il consacre, deux autres opinions. La première, de *Savary* (*Parères* 13 *et* 48), était que le créancier ne pouvait se présenter que dans l'une des trois directions, sauf à lui à opter pour celle qui lui paraissait la plus avantageuse. Ici, c'eût été celle de Paul.—La seconde opinion, qui était celle de *La Serra, Jousse* et *Pothier*, était que le créancier pouvait se présenter dans les trois directions; mais qu'après avoir reçu dans la première une portion de sa créance, il ne pouvait entrer dans les autres que successivement, et pour ce qui lui restait dû. D'après cette opinion, dans l'espèce ci-dessus, Pierre se serait présenté dans la direction de Paul, et y aurait touché 1,ooo fr. Il n'eût donc plus été créan-

aît une différence entre le prix et la créance, que doit faire le créancier?

R. Si les syndics ne retirent pas le gage, qu'il soit vendu par le créancier, et que le prix excède la créance, le surplus doit être remis aux syndics; si le prix est moindre que la créance, le créancier nanti doit venir à contribution pour le surplus (*Art.* 537).

D. Les créanciers garantis par un cautionnement sont-ils compris dans la masse?

R. Les créanciers garantis par un cautionnement ne sont compris dans la masse, que sous la déduction des sommes qu'ils ont reçues de la caution; la caution est comprise dans la même masse pour tout ce qu'elle a payé à la décharge du failli (*Art.* 538).

---

cier que de 1,000 fr. Il eût été colloqué pour cette somme dans la direction de Denis, et eût touché 400 fr. Il lui fût resté dû 600 fr. pour lesquels il aurait été colloqué dans la direction de Jacques et aurait reçu 180 fr. Il eût donc perdu 420 fr. En suivant cette opinion, le créancier perdait toujours quelque chose.

L'opinion adoptée par le Code de Commerce, qui paraît la plus conforme à l'équité, a cependant un inconvénient, c'est que, dans le cas où la totalité de ce qui est payé dans toutes les directions fait plus de 100 pour 100, comme dans notre espèce, la direction dans laquelle le créancier se présente en dernier lieu est déchargée aux dépens des autres. En effet, Pierre est colloqué pour 2,000 fr. dans la direction de Paul, il reçoit 1,000 fr.; il est colloqué pour 2,000 fr. dans la direction de Denis, il reçoit 800 fr.; il est colloqué pour 2,000 fr. dans la direction de Jacques : la direction payerait 600 fr., mais elle ne paie que 200 fr., puisque Pierre a déjà reçu 1800 fr. — M. *Delvincourt* pense que l'on pourrait remédier à cet inconvénient, en donnant aux premières directions une action récursoire contre la dernière, pour le montant de ce qu'elle a payé proportionnément moins qu'elles. Ainsi, dans notre espèce, en faisant supporter proportionnément la dette aux trois directions, d'après la répartition arrêtée, et en

SECTION II.

Des Droits des Créanciers hypothécaires.

D. Qu'entend-t-on en général par créancier chirographaire ?

R. On entend, en général, par créancier chirographaire celui qui n'a point d'hypothèque (1) (M. *Delvincourt*).

D. Qu'entend-t-on ici par créancier hypothécaire ?

R. On entend ici par créancier hypothécaire, celui qui, non seulement a une hypothèque, soit légale, soit judiciaire, soit conventionnelle, mais encore dont l'hypothèque est inscrite au bureau du conservateur, dans

---

faisant les calculs nécessaires, on voit que la direction de Paul ne doit payer que 833 fr. 33 cent.; la direction de Denis, 666 fr. 67 c., et celle de Jacques 500 fr.

(1) Le mot *chirographus*, d'où a été formé *chirographaire*, vient de deux mots grecs χειρ, χειρος, *main*, et γραφη, *écriture*. Il signifie un acte écrit de la main de celui qui l'a signé. Ainsi, le mot *chirographaire* devrait signifier strictement le créancier qui n'a qu'un titre sous seing privé. Il était pris dans ce sens avant la loi de brumaire an 7, parce qu'alors tous les actes notariés emportaient hypothèque de plein droit. Il n'y avait donc que les créanciers sous seing privé qui ne fussent pas hypothécaires. Mais cette loi et le Code depuis, ayant décidé qu'il n'y aurait d'hypothèque conventionnelle que celle qui aurait été formellement stipulée et affectée sur des immeubles spécialement désignés, on a appelé créanciers chirographaires, non seulement ceux qui n'ont que des titres sous seing privé, mais encore ceux qui ont des actes notariés, mais sans stipulation d'hypothèques, parce qu'effectivement, sous le rapport du droit sur les biens, les uns et les autres sont égaux.

tous les cas ou cette inscription est nécessaire (M. *Del-vincourt*).

D. Lorsque la distribution du prix des immeubles est faite antérieurement à celle du prix des meubles, ou bien simultanément, les créanciers hypothécaires peuvent-ils concourir avec les créanciers chirographaires?

R. Lorsque la distribution du prix des immeubles est faite antérieurement à celle du prix des meubles, ou simultanément, les seuls créanciers hypothécaires non remplis sur le prix des immeubles concourent, à proportion de ce qui leur reste dû, avec les créanciers chirographaires, sur les deniers appartenant à la masse chirographaire (*Art.* 539).

D. Si la vente du mobilier précède celle des immeubles, et donne lieu à une ou plusieurs répartitions de deniers, avant la distribution du prix des immeubles, les créanciers hypothécaires concourent-ils à ces répartitions?

R. Oui, les créanciers hypothécaires concourent à ces répartitions dans la proportion de leurs créances totales (*Art.* 540).

D. Après la vente des immeubles, les créanciers hypothécaires qui viennent en ordre utile sur le prix des immeubles pour la totalité de leurs créances, touchent-ils toujours le montant de leur collocation, sans aucune déduction (1)?

---

(1) Pour bien comprendre les dispositions du Code et leur utilité, il est nécessaire de savoir comment on opérait antérieurement.— Lorsque les immeubles se vendaient et que le prix en était distribué avant celui des meubles, il n'y avait point de difficulté, parce que les créanciers hypothécaires venant en ordre

R. Non, après la vente des immeubles et le jugement d'ordre entre les créanciers hypothécaires, ceux d'entre ces derniers qui viennent en ordre utile sur le prix des immeubles pour la totalité de leurs créan-

---

utile sur le prix de l'immeuble vendu, se trouvaient payés avant la distribution des deniers mobiliers, et ne participaient conséquemment en rien à cette distribution. Ceux qui n'étaient venus en ordre utile que pour partie de leurs créances, venaient pour le surplus, et ceux qui n'avaient rien touché, venaient pour le total, à contribution sur l'actif mobilier ; rien de plus simple, et en même temps de plus juste.— Mais si la distribution des deniers mobiliers (*) se faisait avant celle du prix des immeubles (**), alors les créanciers hypothécaires y participaient au prorata de la totalité de leurs créances, et la masse hypothécaire se trouvait conséquemment déchargée d'autant : d'où il arrivait que, d'un côté, la part des créanciers chirographaires dans la contribution, se trouvait diminuée, souvent même considérablement, par l'admission de créanciers hypothécaires, qui eussent été payés en entier sur la masse hypothécaire, si l'ordre eût été fait avant la contribution, et que, de l'autre côté, les à-comptes reçus par ceux-ci dans la masse chirographaire, profitaient uniquement à des créanciers hypothécaires postérieurs, qui ne seraient pas venus en ordre utile, si ceux qui leur étaient préférables, eussent été payés en entier sur la masse hypothécaire : ce qui faisait que les uns et les autres se trouvaient dans une situation plus ou moins favorable, suivant que l'ordre précédait la contribution, ou *vice versâ* (***). Le Code de Commerce a paré à cet inconvénient, et a établi des règles telles que les droits des créanciers n'éprouvent aucun changement, de quelque manière que se fasse l'opération (M. *Delvincourt*).

(*) C'est cette distribution que l'on nomme *contribution*.
(**) C'est ce que l'on appelle *ordre*.
(***) *Voyez* à la fin de l'ouvrage, note B, un exemple tiré de M. *Delvincourt*.

ces (1), ne touchent le montant de leur collocation hypothécaire que sous la déduction des sommes par eux perçues dans la masse chirographaire (2) (*Art.* 541).

D. Que deviennent les sommes ainsi déduites?

R. Les sommes ainsi déduites ne restent point dans la masse hypothécaire, mais retournent à la masse chirographaire, au profit de laquelle il en est fait distraction (*Art.* 541).

D. Comment procède-t-on à l'égard des créanciers hypothécaires qui ne sont colloqués que partiellement dans la distribution du prix des immeubles?

R. Leurs droits sur la masse chirographaire sont définitivement réglés d'après les sommes dont ils restent créanciers après leur collocation immobilière (3), et les deniers qu'ils ont touchés au-delà de cette proportion, dans la distribution antérieure, leur sont retenus

----

(1) Ils sont colloqués pour la totalité de leurs créances, et comme s'ils n'avaient rien touché dans la contribution.

(2) On leur paie ce qui leur reste dû, et le surplus, qui se trouve égal à ce qu'ils ont touché dans la contribution, est versé dans la masse chirographaire pour être distribué aussi par contribution entre les créanciers qui y ont droit (*).

(3) On fait également leur part comme s'ils n'avaient rien touché dans la masse chirographaire. Mais pour déterminer si, et combien ils doivent restituer à cette dernière masse, on calcule ce qu'ils auraient dû y prendre, si l'ordre eût été fait avant la contribution ; s'ils ont touché davantage dans cette contribution, l'excédant leur est retenu sur leur collocation hypothécaire (**), et reversé dans la masse chirographaire (M. *Delvincourt*).

(*) *Voyez* à la fin de l'ouvrage, la note C, tirée de M. *Delvincourt.*
(**) *Voyez* à la fin de l'ouvrage, note D, un exemple également tiré de M. *Delvincourt.*

sur le montant de leur collocation hypothécaire, et reversés dans la masse chirographaire (*Art.* 542).

D. Comment sont traités les créanciers hypothécaires qui ne viennent pas en ordre utile ?

R. Les créanciers hypothécaires qui ne viennent point en ordre utile, sont considérés comme purement et simplement chirographaires (*Art.* 543).

Section III.

Des Droits des Femmes. (1).

D. En cas de faillite, les femmes des faillis peuvent-elles reprendre leurs immeubles ?

R. Les femmes mariées sous le régime dotal, les

---

(1) On trouvera peut-être dans cette section trop de rigueur contre les femmes des commerçans. Elle fut appelée par le grand nombre de faillites qui avaient eu lieu dans la révolution. Une grande partie de ces faillites n'avait eu pour cause que d'affreuses dissipations ou de coupables fraudes. Le mari faisait à sa femme des avantages proportionnés à une dot qu'il ne devait pas recevoir. Souvent il acquérait sous le nom de la femme des immeubles, qu'il payait de ses propres deniers, ou plutôt de ceux de ses créanciers. Enfin, par des séparations frauduleuses et des actes simulés, les meubles, les bijoux, l'argenterie, tout passait dans la propriété de la femme ; et au moment d'une catastrophe souvent méditée de longue main, la femme avec sa dot factice, ses avantages matrimoniaux, ses indemnités pour des dettes qu'elle n'avait pas payées et ses acquisitions prétendues, absorbait toute la fortune de son mari. Les créanciers légitimes étaient entièrement frustrés. Tel était le mal dont on cherchait le remède ; le moyen qu'on jugea le plus efficace pour y parvenir fut de faire concourir à la bonne conduite du mari l'intérêt même de la femme.

femmes communes en biens qui n'ont point mis les immeubles apportés en communauté, reprennent en nature ces immeubles et ceux qui leur sont survenus par successions ou donations entre-vifs ou pour cause de mort (*Art.* 545). Elles reprennent pareillement les immeubles acquis par elles et en leur nom, des deniers provenant de ces successions et donations, pourvu que la déclaration d'emploi soit expressément stipulée au contrat d'acquisition, et que l'origine des deniers soit constatée par inventaire, ou par tout autre acte authentique (1) (*Art.* 546).

D. Si l'origine des deniers n'est pas constatée, quelle est la présomption légale qui existe?

R. Si l'origine des deniers n'est pas constatée, sous quelque régime qu'ait été formé le contrat de mariage (2), la présomption légale est que les biens acquis par la femme du failli appartiennent à son mari, sont payés de ses deniers, et doivent être réunis à la masse de son actif, sauf à la femme à fournir la preuve du contraire (*Art.* 547).

R. La reprise de ces biens peut-elle nuire aux dettes et hypothèques dont ils sont grevés?

R. Non, l'action en reprise ne peut être exercée par la femme, qu'à la charge des dettes et hypothèques dont les biens sont grevés, soit que la femme s'y

---

(1) Mais la femme n'est pas admise ici comme en droit civil à faire preuve, tant par titres et papiers domestiques que par témoins, et même par commune renommée (*Voyez Code Civil,* articles 1415 et 1418).

(2) Quand même la femme aurait été mariée sous le régime dotal, avec stipulation de paraphernal (M. *Delvincourt*).

soit volontairement obligée, soit qu'elle y ait été judiciairement condamnée (1) (*Art.* 548).

D. La femme peut-elle se prévaloir en cas de faillite, des avantages portés dans son contrat de mariage?

R. Non, la femme ne peut exercer, dans la faillite (2), aucune action à raison des avantages portés au contrat de mariage; mais réciproquement, les créanciers ne peuvent se prévaloir, dans aucun cas, des avantages faits par la femme au mari dans le même contrat (3) (*Art.* 549).

D. La femme peut-elle répéter les sommes payées par elle pour dettes de son mari?

R. Si la femme a payé des dettes pour son mari, la présomption légale est qu'elle l'a fait des deniers de son mari; elle ne peut, en conséquence, exercer aucune action dans la faillite (4), à moins qu'elle ne prouve le contraire (5) (*Art.* 550).

----

(1) Même pour dettes du commerce de son mari, sans qu'elle ait droit à aucune indemnité contre la masse de la faillite (M. *Pardessus*, n.º 1223); sauf son recours, s'il y a lieu, contre le mari ou sa succession (M. *Delvincourt*).

(2) Mais elle peut les exercer à l'égard du mari. En conséquence, si, après la faillite arrangée, il acquiert de nouveaux biens, la femme pourra faire valoir ses droits lors de la dissolution du mariage : ce n'est que dans la faillite qu'elle ne peut les exercer (M. *Delvincourt*).

(3) Ni, à plus forte raison, de ceux faits postérieurement.

(4) Nonobstant toute subrogation stipulée.

(5) *Cum in controversiam venit, undè ad mulierem quid pervenerit, et verius et honestius est, quod non demonstratur undè habeat, existimari à viro ad eam pervenisse. Evitandi autem turpis quæstûs gratiâ circà uxorem, hoc videtur Quintus Mucius probasse* (L. 31, D. *De Donat. inter vir. et uxor*).

D. La femme dont le mari était commerçant à l'é-
poque de la célébration de son mariage, a-t-elle hypothèque pour ses reprises mobilières sur tous les biens
de son mari?

R. Non, la femme dont le mari était commerçant à
l'époque de la célébration du mariage, n'a hypothèque
pour les deniers ou effets mobiliers qu'elle justifie par
actes authentiques avoir apportés en dot, pour le remploi de ses biens aliénés pendant le marirge, et pour
l'indemnité des dettes par elle contractées avec son
mari, que sur les immeubles qui appartenaient à son
mari à cette époque (1) (*Art.* 551).

D. Ne doit-on pas assimiler à la femme qui a épousé
un commerçant, celle qui a épousé un fils de négociant?

R. Oui, l'on doit assimiler, à cet égard, à la femme
dont le mari était commerçant à l'époque de la célébration du mariage, la femme qui a épousé un fils de
négociant, s'il n'avait à cette époque, aucun état ou
profession déterminée, et s'il devient lui même négociant (2) (*Art.* 552).

D. Doit-on appliquer ces dispositions aux femmes
de négocians, qui avaient à l'époque du mariage une
autre profession déterminée?

R. Non, on doit excepter de ces dispositions, et

____

(1) Ceux acquis depuis sont présumés acquis avec les deniers
des créanciers.

(2) A quelque époque que ce soit. Mais cette disposition ne
s'applique pas à la femme qui a épousé un homme qui n'était pas
fils de négociant, et qui n'a embrassé cette profession que plus
d'un an après son mariage. Rien, dans ce cas, ne conduit à penser qu'elle a pu prévoir que son mari deviendrait un jour négociant (M. *Delvincourt*).

faire jouir de tous les droits hypothécaires accordés aux femmes par le Code civil, la femme dont le mari avait, à l'époque de la célébration du mariage, une profession déterminée autre que celle de négociant : mais cette exception n'est pas applicable à la femme dont le mari aurait fait le commerce dans l'année qui aurait suivi la célébration du mariage (*Art.* 553).

D. Que deviennent, en cas de faillite, les meubles et autres objets à l'usage du mari et de la femme?

R. Tous les meubles meublans, effets mobiliers, diamans, tableaux, vaisselle d'or et d'argent, et autres objets, tant à l'usage du mari qu'à celui de la femme, sous quelque régime qu'ait été formé le contrat de mariage, sont acquis aux créanciers, sans que la femme puisse en recevoir autres choses que les habits et linges à son usage (1). Toutefois, la femme peut reprendre les bijoux, diamans et vaisselle qu'elle peut justifier, par état légalement dressé, annexé aux actes, ou par bons et loyaux inventaires, lui avoir été donnés (2) par contrat de mariage (3), ou lui être advenus par succession (4) (*Art.* 554).

---

(1) Qui lui sont accordés conformément aux dispositions de l'article 529, c'est-à-dire, d'après l'état dressé par les syndics définitifs de l'union.

(2) Par un autre que son mari (*Voyez article* 549).

(3) Pourvu toutefois, si elle est mariée sous le régime de la communauté, que ces objets aient été stipulés propres, ou qu'ils lui aient été donnés à condition qu'ils ne tomberaient pas dans la communauté (*Code Civil, article* 1401). Autrement, comme effets mobiliers, ils tombent de droit dans la communauté (M. *Delvincourt*).

(4) On n'a point accordé la même faveur aux libéralités. Ce

D. Quelle serait la peine de la femme qui aurait détourné quelque effet, ou prêté son nom ou son intervention à quelque acte frauduleux de son mari?

R. La femme qui aurait détourné, diverti ou recélé des effets mobiliers, des marchandises, des effets de commerce, de l'argent comptant, serait condamnée à les rapporter à la masse, et poursuivie en outre comme complice de banqueroute frauduleuse (*Art.* 555). On pourrait également poursuivre comme complice de banqueroute frauduleuse la femme qui aurait prêté son nom ou son intervention à des actes faits par le mari en fraude de ses créanciers (*Art.* 556).

CHAPITRE X.

De la Répartition entre les Créanciers, et de la liquidation du mobilier.

D. Comment est réparti le montant de l'actif mobilier du failli?

R. Le montant de l'actif mobilier du failli, distraction faite des frais et dépenses de l'administration de la faillite, du secours qui a été accordé au failli, et des sommes payées aux privilégiés, est réparti entre tous les créanciers, au marc le franc de leurs créances vérifiées et affirmées (*Art.* 558).

D. Par qui est ordonnée la répartition?

R. La répartition est ordonnée quand il y a lieu, par le commissaire qui en fixe la quotité. A cet effet, les syn-

---

titre est souvent suspect par la possibilité que le mari donne à un tiers, qui donnerait ensuite à la femme (M. *Pardessus*, n.º 1223, *in medio*).

dics remettent, tous les mois, au commissaire, un état de situation de la faillite et des deniers existans en caisse (*Art.* 559). Les créanciers sont avertis des décisions du commissaire (1), et de l'ouverture de la répartition (*Art.* 560).

D. Comment se font les paiemens?

R. Nul paiement n'est fait que sur la représentation du titre constitutif de la créance. Le caissier mentionne, sur le titre, le paiement qu'il effectue; le créancier donne quittance en marge de l'état de répartition (*Art.* 561).

D. Que fait-on quand la liquidation est terminée?

R. Lorsque la liquidation est terminée, l'union des créanciers est convoquée à la diligence des syndics, sous la présidence du commissaire; les syndics rendent leur compte (2), et son reliquat forme la dernière répartition (*Art.* 562).

D. L'union ne peut-elle pas traiter à forfait des droits et actions du failli dont le recouvrement n'a pas été opéré?

R. Oui, l'union peut, dans tout état de cause, se faire autoriser par le Tribunal de Commerce, le failli dûment appelé, à traiter à forfait des droits et actions dont le recouvrement n'aurait pas été opéré, et à les aliéner : en ce cas, les syndics font tous les actes nécessaires (3) (*Art.* 563).

---

(1) Afin qu'ils puissent les contester, s'ils les croient préjudiciables à leurs droits.

(2) *Leur compte,* qui est en même temps celui du caissier, dont la dernière répartition émargée sera le *quitus* (M. *Delvincourt*).

(3) Il existe souvent dans les faillites des créances d'un recou-

CHAPITRE XI.

Du Mode de vente des immeubles du Failli.

D. Dans quelles formes doivent être vendus les immeubles des faillis ?

R. Les immeubles des faillis sont vendus par les syndics de l'union, sous l'autorisation du commissaire,
suivant les formes prescrites par le Code civil pour la
vente des biens de mineurs (*Art.* 564). Pendant huitaine après l'adjudication, tout créancier a droit de sur-
enchérir, mais la surenchère ne peut être au dessous
du dixième du prix principal de l'adjudication (*Art.*
565).

TITRE II.

De la Cession de biens.

D. Qu'est-ce que la cession de biens ?

R. La cession de biens est l'abandon qu'un débiteur
fait de tous ses biens à ses créanciers, lorsqu'il se trouve

---

vrement difficile, ou parce qu'elles sont litigieuses, ou parce
que le débiteur est peu solvable. Il faudrait beaucoup de temps
et de frais pour parvenir à un recouvrement qui même est souvent incertain. Des poursuites de cette nature conviennent mieux
à un particulier qu'à une administration ; elle dépenserait presque toujours plus qu'elle ne pourrait recouvrer. Le grand intérêt
des créanciers demande que l'administration termine ses opérations le plus tôt possible, et qu'elle puisse aliéner des droits
dont la poursuite serait trop longue ou très-difficile. Mais l'abus
pourrait être à côté de la règle, et l'on a dû y pourvoir. L'union
ne peut traiter que sous l'autorisation du Tribunal de Commerce,
et surtout il faut que le failli soit appelé (M. *Treilhard, Exposé
des Motifs*).

hors d'état de payer ses dettes (*Cod. civ.*, *art.* 1265).

D. Combien distingue-t-on de sortes de cessions de biens ?

R. Deux sortes : la cession de biens est volontaire ou judiciaire (*Art.* 566, *et Cod. civ.*, *art.* 1266).

D. Quels sont les effets de la cession volontaire ?

R. Les effets de la cession volontaire se déterminent par les conventions entre le failli et les créanciers (*Art.* 567).

D. Quel est l'effet de la cession judiciaire ?

R. La cession judiciaire n'a d'autre effet que de soustraire le débiteur à la contrainte par corps (1); elle n'éteint point l'action des créanciers sur les biens que le failli peut acquérir par la suite (*Art.* 568).

D. Que doit faire le failli qui veut réclamer la cession judiciaire ?

R. Il est tenu de former sa demande au Tribunal (2), qui se fait remettre les titres nécessaires : la demande est insérée dans les papiers publics(3) (*Art.* 569).

D. Cette demande suspend-elle l'effet des poursuites ?

R. Non, la demande ne suspend l'effet d'aucune poursuite, sauf au Tribunal à ordonner, parties appellées, qu'il y sera sursis provisoirement (*Art.* 570).

D. Le failli admis au bénéfice de cession n'est-il pas tenu de reitérer sa cession à l'audience ?

------

(1) Elle ne dépouille point le débiteur de la propriété de ses biens ; elle donne seulement aux créanciers le droit d'en percevoir les revenus par imputation sur leurs créances, et de les faire vendre suivant les formes établies pour les ventes des biens de mineurs (*Code Civil*, *article* 1269).

(2) De Commerce de son domicile.

(3) Comme le jugement qui déclare l'ouverture de la faillite.

R. Oui, le failli admis au bénéfice de cession est tenu de faire ou de réitérer sa cession , en personne et non par procureur, ses créanciers appelés, à l'audience du Tribunal de Commerce de son domicile ; et s'il n'y a pas de Tribunal de Commerce , à la Maison commune, un jour de séance ; la déclaration du failli est constatée, dans ce dernier cas, par le procès-verbal de l'huissier , qui doit être signé par le maire (*Art.* 571).

D. Si le débiteur est détenu, que doit ordonner le jugement qui l'admet au bénéfice de cession ?

R. Si le débiteur est détenu , le jugement qui l'admet au bénéfice de cession doit ordonner son extraction , avec les précautions requises et accoutumées en pareil cas, à l'effet de faire sa déclaration à l'audience ou à la mairie (*Art.* 572).

D. Les noms des débiteurs admis au bénéfice de cession, ne sont-ils pas publiés ?

R. Oui, les nom, prénoms, profession et demeure du débiteur, sont insérés dans des tableaux à ce destinés , placés dans l'auditoire du Tribunal de Commerce de son domicile, ou du Tribunal Civil qui en fait les fonctions, dans le lieu des séances de la Maison commune, et à la Bourse (*Art.* 573).

D. Quel est l'effet du jugement qui admet le débiteur au bénéfice de cession relativement à ses biens ?

R. En exécution du jugement qui admet le débiteur au bénéfice de cession , les créanciers peuvent faire vendre les biens, meubles et immeubles du débiteur : il doit être procédé à cette vente dans les formes prescrites pour les ventes faites par union de créanciers (*Art.* 574).

D. Tous les débiteurs indistinctement peuvent-ils être admis au bénéfice de cession ?

R. Non ; la loi déclare non admissibles au bénéfice
de cession : 1.º les stellionataires (1), les banqueroutiers frauduleux, les personnes condamnées pour fait
de vol ou d'escroquerie, les personnes comptables ;
2.º les étrangers (2), les tuteurs, administrateurs ou
dépositaires (*Art.* 575).

TITRE III.

De la Revendication (3).

D. Le vendeur peut-il, en cas de faillite, revendi-

----

(1) Il y a stellionat lorsque l'on vend ou que l'on hypothèque
un immeuble dont on sait n'être pas propriétaire ; lorsqu'on présente comme libres des biens hypothéqués ; ou enfin lorsqu'on
déclare des hypothèques moindres que celles dont les biens sont
chargés (*Code Civil*, *article* 2059).

(2) Le bénéfice de cession est refusé aux étrangers, à cause de
la facilité qu'ils ont de se dérober aux poursuites.

(3) La revendication est l'action par laquelle on réclame une
chose dont on se prétend propriétaire (M. *Pardessus*, n.º 1270).
Cette action ne peut donc être donnée qu'au propriétaire ; et
comme, d'après les principes actuels, la propriété de la chose
vendue est transférée à l'acquéreur par l'effet du seul consentement des parties, avant même qu'il y ait tradition ou paiement,
il semblerait devoir en résulter rigoureusement que le vendeur,
quoique non payé, a perdu la propriété de la chose vendue ;
qu'il ne peut la revendiquer, et qu'il n'a qu'une simple action en
paiement du prix, pour le montant duquel il doit venir à contribution avec les autres créanciers. Cependant, comme le crédit
est l'âme du commerce, et qu'il n'est pas d'usage que les marchandises soient payées avant qu'elles soient parvenues entre les
mains de l'acquéreur, on a cru devoir autoriser le vendeur à revendiquer dans certains cas et sous certaines conditions (M. *Delvincourt*).

quer les marchandises par lui vendues et livrées, et dont le prix ne lui a pas été payé ?

R. Oui, le vendeur peut revendiquer ces marchandises (1), mais ce n'est que dans certains cas et à certaines conditions (*Art.* 576).

D. Quand est-ce que cette revendication peut avoir lieu ?

R. La revendication ne peut avoir lieu que pendant que les marchandises expédiées sont encore en route, soit par terre, soit par eau, et avant qu'elles soient entrées dans les magasins du failli ou dans les magasins du commissionnaire chargé de les vendre pour le compte du failli (2) (*Art.* 577). La revendication cesse, même à l'égard des marchandises expédiées et non arrivées, dans deux cas : 1.º si elles ont été vendues sans fraude par le failli, sur factures et connaissemens, ou sur lettres de voiture (*Art.* 578) ; 2.º s'il peut y avoir le plus léger soupçon que les marchandises revendiquées ne sont pas identiquement les mêmes que celles vendues. En conséquence, la revendication ne peut être exercée qu'autant qu'il est reconnu que les balles, barriques ou enveloppes dans lesquelles les marchandises se trouvaient lors de la vente n'ont pas été ouvertes ; que les cordes et marques n'ont point été enlevées ni changées ; et enfin, que les marchandises n'ont subi aucun changement ou altération dans leur nature et quantité (*Art.* 580).

---

(1) L'époque de la faillite à laquelle la revendication peut être formée est indifférente.

(2) *Quid*, si elles ont été déposées dans un entrepôt public, pour y rester jusqu'à l'acquittement des droits ? La revendication peut avoir lieu (M. *Delvincourt*, M. *Pardessus*).

D. En cas de revendication, à la charge de qui sont les frais de transport et autres frais accessoires ?

R. En cas de revendication, le revendiquant est tenu de rendre l'actif du failli indemne de toute avance faite pour fret ou voiture, commission, assurance ou autres frais, et de payer les sommes dues pour mêmes causes, si elles n'ont pas été acquittées (1) (*Art.* 579).

D. En est-il des marchandises consignées au failli, comme des marchandises à lui vendues ?

R. Non ; on peut revendiquer, aussi long-temps qu'elles existent en nature, en tout ou en partie, les marchandises consignées au failli, à titre de dépôt, ou pour être vendues pour le compte de l'envoyeur : dans ce dernier cas même, le prix de ces marchandises peut être revendiqué (2), s'il n'a pas été payé ou passé en compte courant entre le failli et l'acheteur (*Art.* 581).

D. Les syndics des créanciers n'ont-ils pas le droit de retenir les marchandises revendiquées, en les payant ?

R. Oui, dans tous les cas de revendication, excepté ceux de dépôt et de consignation de marchandises, les syndics des créanciers ont la faculté de retenir les marchandises revendiquées, en payant au réclamant le prix convenu entre lui et le failli (*Art.* 582).

D. Les remises en effets de commerce qui se trou-

---

(1) Cela peut paraître rigoureux ; mais enfin le vendeur est encore trop heureux de retrouver ses marchandises (M. *Delvincourt.*)

(2) C'est-à-dire que le commettant, ou celui qui a consigné les marchandises, peut agir de son chef contre l'acquéreur, comme s'il lui avait vendu directement, et sans que les autres créanciers du failli puissent demander la contribution.

vent en nature dans le portefeuille du failli à l'époque de la faillite, peuvent-elles être revendiquées ?

R. Oui, les remises en effets de commerce, ou en tous autres effets non encore échus, ou échus et non encore payés, qui se trouvent en nature dans le portefeuille du failli (1) à l'époque de sa faillite, peuvent être revendiquées, si ces remises ont été faites par le propriétaire avec le simple mandat d'en faire le recouvrement et d'en garder la valeur à sa disposition, ou si elles ont reçu de sa part la destination spéciale de servir au paiement d'acceptations ou de billets tirés au domicile du failli (2) (*Art.* 583).

D. La revendication ne peut-elle pas avoir encore lieu pour les remises, dans un autre cas ?

R. La revendication a pareillement lieu pour les remises faites sans acceptation ni disposition, si elles sont entrées dans un compte courant par lequel le propriétaire n'est que créditeur (3) ; mais elle cesse

---

(1) Ou dans celui des personnes que le failli a chargées d'en faire le recouvrement.

(2) Il en serait autrement, si le montant de ces effets avait été destiné à être passé en compte courant entre celui qui les a remis et le failli.

(3) *Voyez* sur ce mot *créditeur*, M. *Pardessus*, n.° 88, tome 1.er, page 118 ; n.° 475, tome 2, page 556 ; n.° 1297, tome 4, page 501. Du reste, toutes les notions qu'il donne ne font que nous confirmer dans l'explication suivante, que nous tirons de M. *Delvincourt*, page 286, note 6.

Deux négocians, Pierre et Paul, font entre eux un certain nombre d'affaires, desquelles il résulte que, tantôt Pierre fournit à Paul, ou paie pour son compte, et tantôt Paul fournit à Pierre, ou fait pour lui des paiemens. Il existe, en conséquence, entre eux un compte courant ; c'est-à-dire que Pierre ouvre sur son registre, au nom de Paul, un compte, dans lequel il porte, d'un côté, ce

d'avoir lieu si, à l'époque des remises, il était débiteur d'une somme quelconque (*Art.* 584).

D. Qui est-ce qui prononce sur les demandes en revendication ?

---

qu'il lui fournit ou ce qu'il paie pour lui; et, de l'autre, ce que Paul fournit à lui Pierre, ou paie pour son compte. Paul en fait autant, de son côté, au nom de Pierre. Ces sortes de comptes sont dits *comptes courans* ou comptes par *doit et avoir*. On porte sous la colonne *doit* ce qui est dû par le négociant auquel le compte est ouvert; et sous la colonne *avoir*, ce qui est dû au même négociant par celui qui ouvre le compte. La colonne *doit* contient ce qu'on appelle le *débit* du compte, et la colonne *avoir* ce qu'on appelle le *crédit*. Ainsi, l'on dit que Pierre a *débité* le compte de Paul de telle somme, c'est-à-dire qu'il a porté cette somme au *débit* de Paul, ou sous la colonne *doit :* et l'on dit qu'il a *crédité* le même compte de telle somme, quand il l'a portée au *crédit* de Paul, ou sous la colonne *avoir.*

Quand Pierre ou Paul veulent balancer ou arrêter leur compte, on fait le total de chacune des colonnes. On en compare le résultat; et l'on connaît par là lequel est en définitif débiteur ou créancier de l'autre.

L'on voit par ces détails que, dans un compte courant, les deux parties sont toutes deux *créditrices*, puisqu'il y a une colonne *avoir* ou de *crédit* dans chaque compte; mais qu'une seule est *créancière;* savoir, celle dont le crédit, comparé à son débit, se trouve plus fort que celui de l'autre.

D'après cela, le Législateur ayant dit que *la revendication pourrait avoir lieu, même pour les remises entrées dans un compte courant, si toutefois le propriétaire desdites remises n'était que créditeur de ce compte,* cela semblerait signifier que, pour que la revendication soit admise, il faut qu'il n'ait encore été rien porté dans le compte au crédit du failli; ce qui paraît confirmé par ces derniers mots de l'article, que *la revendication cessera d'avoir lieu, si, à l'époque des remises, le propriétaire d'icelles était débiteur d'une somme quelconque.*

On voit à présent pourquoi le Législateur ne s'est pas servi du

R D ans les cas où la loi permet la revendication , les syndics examinent les demandes; ils peuvent les admettre , sauf l'approbation du commissaire : s'il y a contestation , le Tribunal prononce après avoir entendu le commissaire (*Art.* 585).

TITRE IV.

Des Banqueroutes.

D. Que doit-on entendre par banqueroute ?

---

mot de *créancier*, mais de celui de *créditeur*. Car si, par exemple , le compte de celui qui a fait les remises était crédité de 3o,ooo fr., et débité seulement de 25,ooo fr., il est certain qu'il serait créancier en définitif. Mais comme cette créance serait le résultat de la balance d'un compte, dans lequel il serait tout à-la-fois *débiteur* et *créditeur,* la revendication ne pourrait avoir lieu , puisque l'article exige , pour l'admettre , que le propriétaire *ne soit que créditeur.*

Le motif du Législateur a pu être de ne point laisser à la disposition du failli un moyen de priver le propriétaire des remises du droit de les revendiquer, en les portant dans un prétendu compte courant qui n'existerait réellement pas. En effet, quand il y a *débit* et *crédit* au compte de celui qui a fait les remises, il est constant qu'il est en courant d'affaires avec le failli, et que les remises ont pu avoir pour motif de couvrir les dépenses faites ou à faire. Dans ce cas , elles sont devenues la propriété du failli ; et si, par l'événement du compte , celui qui a fait les remises se trouve créancier, il sera créancier d'une solde de compte courant, et viendra , à raison de ce , à contribution avec les autres créanciers. Mais quand il n'y a rien de porté à son débit, la présomption est que les remises ont été faites , ou à titre de dépôt, ou pour paiemens d'acceptations, et qu'elles n'ont été portées dans un compte que par suite de l'ignorance ou peut-être même de la fraude du failli.

R. On entend par banqueroute, la faillite survenue par dol ou négligence de la part du failli (M. *Delvincourt*).

D. Combien distingue-t-on de sortes de banqueroutes ?

R. On distingue deux sortes de banqueroutes : la banqueroute simple et la banqueroute frauduleuse (1) (*Art.* 439).

CHAPITRE PREMIER.

De la Banqueroute simple.

D. Qu'est-ce que la banqueroute simple ?

R. La banqueroute simple est celle qui est occasionnée par la négligence, les désordres ou la mauvaise conduite du failli, sans qu'il y ait néanmoins de sa part intention de s'enrichir aux dépens de ses créanciers (M. *Delvincourt*).

D. Quels sont les cas dans lesquels le commerçant *doit* être poursuivi comme banqueroutier simple ?

R. Le négociant failli doit toujours être poursuivi comme banqueroutier simple, sauf à être ou ne pas être déclaré tel, dans quatre cas :

1°. Si les dépenses de sa maison, qu'il est tenu d'inscrire mois par mois sur son livre-journal, ont été excessives ;

2°. S'il est reconnu qu'il a consommé de fortes sommes au jeu ou à des opérations de pur hasard ;

3°. Si, au moment où son actif était, d'après son dernier inventaire, de cinquante pour cent au dessous

---

(1) Autrefois, on ne connaissait pas cette distinction ; on distinguait seulement la faillite et la banqueroute.

de son passif, il a fait néanmoins des emprunts considérables, ou revendu des marchandises à perte, ou au-dessous du cours ;

4°. S'il a donné des signatures de crédit ou de circulation pour une somme triple de son actif, calculé également d'après son dernier inventaire (*Art.* 586).

D. Quels sont les cas dans lesquels le commerçant failli *peut* être poursuivi comme banqueroutier simple et être déclaré tel ?

R. Le failli *peut* (1) seulement être poursuivi comme banqueroutier simple , dans quatre cas:

1°. S'il n'a pas fait au greffe la déclaration de sa faillite dans le délai prescrit ;

2°. Si, faisant partie d'une société en faillite, il n'a pas compris dans sa déclaration le nom et le domicile de ses associés solidaires ;

3°. Si, s'étant absenté, et n'ayant d'ailleurs aucun empêchement légitime , il ne s'est pas présenté en personne aux agens et aux syndics, dans les délais fixés ;

4°. S'il ne présente pas tous les livres qu'il doit avoir ; ou si ceux qu'il présente sont irrégulièrement tenus, sans néanmoins que les irrégularités indiquent de fraude (2) (*Art.* 587).

D. Par quels tribunaux doivent être jugés les cas de banqueroute simple ?

---

(1) Les fautes pouvant avoir plus ou moins de gravité, le Législateur a distingué les circonstances dans lesquelles le failli *doit*, ou dans lesquelles il *peut* seulement être poursuivi comme banqueroutier simple, sauf aux juges, dans ces derniers cas, à admettre ou à rejeter l'accusation (M. *Delvincourt*).

(2) Si les irrégularités portent quelque caractère de fraude , il y a lieu à la poursuite en banqueroute frauduleuse.

R. Ils doivent être jugés par les tribunaux de police correctionnelle sur la demande des syndics ou sur celle de tout créancier du failli (1), ou sur la poursuite d'office faite par le ministère public (*Art.* 588).

D. Par qui doivent être supportés les frais de poursuite en banqueroute simple ?

R. Les frais de poursuite en banqueroute simple sont supportés par la masse, dans le cas où la demande a été introduite par les créanciers de la faillite (*Art.* 589) ; si la poursuite a été intentée par un créancier, ils sont supportés par le créancier demandeur, si le prévenu est déchargé ; ces frais sont supportés par la masse, s'il est condamné (*Art.* 590).

D. Les Procureurs du Roi ne sont-ils pas obligés, dans certains cas, d'interjeter appel de tous les jugemens de condamnation ou d'absolution rendus par les tribunaux de police correctionnelle sur le fait de banqueroute simple ?

R. Oui, si dans le cours de l'instruction, les Procureurs du Roi reconnaissent que la prévention de banqueroute simple est de nature à être convertie en prévention de banqueroute frauduleuse, ils doivent interjeter appel de tous les jugemens des tribunaux de police correctionnelle (*Art.* 591).

D. Si le tribunal déclare qu'il y a banqueroute simple, ne doit-il pas prononcer quelque peine contre le prévenu ?

R. Oui ; en déclarant qu'il y a banqueroute simple, le tribunal de police correctionnelle doit, dans le même jugement, condamner le prévenu à un empri-

_____

(1) Quand même ce créancier ne conclurait pas à des dommages-intérêts.

sonnement d'un mois au moins, et de deux ans au plus, suivant l'exigence des cas (*Art.* 592).

D. Quels sont les moyens indiqués par la loi pour donner à ce jugement une plus grande publicité ?

R. La loi veut que ces jugemens soient affichés et insérés dans les journaux comme les jugemens déclaratifs d'ouverture de faillite (1) (*Art.* 592).

CHAPITRE II.

De la Banqueroute frauduleuse.

D. Dans quel cas le commerçant failli *doit-il* (2) être déclaré banqueroutier frauduleux ?

R. Tout commerçant failli *doit* être (3) déclaré banqueroutier frauduleux, toutes les fois qu'il se trouve dans un ou plusieurs des cas suivans , savoir :

1.º S'il a supposé des dépenses ou des pertes, ou s'il ne justifie pas de l'emploi de toutes ses recettes ;

2º. S'il a détourné aucune somme d'argent, aucune dette active , aucunes marchandises , denrées ou effets mobiliers.

3º. S'il a fait des ventes , négociations ou donations supposées ;

---

(1) Cette publicité est nécessaire, non seulement pour l'exemple , mais encore afin que le banqueroutier soit désigné comme tel à la société, et ne puisse plus surprendre la confiance de personne.

(2) Le Législateur a également distingué les cas dans lesquels le failli *doit*, et ceux dans lesquels il *peut* seulement être déclaré banqueroutier frauduleux.

(3) Ici, la loi impose aux juges l'obligation de déclarer le prévenu banqueroutier frauduleux dans les cas déterminés, qui supposent tous une fraude manifeste.

4°. S'il a supposé des dettes passives ou collusoires entre lui et des créanciers fictifs, en faisant des écritures simulées, ou en se constituant débiteur, sans cause ni valeur (1), par des actes publics ou par des engagemens sous signature privée ;

5°. Si, ayant été chargé d'un mandat spécial, ou constitué dépositaire d'argent, d'effets de commerce, de denrées ou marchandises, il a, au préjudice du mandat ou du dépôt, appliqué à son profit les fonds ou la valeur des objets sur lesquels portait, soit le mandat, soit le dépôt ;

6.° S'il a acheté des immeubles ou des effets mobiliers à la faveur d'un prête-nom ;

7.° S'il a caché ses livres (2) (*Art.* 593).

D. Quels sont les cas dans lesquels le failli *peut* seulement être poursuivi comme banqueroutier frauduleux et être déclaré tel ?

R. Le failli *peut* être poursuivi comme banqueroutier frauduleux et être déclaré tel :

1.° S'il n'a pas tenu de livres, ou si ceux qu'il a tenus ne présentent pas sa véritable situation active et passive ;

2.° Si, ayant obtenu un sauf-conduit, il ne s'est point représenté à justice (*Art.* 594).

---

(1) C'est-à-dire, s'il s'est faussement constitué débiteur, cette dette n'ayant aucun motif, ni pour achat qu'il aurait fait, ni pour valeur qu'il aurait reçue.

(2) Aux différens cas énumérés ici, il faut ajouter celui où le commerçant failli, marié sous le régime de séparation de biens ou sous le régime dotal, n'aurait pas, en embrassant la profession de commerçant, rendu public son contrat de mariage ; et celui où le failli était agent de change ou courtier (*Code Pénal*, *article* 404).

D. Devant quels tribunaux sont poursuivis les cas de banqueroute frauduleuse ?

R. Les cas de banqueroute frauduleuse sont poursuivis d'office , devant les Cours d'Assises , par les **Procureurs-Généraux** et leurs substituts , sur la notoriété publique , ou sur la dénonciation , soit d'un syndic , soit d'un créancier (*Art.* 595).

D. Lorsque le prévenu a été atteint , et déclaré coupable de banqueroute frauduleuse , quelle est la peine prononcée contre lui ?

R. Le prévenu atteint et convaincu de banqueroute frauduleuse est puni de la peine des travaux forcés à temps (*Code Pénal* , art. 402).

D. Quels sont les individus déclarés par la loi complices des banqueroutiers frauduleux ?

R. Sont déclarés complices des banqueroutiers frauduleux , les individus qui sont convaincus de s'être entendus avec le banqueroutier pour recéler ou soustraire tout ou partie de ses biens , meubles ou immeubles ; d'avoir acquis sur lui des créances fausses , et qui , à la vérification et affirmation de leurs créances , ont persévéré à les faire valoir comme sincères et véritables (*Art.* 597).

D. Quelle est la peine des complices des banqueroutiers frauduleux ?

R. Ils sont d'abord , comme les banqueroutiers frauduleux , punis des travaux forcés à temps ; mais ils sont en outre condamnés ;

1.° A reintégrer à la masse des créanciers les biens , droits et actions frauduleusement soustraits ;

2.° A payer envers cette masse des dommages-intérêts égaux à la somme dont ils ont tenté de la frauder (*Art* 598).

D. Quels sont les moyens que la loi indique pour donner aux arrêts rendus contre les banqueroutiers frauduleux et leurs complices, une plus grande publicité ?

R. La loi veut que ces arrêts soient affichés et insérés dans les journaux, comme les jugemens rendus en fait de banqueroute simple (1) (*Art.* 599).

CHAPITRE III.

De l'Administration des biens en cas de Banqueroute.

D. Dans le cas où un individu est poursuivi en banqueroute simple ou frauduleuse, les actions civiles que l'on a le droit d'exercer contre lui peuvent-elles être confondues avec la poursuite criminelle?

R. Non, dans tous les cas de poursuites en banqueroute simple ou en banqueroute frauduleuse, les actions civiles restent séparées et indépendantes de la poursuite criminelle, et toutes les dispositions relatives aux biens, prescrites pour la faillite, sont exécutées sans que, sous aucun prétexte, elles puissent être attribuées, ni évoquées aux tribunaux correctionnels, ni aux Cours d'Assises (2) (*Art.* 600). Néanmoins, les syndics sont tenus de remettre aux Procureurs du Roi et à leurs substituts, toutes les pièces, titres, papiers, et renseignemens qui leur sont demandés (3) (*Art.* 601).

----

(1) *Voyez* ci-dessus, page 343, note (1).

(2) Sauf les actions en restitution et en dommages-intérêts dont il est question dans l'article 598, et sur lesquelles il doit être statué par la Cour d'Assises.

(3) C'est surtout dans l'examen des livres et papiers du failli

D. En quel lieu ces pièces doivent-elles rester déposées pendant l'instruction?

R. Pendant l'instruction ces pièces restent déposées au greffe, sauf aux syndics à en prendre communication, et même à s'en faire délivrer des extraits privés ou officiels, qui doivent leur être accordés sans frais, sur leur demande ou réquisitoire (*Art.* 602) (M. *Pardessus*).

D. A quelle époque les originaux doivent-ils être remis aux syndics?

R. Les pièces, titres et papiers doivent être remis après le jugement aux syndics, qui sont tenus d'en donner décharge, sauf néanmoins les pièces dont le jugement a ordonné le dépôt judiciaire (1) (*Art.* 603).

TITRE V.

De la Réhabilitation.

D. Qu'est-ce que la réhabilitation en général?

R. La réhabilitation est, en général, l'acte par lequel un individu est remis en l'état dont il était déchu (M. *Delvincourt*).

D. Qu'entend-on par réhabilitation relativement au commerçant failli?

---

qu'on trouve les preuves nécessaires pour fixer le caractère de sa banqueroute. Il fallait donc que l'instruction criminelle pût profiter des renseignemens qu'on pouvait découvrir dans le cours de l'instruction civile. Voilà pourquoi les Procureurs du Roi ont le droit de se faire remettre toutes les pièces et renseignemens qu'ils jugent convenables.

(1) Il peut exister des pièces que la justice ait intérêt à conserver : par exemple, si ces pièces paraissent entachées de faux, et peuvent, à cet égard, donner lieu à une poursuite criminelle.

R. C'est l'acte par lequel ce commerçant est lavé de la tache que sa faillite lui avait imprimée, et rendu à tous les droits dont il était privé (1) (M. *Pardessus*).

D. Où doit être portée la demande en réhabilitation?

R. Toute demande en réhabilitation de la part du failli, doit être adressée à la Cour Royale dans le ressort de laquelle il est domicilié (*Art.* 604).

D. Quelles sont les pièces que le demandeur en réhabilitation est obligé de produire à l'appui de sa demande?

R. Le demandeur en réhabilitation est obligé de produire les quittances et autres pièces justifiant qu'il a acquitté intégralement les sommes par lui dues, en principal, intérêts et frais (*Art.* 605).

D. Que doit faire le Procureur Général près la Cour Royale sur la communication qui lui est faite de la requête du failli?

R. Le Procureur Général doit en adresser des expéditions certifiées de lui au Procureur du Roi, près le Tribunal civil, et au Président du Tribunal de Commerce du requérant; et s'il a changé de domicile depuis la faillite, au Tribunal de Commerce dans l'arrondissement duquel elle a eu lieu, en les chargeant de recueillir tous les renseignemens qui sont à leur portée, sur la vérité des faits qui auront été exposés (*Art.* 606).

D. Quels sont les moyens que doivent employer le Procureur du Roi et le Président du Tribunal de Commerce, pour se procurer ces renseignemens?

---

(1) La faillite imprime une espèce de tache au failli; elle le prive de plusieurs droits, tels que celui de se présenter à la Bourse (*Article* 614), d'être agent de change ou courtier (*Article* 83), etc.

R. Ils doivent, à cet effet, faire afficher copie de la demande en réhabilitation, tant dans les salles d'audience de leurs tribunaux respectifs, qu'à la Bourse et à la Maison commune ; cette copie reste affichée pendant deux mois : ils la font en outre insérer par extrait dans les papiers publics (*Art.* 607).

D. Ne peut-il pas y avoir des oppositions à la réhabilitation ?

R. Oui, tout créancier qui, avant la demande en réhabilitation, n'a pas été payé intégralement de sa créance, en principal, intérêts et frais, peut, pendant la durée de l'affiche, former opposition à la réhabilitation par simple acte au greffe (1), appuyé de pièces justificatives, s'il y a lieu (*Art.* 608).

D. Le créancier opposant peut-il se rendre partie dans la procédure tenue pour la réhabilitation ?

R. Non, le créancier ne peut être partie dans cette procédure, sans préjudice toutefois de ses autres droits (*Art.* 608).

D. Que doivent faire le Procureur du Roi et le Président du Tribunal de Commerce après l'expiration des deux mois pendant lesquels la copie de la demande en réhabilitation reste affichée ?

R. Après l'expiration des deux mois, le Procureur du Roi et le Président du Tribunal de Commerce doivent transmettre chacun séparément, au Procureur Général près la Cour Royale, les renseignemens qu'ils ont recueillis, les oppositions qui ont pu être formées, et les connaissances particulières qu'ils ont sur la conduite du failli ; ils doivent y joindre leur avis sur sa demande (*Art.* 609).

---

(1) Soit du Tribunal de Commerce, soit du Tribunal civil.

D. Que fait le Procureur Général après avoir reçu ces renseignemens ?

R. Le Procureur Général fait rendre (1) , sur le tout, arrêt portant admission ou rejet de la demande en réhabilitation : si la demande est rejetée , elle ne peut plus être reproduite (*Art* 610).

D. Si la demande en réhabilitation est admise , à qui l'arrêt doit-il être adressé ?

R. L'arrêt portant réhabilitation doit être adressé tant au Procureur du Roi qu'aux Présidens des Tribunaux auxquels la demande a été adressée. Ces Tribunaux en font faire la lecture publique et la transcription sur leurs registres (*Art.* 611).

D. Tous les faillis peuvent-ils être admis à la réhabilitation ?

R. Non , la loi refuse cette faveur aux stellionnataires , aux banqueroutiers frauduleux , aux personnes condamnées pour fait de vol ou d'escroquerie , et enfin aux personnes comptables , telles que les tuteurs , administrateurs ou dépositaires qui n'ont pas rendu ou apuré leurs comptes (*Art.* 612).

D. Le banqueroutier simple peut-il être réhabilité ?

R. Oui, le banqueroutier simple peut être admis à la réhabilitation (2) s'il a subi le jugement par lequel il a été condamné (*Art.* 613).

---

(1) Remarquez qu'il ne peut intervenir aucune partie privée dans cette procédure. Tout se passe entre la Cour et le Procureur-Général, qui est la seule partie (M. *Delvincourt*).

(2) *Peut être.* Cela est facultatif aux juges. La Cour peut refuser la réhabilitation, en raison de la gravité des torts reprochés au failli.

D. Le commerçant failli peut-il se présenter à la Bourse?

R. Non, nul commerçant failli ne peut se présenter à la Bourse, à moins qu'il n'ait obtenu sa réhabilitation (*Art.* 614).

LIVRE QUATRIÈME.

DE LA JURIDICTION COMMERCIALE.

TITRE Ier

De l'Organisation des Tribunaux de Commerce.

D. Toutes les villes ont-elles des Tribunaux de Commerce?

R. Non, un réglement d'administration publique détermine le nombre des Tribunaux de Commerce, et les villes susceptibles d'en recevoir par l'étendue de leur commerce et de leur industrie (1) (*Art.* 615).

D. Comment est fixé l'arrondissement de chaque Tribunal de Commerce?

R. L'arrondissement de chaque Tribunal de Commerce est le même que celui du Tribunal civil dans le ressort duquel il est placé ; et s'il se trouve plusieurs Tribunaux de Commerce dans le ressort d'un seul Tribunal civil, il leur est assigné des départemens particuliers (*Art.* 616).

D. Comment sont composés les Tribunaux de Commerce?

R. Chaque Tribunal de Commerce est composé d'un

---

(1) *Voyez* dans M. *Locré*, tome 8, sur les articles 615 et 616, divers réglemens et les modifications qui y ont été faites.

juge président, de juges et de suppléans. Le nombre des juges ne peut être au-dessous de deux, ni au-dessus de huit, non compris le président. Le nombre des suppléans est proportionné au besoin du service (1) (*Art.* 617).

D. Par qui sont choisis les membres des Tribunaux de Commerce ?

R. Les membres des Tribunaux de Commerce sont élus, dans une assemblée composée de commerçans notables, et principalement des chefs des maisons les plus anciennes et les plus recommandables par la probité, l'esprit d'ordre et d'économie (*Art.* 618).

D. Par qui sont désignés les commerçans les plus notables ?

R. La liste des notables est dressée, sur tous les commerçans de l'arrondissement, par le Préfet, et approuvée par le Ministre de l'Intérieur : leur nombre ne peut être au-dessous de vingt-cinq dans les villes où la population n'excède pas quinze mille âmes ; dans les autres villes, il doit être augmenté à raison d'un électeur pour mille âmes de population (*Art.* 619).

D. Quelles conditions faut-il remplir pour pouvoir être nommé juge ou suppléant ?

---

(1) Le réglement d'administration publique qui crée le Tribunal, fixe le nombre des juges et des suppléans. Il y a aussi près de chaque Tribunal un greffier et des huissiers nommés par le Gouvernement. Leurs droits, vacations et devoirs sont fixés par un réglement d'administration publique (*Voyez* le Décret du 6 octobre 1809, Bulletin, n.º 5270). Enfin, il y a, en outre, mais pour Paris seulement, des gardes du commerce pour l'exécution des jugemens emportant la contrainte par corps. Leur organisation et leurs attributions sont réglées par le Décret du 14 mars 1808 (*Bulletin*, n.º 3236). *Voyez articles* 624 et 625.

R. Tout commerçant peut être nommé juge ou suppléant, s'il est âgé de trente ans, s'il exerce le commerce avec honneur et distinction depuis cinq ans. Le président doit être âgé de quarante ans, et ne peut être choisi que parmi les anciens juges, y compris ceux qui ont exercé dans les tribunaux existans à l'époque de la publication du Code de Commerce, et même les anciens juges consuls des marchands (*Art.* 620.)

D. Comment se fait l'élection?

R. L'élection se fait au scrutin individuel, à la pluralité absolue des suffrages (1); lorsqu'il s'agit d'élire le président, l'objet spécial d'·cette élection est annoncé avant d'aller au scrutin (*Art.* 621).

D. Pour combien de temps sont faites les élections?

R. Toutes les nominations sont faites pour deux ans (2) (*Art.* 622). Le président et les juges ne peuvent rester plus de deux ans en place (*Art.* 623).

D. Peuvent-ils être réélus de suite?

R. Non, ils ne peuvent être réélus qu'après un an d'intervalle. (*Art.* 623).

D. Combien faut-il de juges pour pouvoir rendre un jugement dans un Tribunal de Commerce?

R. Les jugemens dans les Tribunaux de Commerce, doivent être rendus par trois juges au moins; aucun suppléant ne peut être appelé que pour compléter ce nombre (*Art.* 626).

---

(1) C'est-à-dire qu'il faut avoir la moitié des voix, plus une au moins.

(2) Mais à la première élection qui a lieu après la création du Tribunal, pour qu'il ne se renouvelle que par moitié, la moitié des juges et des suppléans est nommée pour un an seulement, afin d'établir un tour de sortie (*Voyez article* 622).

D. Peut-on employer dans les Tribunaux de Commerce le ministère des avoués ?

R. Non, le ministère des avoués est interdit dans les Tribunaux de Commerce ; nul ne peut plaider pour une partie devant ces Tribunaux, si la partie présente à l'audience, ne l'autorise, ou s'il n'est muni d'un pouvoir spécial : ce pouvoir, qui peut être donné au bas de l'original ou de la copie de l'assignation, doit être exhibé au greffier avant l'appel de la cause, et visé par lui sans frais (*Art.* 627).

D. Les juges de commerce reçoivent-ils des traitemens ?

R. Non, les fonctions de juge de commerce sont seulement honorifiques (*Art.* 628). Cependant, les Tribunaux de Commerce sont dans les attributions et sous la surveillance du Ministre de la Justice (*Art.* 630).

D. Les juges de commerce ne doivent-ils pas prêter serment avant d'entrer en fonctions ?

R. Oui, les juges de commerce doivent, avant d'entrer en fonctions (1), prêter serment, à l'audience de la Cour Royale, lorsqu'elle siège dans l'arrondissement communal où le Tribunal de Commerce est établi : dans le cas contraire, la Cour Royale commet, si les juges de commerce le demandent, le Tribunal Civil de l'arrondissement pour recevoir leur serment ; et dans ce cas, le Tribunal en dresse procès-verbal, et l'envoie à la Cour Royale, qui en ordonne l'insertion dans ses registres. Ces formalités sont remplies sur les conclusions du Ministère public, et sans frais (*Art.* 629).

---

(1) Et avant de prêter ce serment, il faut aussi qu'ils aient été institués par le Roi (*Décret du 6 octobre* 1809 ; *article* 7).

TITRE II.

De la Compétence des Tribunaux de Commerce.

D. Quelles sont les diverses contestations qui doivent être jugées par les Tribunaux de Commerce?

R. Les Tribunaux de Commerce doivent connaître : 1.º de toutes les contestations relatives aux engagemens et transactions (1) entre négocians, marchands et banquiers (2); 2.º entre toutes personnes, des contestations relatives aux actes de commerce (3) (*Art.* 631).

D. Quels sont les actes que la loi répute actes de commerce?

R. La loi répute actes de commerce : tout achat de denrées et de marchandises, pour les revendre (4), soit

---

(1) A moins qu'il ne résulte de la nature de l'engagement qu'il n'a pas été causé pour fait de commerce. Ainsi, l'exécution d'un bail souscrit par un marchand n'est pas de la compétence du Tribunal de Commerce. Il en serait de même d'un achat fait par un négociant, mais qui aurait été fait, non pour son commerce, mais pour la consommation de sa maison.

(2) Mais il n'est pas nécessaire que les deux parties soient commerçantes. Il suffit que le défendeur le soit, et que l'acte soit relatif à son commerce (M. *Delvincourt*).

(3) Ainsi, toute personne qui fait un acte de commerce isolé, est justiciable des Tribunaux de Commerce, et contraignable par corps pour ce qui concerne cet acte seulement, quelle que soit d'ailleurs sa profession.

(4) Ainsi, il faut que l'objet soit acheté précisément pour être revendu et pour être la matière d'un commerce. Autrement l'achat ne serait pas réputé acte de commerce. Ainsi un propriétaire de vignes ne fait pas un acte de commerce quand il achète des tonneaux pour mettre le vin qu'il recueille et qu'il vend ensuite ,

en nature, soit après les avoir travaillées et mises en œuvre, ou même pour en louer simplement l'usage;

Toute entreprise de manufactures, de commission, de transports par terre ou par eau;

Toute entreprise de fournitures, bureaux d'affaires, établissemens de ventes à l'encan, ou de spectacles publics;

Toute opération de change, banque, courtage; toutes les opérations des banques publiques; toutes obligations entre négocians, marchands et banquiers;

Entre toutes personnes, les lettres de change (1), ou remises d'argent faites de place en place (*Art.* 632);

Toute entreprise de construction, et tous achats, ventes et reventes de bâtimens pour la navigation intérieure et extérieure;

Toutes expéditions maritimes;

Tout achat ou vente d'agrès, apparaux et avitaillemens;

Tout affrétement ou nolissement, emprunt ou prêt à la grosse; toutes assurances, et autres contrats concernant le commerce de mer;

Tous accords et conventions pour salaires et loyers d'équipages;

Tous engagemens de gens de mer, pour le service de bâtimens de commerce (*Art.* 633).

---

quoiqu'il vende les tonneaux avec le vin, parce qu'il n'achète pas les tonneaux pour les revendre, ni pour en faire l'objet d'un commerce, mais seulement pour contenir le vin qu'il recueille de son exploitation (M. *Delvincourt*, M. *Pardessus*).

(1) *Les lettres de change,* mais non pas les billets à ordre, qui ne sont actes de commerce que lorsqu'ils sont faits par un commerçant, ou qu'ils ont pour cause des opérations de commerce, trafic, banque ou courtage.

D. La compétence des Tribunaux de Commerce est-elle restreinte à ces seules contestations?

R. Les Tribunaux de Commerce doivent connaître également :

1.º Des actions contre les facteurs, commis dés marchands ou leurs serviteurs, pour le fait seulement du trafic du marchand auquel ils sont attachés;

2.º Des billets faits par les receveurs, payeurs, percepteurs, ou autres comptables des deniers publics (*Art.* 634).

3.º Du dépôt du bilan et des registres du commerçant en faillite; de l'affirmation et de la vérification des créances;

4.º Des oppositions au concordat, lorsque les moyens de l'opposant sont fondés sur des actes ou opérations dont la connaissance est attribuée par la loi aux juges des Tribunaux de Commerce (1);

5.º De l'homologation du traité entre le failli et ses créanciers (2);

6.º De la cession de biens que la loi oblige le débiteur admis à ce bénéfice de réitérer en personne, devant les juges de commerce (*Art.* 635).

D. Que doit faire le Tribunal de Commerce dans le cas où les lettres de change ne sont réputées que simples promesses, ou lorsque les billets à ordre ne portent que des signatures d'individus non négocians, et n'ont pas pour cause des opérations de commerce, trafic, change, ou courtage?

---

(1) Nous avons vu que, dans les autres cas, ces oppositions sont jugées par les Tribunaux civils.

(2) Et cela quand même tous les créanciers ne seraient pas commerçans. Il suffit que le failli le soit.

R. Lorsque des lettres de change sont telles qu'elles doivent être réputées simples promesses (1), ou lorsque des billets à ordre ne portent que des signatures d'individus non négocians, et n'ont pas pour occasion des opérations de commerce, banque, ou courtage, le Tribunal de Commerce est tenu de renvoyer au Tribunal civil, s'il en est requis par le défendeur (2) (*Art.* 636).

D. Le Tribunal peut-il statuer, lorsque ces lettres de change ou billets à ordre portent en même temps des signatures d'individus négocians, et d'individus non négocians ?

R. Oui, dans ce cas le Tribunal de Commerce doit en connaître ; mais il ne peut prononcer la contrainte par corps contre les individus non négocians, à moins qu'ils ne se soient engagés à l'occasion d'opérations de commerce, trafic, change, banque ou courtage (*Art.* 637).

D. Les actions intentées pour ventes et achat de marchandises sont-elles de la compétence du Tribunal de Commerce, indépendamment de la personne contre qui elles sont intentées ?

R. Non, les actions intentées contre un propriétaire, cultivateur ou vigneron pour vente de denrées provenant de son crû ; les actions intentées contre un commerçant, pour payement de denrées et marchandises achetées pour son usage particulier, ne sont point de

---

(1) *Voyez*, pour savoir dans quels cas les lettres de change doivent être réputées simples promesses, les *articles* 112 et 113 ci-dessus, page 75.

(2) Donc, si le Tribunal n'est pas requis, il ne peut renvoyer d'office.

la compétence des Tribunaux de Commerce. Néanmoins, les billets souscrits par un commerçant sont
censés faits pour son commerce, et ceux des receveurs,
payeurs, percepteurs, et autres comptables de deniers
publics, sont censés faits pour leur gestion, lorsqu'une
autre cause n'y est point énoncée (*Art.* 638).

D. Quelles sont les demandes qui peuvent être jugées
en dernier ressort, par les Tribunaux de Commerce?

R. Les Tribunaux de Commerce jugent en dernier
ressort; 1.º toutes les demandes dont le principal n'excède pas la valeur de 1,000 fr.; 2.º toutes celles où les
parties justiciables de ces tribunaux (1), et usant de
leurs droits (2), déclarent vouloir être jugées définitivement et sans appel (*Art.* 639).

D. Dans les arrondissemens où il n'y a pas de Tribunal de Commerce, par qui doit-il être statué
sur les matières qui sont de la compétence de ces tribunaux?

R. Dans les arrondissemens où il n'y a pas de Tribunal de Commerce, les juges du Tribunal civil en
exercent les fonctions (*Art.* 640). Dans ce cas, l'instruction a lieu devant ces tribunaux, comme devant
les Tribunaux de Commerce, et leurs jugemens pro-
duisent les mêmes effets (*Art.* 641).

---

(1) Si elles n'étaient pas justiciables de ces Tribunaux, elles ne
pourraient consentir à être jugées par eux; ou si elles l'avaient
fait, elles pourraient toujours décliner (M. *Delvincourt*).

(2) *Usant de leurs droits;* c'est-à-dire, pouvant disposer de
l'objet qui fait la matière du procès (M. *Pardessus*).

TITRE III.

De la Forme de Procéder devant les Tribunaux de Commerce.

D. La forme de procéder devant les Tribunaux de Commerce est-elle assujettie à des règles particulières?

R. Oui, la forme de procéder devant les Tribunaux de Commerce, est assujettie à des règles qui font l'objet d'un titre spécial du Code de Procédure. Néanmoins, les dispositions de ce même Code, relatives aux jugemens par défaut rendus par les Tribunaux inférieurs (1), sont applicables aux jugemens par défaut rendus par les Tribunaux de Commerce (*Art.* 642 *et* 643).

D. Où doivent être portés les appels des jugemens des Tribunaux de Commerce?

R. Les appels des jugemens des Tribunaux de Commerce, doivent être portés devant les Cours dans le ressort desquelles ces tribunaux sont situés (*Art.* 644)·

TITRE IV.

De la Forme de Procéder devant les Cours Royales.

D. Dans quel délai doit-il être interjeté appel des jugemens des Tribunaux de Commerce?

R. Le délai pour interjeter appel des jugemens des Tribunaux de Commerce est de trois mois, à compter du jour de la signification du jugement, pour ceux qui ont été rendus contradictoirement, et du jour de l'ex-

---

(1) Voyez *Code de Procédure*, *articles* 156, 158, 159.

piration du délai de l'opposition pour ceux qui ont été rendus par défaut : l'appel peut être interjeté le jour même du jugement (1) (*Art.* 645).

D. Peut-il être fait appel de tous les jugemens rendus par les Tribunaux de Commerce?

R. Non, l'appel n'est pas reçu lorsque le principal n'excède pas la somme ou la valeur de 1,000 fr., encore que le jugement n'énonce pas qu'il est rendu en dernier ressort ; et quand même il énoncerait qu'il est rendu à charge d'appel (*Art.* 646).

D. Les Cours Royales peuvent-elles surseoir à l'exécution des jugemens des Tribunaux de Commerce?

R. Non, les Cours Royales ne peuvent, en aucun cas, à peine de nullité, et même des dommages-intérêts des parties, s'il y a lieu, accorder des défenses ni surseoir à l'exécution des jugemens des Tribunaux de Commerce, quand même ils seraient attaqués pour cause d'incompétence (2); mais elles peuvent, suivant l'exigence du cas, accorder la permission de citer extraordinairement, à jour et heure fixe pour plaider sur l'appel (3) (*Art.* 647).

---

(1) C'est une dérogation à l'article 436 du Code de Procédure. Le Législateur s'est probablement déterminé par la considération que la célérité est en général l'âme des opérations commerciales.

(2) Autrement on prendrait toujours le moyen tiré d'une prétendue incompétence pour attaquer les jugemens de commerce, et détruire par là l'effet salutaire de la prompte exécution, si nécessaire souvent dans les affaires commerciales.

(3) Peut-on se pourvoir en requête civile contre les jugemens des Tribunaux de Commerce? On est divisé sur cette question. On peut voir, pour l'affirmative, M. *Pardessus*, n.º 1385, tome 5, page 89 ; pour la négative, M. *Merlin*, Répertoire de Jurispru-

D. Dans quelle forme doivent être instruits et jugés dans les Cours Royales les appels des jugemens des Tribunaux de Commerce?

R. Les appels des jugemens des Tribunaux de Commerce doivent être jugés dans les Cours, comme appels de jugemens en matière sommaire. La procédure jusques et y compris l'arrêt définitif, doit être conforme à celle qui est prescrite pour les causes d'appel en matière civile (1) (*Art.* 648).

---

dence, au mot *requête civile*, § 3, n.º 11 (*); M. *Pigeau, Procédure des Tribunaux de France*, 3.ᵉ édit., tome 1.ᵉʳ, page 625, sect. *de la Requête civile*, § 1.ᵉʳ, n.º 4; M. Carré., dans ses deux ouvrages : dans le *Traité*, Question 2474; dans *l'Analyse*, n.º 1582, sur l'article 480; M. *Berriat-Saint-Prix, Cours de Procédure civile*, 4.ᵉ édit., page 451, titre *de la Requête civile*, § 2, note 12; enfin M. *Delvincourt, Instit. commerc.*, page 342, note 2. De nombreux arrêts ont été rendus dans les deux sens.

(1) Voyez *Code de Procédure; articles* 443 à 473.

(*) Dans la quatrième édition (Paris, 1815), les numéros 11 et 12 se trouvent dans les additions qui forment le quinzième volume ; et le passage cité, page 633, deuxième colonne, *in medio*.

ADDITION.

D. De quel jour les dispositions du Code de Commerce ont-elles dû être exécutées?

R. Les dispositions du Code de Commerce n'ont dû être exécutées qu'à compter du 1.er janvier 1808 (*Loi du 15 septembre 1807, art. 1.er*)

D. Le Code de Commerce n'a-t-il pas abrogé les anciennes lois commerciales?

R. Oui, à compter du 1.er janvier 1808, toutes les anciennes lois touchant les matières commerciales, sur lesquelles il est statué par le Code de Commerce, ont été abrogées (*Même loi, art. 2*).

NOTES.

NOTE A ; *voyez page 271 , note (4).*

EXEMPLE

D'un Compte d'Avarie et de Contribution , présenté au Conseil-d'État par la Cour de Cassation.

Pertes et avaries sujettes à contribution.	1.° Dommages causés au navire.... { Par l'extraction des marchandises jetées.......... 3,000 fr. / Par la perte d'ancres pour le salut commun... 15,00 / ENSEMBLE...... 4,500 fr. ci.	4,500 fr.
	2.° Avaries souffertes par les marchandises du *E.*, lors et à raison du jet..............	30,000
	3°. Avaries souffertes par les marchandises de *F*, lors et à raison du jet	19,500
	4°. Jet de 40 balles de toile appartenant à *G.*, lesquelles, quoiqu'elles valent 30,000 fr. d'après leur véritable qualité , ne sont portées ici , d'après la qualité inférieure qui en a été désignée d'après le connaissement , que pour....................................	25,000
	5°. Jet de 30 barriques de sucre appartenant à *H.*, lesquelles, quoiqu'elles vaudraient 20,000 fr. d'après la qualité qui en est faussement désignée dans le connaissement , ne sont portées ici , d'après leur qualité réelle, que pour..............................	15,000
	6°. Jet des marchandises appartenant à *I.*, estimées à..................................	54,000
	7°. Le jet d'une barrique de tabac, partie d'un chargement de six barriques appartenant à *K.*, et qui ont été chargées sur le tillac, entrent ici pour zéro.....................	»
Non sujettes à contribution.	8°. Perte des hardes des gens de l'équipage, faite par le jet.........................	2,250
	9°. Perte des munitions de guerre et de bouche, faite par le jet..........................	9,750
	TOTAL de la masse............	160,000

**En supposant la masse des objets sujets à contribu-
tion, ainsi qu'il suit,**

1°. Les marchandises de *A.*, estimées.................. 90,000 fr.

2°. La pacotille de *B.*, passager....................... 6,000

3°. Les marchandises de *C.*, qui, quoiqu'elles ne vaillent,
d'après leur qualité réelle, que 3o,ooo fr., sont ici estimées, d'après la qualité supérieure qui en a été désignée
par le connaissement, à la valeur de................ 39,5oo

4°. Les marchandises de *D.*, qui, quoiqu'elles ne vau-
draient que 15,ooo fr., d'après la qualité inférieure
faussement désignée dans le connaissement, sont ici
portées, d'après leur qualité réelle, pour............ 19,ooo

5°. Cinq barriques de tabac sauvées du chargement appartenant à *K.*, et chargées sur le tillac, estimées à...... 1,5oo

6°. L'estimation du navire. 33,ooo fr.

Le fret 15,000

ENSEMBLE........ 48,000 fr.

Dont la moitié est de................ 24,000 fr.

Dommages causés au navire par
le jet .... 3,ooo fr.

Pour la perte d'ancres pour le salut commun 1,5oo

4,5oo fr.

ENSEMBLE...................... 4,500

28,5oo fr.

TOTAL pour le navire................ 28,5oo

7°. Les marchandises de *E.*............. 45,000 fr.

Avaries communes souffertes par ces marchandises...................... 3o,ooo

75,000

ENSEMBLE..................... 75,000

8°. Les marchandises de *F.*............. 27,000

Avaries communes souffertes par ces marchandises 19,5oo

46,5oo

ENSEMBLE..................... 46,5oo

3o6,ooo fr.

$$\text{Report}\dots\dots\ \text{306,000 fr.}$$

9°. Jet des quarante balles de toile appartenant à *G*. 25,000
10°. Jet des trente barriques de sucre appartenant à *H*. . 15,000
11°. Jet des marchandises appartenant à *I*. 54,000

Total de la masse des objets sujets à contribution. 400,000 fr.

chacun des objets sujets au paiement des pertes et avaries communes y contribue donc pour les $\frac{160000}{400000}$, c'est-à-dire réduction faite pour les $\frac{2}{5}$ de la valeur pour laquelle ils sont respectivement portés dans le tableau immédiatement précédent.

La répartition pour le paiement des pertes et avaries communes se fait donc ainsi qu'il suit :

1°. Les marchandises de *A*., contribuent pour les deux cinquièmes de leur valeur, portée ci-dessus à 90,000 francs, ainsi pour... 36,000 fr.
2°. La partie de *B*., pour deux cinquièmes de 6,000 fr 2,400
3°. Les marchandises de *C*., pour deux cinquièmes de 39,000 francs.. 15,800
4°. Les marchandises de *D*., pour deux cinquièmes de 19,000 francs.. 7,600
5°. Les cinq barriques de tabac appartenant à *K*., sauvées du jet, pour deux cinquièmes de 1,500 fr............ 600
6°. Le navire pour deux cinquièmes de 28,500 fr. 11,400
7°. Les marchandises de *E*, pour deux cinquièmes de 75,000 fr.. 30,000
8°. Les marchandises de *F*., pour deux cinquièmes de 46,500 fr.. 18,600
9°. Les quarante balles de toile jetées, appartenant à *G*., pour deux cinquièmes de 25,000 fr................ 10,000
10°. Les trente barriques de sucre jetées, appartenant à *H*., pour deux cinquièmes de 15,000 fr............. 6,000
11°. Les marchandises jetées, appartenant à *I*., pour deux cinquièmes de 54,000 fr......................... 21,600

Ensemble... 160,000 fr.

Les contribuables qui n'ont souffert aucune perte ni avarie commune, ou qui ne doivent pas en être indemnisés dans le cas du jet, paient leur côte de contribution, sans aucune déduction ; ainsi,

A., paie 36,000 fr.; *B*., 2,400 fr.; *C*., 15,800 fr.; *D*., 7,600 fr. et *K*., 600 fr.

Ceux des contribuables qui ont souffert des pertes et avaries communes feront d'abord confusion à due concurrence de leur cote de contribution, sur la somme pour laquelle ils sont portés dans la masse des pertes et avaries communes, et ils paieront ou reprendront le surplus d'après l'excédant, soit de la côte de contribution, soit de la valeur des pertes et avaries communes.

Ainsi, le navire qui est porté dans la masse des pertes et avaries communes pour 4,500 fr., en fera d'abord confusion sur les 11,400 fr. qu'il doit pour sa cote de contribution, et il paiera le surplus ; savoir : 6,900 francs.

La cote de contribution de *E*. étant de 30,000 fr. et la valeur des avaries souffertes sur les marchandises, étant également de 30,000 fr., il se fera une confusion exacte, et *E*. ne paiera ni ne reprendra rien dans la masse des contributions.

F., qui doit 18,600 fr. pour sa cote de contribution, en fait confusion sur les 19,500 fr. qui lui sont dus pour avaries communes, et il reprend l'excédant de 900 fr. sur les contributions effectives des autres.

G., qui doit 10,000 fr. pour sa cote de contribution, en fait confusion sur les 25,000 fr. qui lui sont dus pour pertes, et il prend le surplus de 15,000 fr. sur les contributions effectives des autres.

H., qui doit 6,000 fr. pour sa cote de contribution,

en fait confusion sur les 15,000 fr. qui lui sont dus pour pertes, et il prend le surplus de 9,000 fr. sur les contributions effectives des autres.

I., qui doit 21,600 fr. pour sa cote de contribution, en fait également confusion sur les 54,000 fr. qui lui sont dus pour pertes, et il prend le surplus de 32,400 f. sur les contributions effectives des autres.

La valeur des pertes et avaries des effets non sujets à contribution est prise en entier sur la masse des contributions. Ainsi, il sera repris, sur cette masse, 2,250 francs pour la perte des hardes des gens de l'équipage, et 9,750 fr. pour la perte des munitions de guerre et de bouche.

Les contributions effectives sont donc, savoir:

A. contribue à la masse des contributions, ci. . 36,000 f.
B 2,400
C 15,800
D 7,600
K 600
Le navire. 6,900

Ensemble . . . . 69,300 f.

Les reprises sont, savoir:

F. reprend sur la masse des contributions, ci.   900 f.
G 15,000
H 9,000
I 32,400
Les gens de l'équipage, pour leurs hardes. . . 2,250
Les propriétaires du navire, pour les muni-
tions de guerre et de bouche. 9,750

Ensemble. . . . . 69,300 f.

Nota. La somme des contributions effectives étant égale à la

24

somme des reprises effectives, il en résulte que le calcul de toute l'opération ci-dessus est exact.

La répartition étant ainsi réglée est, après homologation, mise à exécution par le capitaine, contre chacun des contribuables.

Note B; *voyez* page 321, note (1), *in fine.*

EXEMPLE

Pour démontrer l'inconvénient de l'ancienne Législation relativement aux droits des Créanciers hypothécaires dans les Faillites.

Les biens d'un failli se composaient :
1°. D'une maison de valeur de............ 400,000 f.
2°. D'un actif mobilier valant............ 160,000

Total...... 560,000

Le montant de ses dettes était de 1,000,000 francs ; mais au nombre de ses créanciers, il s'en trouvait quatre hypothécaires, dont les trois premiers en ordre, pour une somme de 100,000 fr. chacun, et le dernier, pour une somme de 300,000 fr. Ses dettes chirographaires montaient à 400,000 francs.

Faisons maintenant les deux hypothèses.

PREMIÈRE HYPOTHÈSE.

L'ordre se faisait avant la distribution, c'est-à-dire que la maison était vendue, et le prix distribué aux créanciers hypothécaires, avant la distribution de l'actif mobilier.

Dans cette hypothèse, les trois premiers créanciers, hypothécaires étaient payés en entier, et le dernier recevait 100,000 fr. à compte de sa créance.

La contribution, c'est-à-dire la distribution de l'actif mobilier, montant à 160,000 fr., se faisait ensuite. On y appelait : 1°. le créancier hypothécaire, auquel il était encore dû 200,000 fr., ci......... 200,000 f.

2°. Les créanciers chirographaires pour la

somme de....................... 400,000

TOTAL....... 600,000

L'actif mobilier étant à ce total :: 4 : 15, il en résultait que chaque créancier devait toucher les $\frac{4}{15}$ de sa créance.

Le créancier hypothécaire recevait donc 53,333 fr. 33 c^{es}., ce qui, avec les 100,000 fr. qu'il avait reçus dans l'ordre, faisait un total de 153,333 fr. 33 c., et une perte de 146,666 fr. 67 c.

Les créanciers chirographaires recevaient le double, ou 106,666 fr. 67 c., et étaient en perte seulement de 293,333 fr. 33 c.

SECONDE HYPOTHÈSE.

La contribution se faisait avant l'ordre, c'est-à-dire que les deniers mobiliers étaient distribués avant le prix de la maison.

Les créanciers hypothécaires, ayant tous, comme on l'a dit, droit à cette distribution, et n'ayant encore rien touché sur leurs créances, venaient pour la totalité de ce qui leur était dû, et sans préférence, puisque l'hypothèque n'a aucun effet à l'égard des meubles.

Ainsi, la masse des créanciers venant à la contribu-

24..

tion, était de 1,000,000 fr., somme qui est à l'actif mobilier (160,000 fr.), comme 25 est à 4. Chaque créancier recevait donc les $\frac{4}{25}$ de ce qui lui était dû. Ainsi, les créanciers hypothécaires recevraient, savoir :

Les trois premiers, chacun 16,000 fr., ce qui fait pour les trois. . . . .   48,000 f.

Le quatrième.   48,000

Et les créanciers chirographaires.   64,000

TOTAL ÉGAL.   160,000

L'on voit que, dans cette hypothèse, les créanciers chirographaires perdaient 336,000 f. au lieu de 293,333 f. 33 c. qu'ils perdaient seulement dans la première ; différence : 42,666 fr. 67 cent.

Quant aux créanciers hypothécaires, il ne leur restait dû que, savoir :

Aux trois premiers, chacun 84,000 fr., ce qui fait pour les trois. . . . .   252,000 f.

Et au quatrième.   252,000

TOTAL.   504,000

Lorsqu'ensuite la maison était vendue, et le prix, montant à 400,000 fr., distribué, il servait à payer les trois premiers créanciers hypothécaires en entier, ci. . . . .   252,000 f.

Au quatrième créancier, un à-compte de.   148,000

TOTAL.   400,000

En conséquence, ce dernier, qui avait reçu

1°. Dans la masse chirographaire. . . . .   48,000 f.

2°. Dans la masse hypothécaire.   148,000

TOTAL.   196,000

ne se trouvait plus en perte que de 104,000 fr., au lieu de 146,666 fr. 67 c. qu'il perdait dans la première opération, c'est-à-dire qu'il gagnait les 42,666 fr. 67 c., que perdaient les chirographaires.

Note C ; *Voyez* page 323, note (2).

Ainsi, en reprenant la seconde hypothèse ci-dessus, au lieu de colloquer les créanciers hypothécaires dans l'ordre du prix de la maison , seulement pour ce qui leur reste dû, c'est-à-dire les trois premiers pour 84,000 fr. chacun, et le quatrième, pour 252,000 fr.; on les colloquera comme s'ils n'avaient rien touché , c'est-à-dire , les trois premiers pour 100,000 fr., et le quatrième, pour 300,000 fr.; mais comme les trois premiers ont touché chacun 16,000 fr. dans la contribution , on fera la déduction de cette somme sur leur collocation hypothécaire ; ce qui fera, pour les trois, 48,000 fr., lesquels seront reversés sur la masse chirographaire , pour être distribués par contribution entre les créanciers non payés, c'est-à-dire entre les chirographaires, auxquels il est encore dû 336,000 fr. et le dernier hypothécaire , à qui il en est dû 200,000.

Mais, pour déterminer ce que le dernier créancier doit prendre dans ces 48,000 fr., il faut opérer comme si la contribution n'avait pas eu lieu, et comme si les 160,000 fr. restaient encore à distribuer entre lui pour 200,000 francs, et les créanciers chirographaires pour 400,000 fr., ce qui rentre dans la première hypothèse ci-dessus. Or, nous avons vu que, dans ce cas, il lui revenait 53,333 fr. 33 c. Il n'a touché que 48,000 fr.; il lui revient donc encore 5,333 fr. 33 c., qu'il prendra dans les 48,000 fr.; reste 42,666 fr. 67 cent. pour les

créanciers chirographaires : ce qui fait juste la différence en moins que nous avons remarquée ci-dessus ,
et ce qui prouve la justesse de l'opération.

NOTE D ; *Voyez* page 323 , note (3).

L'exemple que nous avons donné dans la note précédente , ne peut servir à expliquer cette disposition ,
puisque bien loin que l'on ait été obligé de retenir
quelque chose sur la collocation hypothécaire du
créancier colloqué partiellement dans l'ordre , il lui
revient au contraire encore 5,333 fr. 33 c. à prendre
dans les 48,000 fr. provenant des restitutions faites à la
masse par les trois premiers créanciers.

Pour faire connaître dans quel cas il peut y avoir
lieu à appliquer la disposition de notre article , il faut
poser une autre espèce.

Le failli a 200,000 fr. de dettes , dont deux hypothécaires , montant , savoir :

La première , à...................... 15,000 f.
La seconde , à...................... 10,000
                                      ———————
TOTAL des créances hypothécaires. . 25,000

Par conséquent , les dettes chirographaires montent
à 175,000 fr.

Son actif se compose d'une maison de valeur de
20,000 fr. , ci .... 20,000 f.
Et d'un mobilier de 50,000 fr. , ci...... 50,000
                                          ———————
TOTAL de l'actif.... 70,000

Le mobilier se distribue d'abord , et par contribution.
50,000 fr. à distribuer pour 200,000 de dettes, donnent
25 pour 100 , ou le quart à chaque créancier.

Ainsi le premier hypothécaire reçoit. . .   3,750 f.
Le second.   2,500
Et les chirographaires.   43,750
                                                      ————————
Total égal à l'actif mobilier. . . .   50,000

On vend ensuite l'immeuble. On colloque, sur le prix, le premier créancier pour 15,000 fr., sur lesquels il est fait reprise pour la masse chirographaire, de 3,750 fr.

On y colloque également le second, pour 5,000 fr. Pour décider s'il doit reverser, il faut faire ce calcul:

Si l'ordre eût été fait avant la contribution, le premier créancier hypothécaire eût été payé entièrement sur la masse hypothécaire ; et le second eût reçu, sur la même masse, un à-compte de 5,000 fr. Le premier créancier n'eût donc point figuré du tout dans la contribution, et le second n'y eût figuré que pour 5,000 fr.

La contribution des 50,000 fr., montant de la masse chirographaire, se fût donc établie entre les créanciers chirographaires, pour 175,000 fr., ci. . 175,000 f.
et l'hypothécaire, pour 5,000 fr., ci..   5,000
                                                      ————————
                            Total. 180,000

50,000 francs d'actif pour 180,000 fr. de dettes, donnent à chaque créancier les $\frac{5}{18}$ de sa créance. En faisant les calculs nécessaires, on verra que, dans cette hypothèse, il revenait aux chirographaires 48,611 fr., et à l'hypothécaire, seulement 1,389 fr.

Nous avons vu plus haut qu'il a touché 2,500 fr. dans la première contribution. C'est donc 1,111 fr. qu'il a touchés de trop et qu'il doit reverser dans la masse chirographaire, ci.............. 1,111 f.

Ce qui joint au versement fait par le premier créancier, et montant à 3,750 fr., ci. .. 3,750

Donne, pour total des versemens...... 4,861

En ajoutant cette somme à celle que les chirographaires ont touchée dans la première contribution, et qui est de....... 43,750

Il en résulte un total de.............. 48,611

égal à la part qui serait revenue aux chirographaires si l'ordre eût été fait avant la contribution.

Il résulte de cette note et de la précédente, qu'il n'est pas toujours exact de dire qu'il y a lieu à retenue sur la collocation hypothécaire du créancier colloqué partiellement dans l'ordre, puisqu'il peut arriver qu'il ait encore à recevoir, bien loin d'être obligé de reverser. La solution de cette question dépend donc uniquement du rapport qui existe entre la quotité des créances hypothécaires et la masse totale des dettes.

FIN.

TABLE DES MATIÈRES.

LIVRE PREMIER.

Du Commerce en général.

LIVRE SECOND.

Du Commerce maritime.

LIVRE TROISIÈME.

Des Faillites et des Banqueroutes.

LIVRE QUATRIÈME.

De la Juridiction commerciale.

NOTES.

FIN DE LA TABLE.